der blaue reiter

der blaue reiter | Verlag für Philosophie
Siegfried Reusch e. K.
Göttinger Chaussee 115
30459 Hannover
Telefon: 0511/98593293
Fax: 0511/98593299

info@verlag-derblauereiter.de
www.verlag-derblauereiter.de

der blaue reiter | Verlag für Philosophie, Göttinger Chaussee 115, 30459 Hannover

Baden-Württembergische Bank
Kontonummer: 1 268 944
Bankleitzahl: 600 501 01

IBAN: DE36 6005 0101 0001 2689 44
BIC (SWIFT-Code): SOLADEST600
USt-IdNr.: DE 183837651
Amtsgericht Hannover HRA 202908
Gerichtsstand: Hannover

Herr Dr. Harald Heering
Deichelweg 10
87645 Schwangau

Hannover, den 24.03.2015

Sehr geehrter Herr Dr. Heering,

seit der französischen Aufklärung wird Luxus mit verschwenderischem Prunk Weniger auf Kosten Vieler gleichgesetzt. Doch neben dem Luxus zu Zwecken der Repräsentation sowie der Protzsucht mancher (Neu-)Reicher gibt es auch eine Form des Überflusses, eine Geste der Verschwendung, die Unersetzliches, die Schönheit hervorbringt. Anbei finden Sie im Rahmen Ihres Abonnements die Jubiläumsausgabe unseres Journals für Philosophie *der blaue reiter* zum Thema: **20 Jahre *der blaue reiter* – 20 Jahre Luxus des Denkens!**

# Feiern Sie mit uns ein Lesefest

Bestellen Sie Ihre Auswahl aus den Ausgaben 4 bis 19 sowie den Sonderausgaben des **Journal für Philosophie** zum **Jubiläums-Sonderpreis**: 2 Exemplare für € 9,50 pro Ausgabe, das 3. bis 5. Exemplar für je € 6,50 und ab dem 6. Exemplar € 5,– für jede weitere Ausgabe (im Inland portofrei, Auslandsporto ermäßigt; nur solange der Vorrat reicht). Statt € 90,60 für sechs Exemplare bezahlen Sie nur € 43,50. Gerne packen wir auch weitere Ausgaben des Journals oder Bücher der Sendung bei. Weitere **Jubiläums-Sonderangebote für Bücher,** Titelbilder, Inhaltsverzeichnisse und Leseproben finden Sie auf unserer Homepage.

Anlässlich des Jubiläums bietet die Künstlerin Antje Seemann allen Abonnenten Original-drucke (nummeriert und signiert/30er-Auflage) ihrer im Auftrag des *blauen reiters* erstellten Linolschnitte von Charles Darwin, Ernst Haeckel, Meister Eckhart und Bernard de Mande-ville zum Sonderpreis an. Alle verfügbaren Porträts finden Sie auf der Homepage der Künstlerin: www.antjeseemann.de. Weitere Informationen erhalten Sie beim Verlag.

Ich freue mich auf viele weitere gemeinsame Jahre des Luxus des Denkens und verbleibe

mit den besten Grüßen

S. Reusch

Dr. Siegfried Reusch
– Chefredakteur –

# Luxus

## 20 Jahre *der blaue reiter*
## 20 Jahre Luxus des Denkens

# Luxus
## 20 Jahre *der blaue reiter*
## 20 Jahre Luxus des Denkens

Foto: Heinz Heiss

Die philosophische Frage nach Luxus ist keine aus Überdruss geborene Erfindung unserer modernen Überflussgesellschaft. Schon in der Antike setzte Diogenes von Sinope mit seinem asketischen Lebenswandel ein großes Fragezeichen hinter den Genuss des nicht unmittelbar zum Überleben Notwendigen: Hauste der bedürfnislose Philosoph doch fast nackt in einem Fass auf dem Marktplatz von Athen und pflegte, um sein Essgeschirr zu sparen, seinen erbettelten Linsenbrei aus einem aufgebrochenen Brot zu essen. Dem entgegen steht die These, dass es gerade das Streben nach Luxus und Annehmlichkeiten sei, das die Menschen zu ihren zivilisatorischen Anstrengungen motiviere und vom Müßiggang abhalte. In der Tat steht außer Frage, dass die dem Luxus frönenden Athener dem kulturellen Erbe der Menschheit Bedeutenderes hinzugefügt haben als die asketisch lebenden Spartaner. Auch wenn Prunkbauten wie die Akropolis, der Petersdom, das Taj Mahal oder die Blaue Moschee vordergründig nicht dem puren Überleben dienen, dürften sich jedoch kaum Mehrheiten finden lassen, die ernstlich für deren Abriss plädieren würden. Gleiches gilt für ein Verbot nicht überlebensnotwendiger Künste wie Musik, Bildhauerei oder Philosophie. Entsprechend stellt sich die Frage, ob der Genuss des über das Notwendige Hinausgehenden, der Konsum des solchermaßen als Luxus Ausgezeichneten gar kein überflüssiger oder gar schädlicher, sondern vielmehr ein wesentlicher Teil des Menschen ist und mithin Bedingung jeglicher Zivilisation.

Jean-Jacques Rousseau würde dies entschieden verneinen. Weil Wissen und Künste immer neue Schleier über das einstmals so reine Leben in würdiger Einfalt legen, plädiert der Wegbereiter der Französischen Revolution für die Vorzüge eines einfachen und ehrlichen ländlichen Lebens. Der elegante Lebensstil und die intrigante Streitkultur der Pariser Salons seiner Zeit waren ihm fremd. Auf dem Land gäbe es keine Maskeraden und Verstellungen. Die Menschen würden sich vielmehr mit offenen Herzen in Freude und fühlendem Einvernehmen begegnen. Die elaborierten großstädtischen Umgangsformen und das elegante Treiben der im Reichtum Schwelgenden sind ihm Synonym einer inhaltsleeren, im Verfall begriffenen Zivilisation. Reichtümer, so Rousseau, verleiten die Eigentümer zu Lastern, die der Freiheit des Einzelnen schaden und immerzu neue Begehrlichkeiten wecken. Damit formuliert er das Grundprinzip des modernen Konsum-Kapitalismus, in dem Angebot und Bedarf in keinem rechten Verhältnis mehr stehen. Wenn Konsum kein schlechtes Gewissen mehr kennt und Verbrauch solchermaßen zum Selbstzweck geworden ist, wird reflektierendes Denken durch Einkaufen ersetzt. Sind die Grundbedürfnisse gedeckt, kann die Industrie nur noch Wünsche verkaufen. Konzerne mutieren derart zu Philosophenschulen, die uns mit ihren quasireligiös aufgeladenen Produkten vorgaukeln, das gute Leben zu lehren. Bezahlt wird für Ware, gekauft wird ein gutes Gefühl. Aber wie lange kann ein solches System des Konsumismus funktionieren? Werden dabei doch zwei wichtige Fragen unbeantwortet gelassen: Hilft Luxus überhaupt bei der Suche nach dem guten, dem gelingenden Leben? Und, da sich Luxus für die meisten Menschen nicht in geistigen Werten oder in selbstbestimmter Zeit bemisst, sondern vielmehr eine begrenzte, materielle Form von Luxus weithin als dominanter Maßstab gilt: Wie gerecht ist der Luxus verteilt? Wird man doch nur dadurch reich, dass man andere für sich arbeiten lässt.

Die Frage nach der Gerechtigkeit hat der damalige Außenminister Guido Westerwelle im Rahmen einer Diskussion um eine marginale Erhöhung der Hartz-IV-Sätze mit dem unüberbietbaren Zynismus eines Staatsdieners mit Pensionsanspruch beantwortet: Er geißelte die Forderung als „spätrömische Dekadenz". Leistung müsse sich lohnen, wer keine Arbeit habe, solle sich halt anstrengen. Eine bezahlte Arbeit zu haben, ist angesichts Millionen Erwerbsloser zwischenzeitlich jedoch schon selbst zum Luxus geworden. Entsprechend gelten alle Rechtfertigungsversuche des Luxus vielen nurmehr als plumpe Verteidigungsmanöver gegen berechtigte Umverteilungsansprüche.

Im Bewusstsein der Gefahren, die Luxus für Wenige auf Kosten der Vielen für ein Gemeinwesen mit sich bringt, hatten schon die römischen Kaiser Gesetze gegen überbordenden Luxus erlassen. Von seinen Beamten auf die zur Gewohnheit gewordene Übertretung dieser Gesetze hingewiesen, kam Kaiser Tiberius jedoch zu dem Schluss: „Uns möge Ehrgefühl, die Armen Not, die Reichen Übersättigung zum Besseren lenken." Auch wenn Reichtum und Prunk heute nicht mehr so öffentlich zur Schau gestellt werden wie noch zu Zeiten des Feudalismus, scheint es offensichtlich, dass allein die Hoffnung auf Einsicht, Ehrgefühl und Übersättigung der Armut nicht entgegenwirken kann. Nach wie vor sind alle Gesellschaften in Arm und Reich gespalten, wenige Promille der Bevölkerung verfügen über einen Großteil des vorhandenen Vermögens. Von Gerechtigkeit im Sinne der Verfügungsgewalt über die gleiche Menge an Ressourcen sind die real existierenden Gesellschaften weiter entfernt denn je.

Weit davon entfernt, den Luxus zu verbieten, sind auch Denker wie Bernard de Mandeville, der die Laster gar als Quelle des Wohlstands einer Nation erachtet, sowie Baron de Montesquieu, demzufolge die Armen verhungern, wenn die Reichen nicht prassen.

Auch ein Blick auf die Vielfältigkeit der Natur liefert kaum Argumente für freiwillige Askese. Mehr als durch ein strenges Regime der Not, das allenthalben Sparsamkeit und beständige Anpassung erfordert, ist sie bestimmt durch überschießende Produktivität und eine jenseits aller Nützlichkeit stehende Gestaltungsfreude. Die vielerorts durch eine opulente Fülle von Gestalten, mannigfache Formen und überbordende Farben charakterisierten Bildungen der lebendigen Natur verlieren jedoch schnell ihren Wert und ihren Reiz, wenn man sie nur durch die Brille von Zweckmäßigkeit oder biologischer Notwendigkeit betrachtet.

Aber auch unspektakulär und ausgeglichen wirkende, weich fließende Formen lassen sich durchaus mit einem reichhaltigen Glanz der Oberfläche verbinden, wie ein Blick auf die japanische Kultur verdeutlicht. Ist doch der Sinn für bedeutungsvolle Schlichtheit wie jener für das luxuriös Überschießende schon lange in ihrer wechselvollen Geschichte verankert.

Scheinbare Widersprüche zwischen Opulenz und Kargheit sind zumeist einer allzu menschlichen, oft ideologisch gefärbten Differenz zwischen sinnlicher Wahrnehmung und kognitiver Verarbeitung geschuldet. Weil denkerische Verengung zu einer Degradierung der körperlichen Empfindungen führt, bringt Johann Friedrich Herder mit seinem Bekenntnis „Ich fühle mich! Ich bin!“ und dem daraus folgenden Schluss „Existenz ist Genuss“ die Sinnlichkeit als Mittel der Welt- und Selbstbegegnung gegen eine allzu rationalistische Bewusstseinsphilosophie in Stellung. Wer dies jedoch als Weltaneignung missversteht und der Welt nur eine Haltung des unablässigen Verzehrens entgegenbringt, läuft Gefahr, im Verzehr der Dinge zu verschwinden. Aus Selbst- und Weltaneignung durch Genuss werden solchermaßen Selbst- und Weltverlust; die Welt verliert ihren Zauber, das Leben als Modus der Selbst- und Weltentdeckung seinen Reiz.

Nicht vergessen werden darf, dass Luxus immer eine soziale Komponente hat. Denn um als Luxus gelten zu können, müssen Güter einen Distinktionsgewinn versprechen. Neben der Exklusivität des Zugangs, der sich im Preis manifestiert, ist vor allem der Eindruck entscheidend, den das Objekt auf andere macht. Entsprechend ist es wesentlich, dass man beim Genuss von Luxusartikeln von anderen beobachtet werden kann. Wie in der Mode wird dabei eine Grundparadoxie der Gesellschaft offensichtlich: Man kann sich selbst nur im Verhältnis zu anderen finden. Darin liegt jedoch gerade in Bezug auf den Genuss von Luxus die Gefahr, sich lächerlich zu machen. Denn Stil und mithin ehrliche Anerkennung ist für kein Geld der Welt zu kaufen.

Ist Luxus also die Glasur, die wir dem gesellschaftlichen Leben überziehen, sozusagen die Sahne auf dem Kuchen, oder ist Luxus der Treibstoff für jegliche Form von Zivilisation? Letztlich kommt es auf den richtigen Luxus an! Philosophie zum Beispiel ist für die Menschheit definitiv nicht überlebensnotwendig. Doch was wäre das für eine Welt ohne die Freuden des Denkens, ohne die Freude an Musik und Kunst? Und: Ist das Leben ohne jeglichen sinnlichen Genuss überhaupt lebenswert? Aristoteles wirft diesbezüglich die Frage nach dem richtigen Maß in die Waagschale. So wie Tapferkeit weder Tollkühnheit noch Feigheit meint, hält das gelingende Leben das Maß zwischen Askese und Völlerei, zwischen notwendigem Überfluss und überflüssigem Prunk. Welches das richtige Maß ist, darüber gibt Aristoteles klugerweise keine Auskunft. Entheben allgemein- und letztgültige Antworten doch den Einzelnen der Verantwortung für sein Tun. Sicher ist nur: Reich sein oder Überleben alleine ist nicht genug!

Luxus, wie immer man ihn auch definieren mag, ist ebenso wenig gerecht wie demokratisch, ist weder uneingeschränkt zu verurteilen noch unreflektiert erstrebenswert. Ein Diogenes kann nur in einer Umgebung existieren, die sich den Luxus leisten kann, einen nicht für die Gemeinschaft produktiven Menschen zu ernähren. Kann er nichts erbetteln, muss er die Linsen für seinen Brei und das Korn für sein Brot selbst mühsam einem Acker abtrotzen und gegen Schädlinge verteidigen. Auch ein Dandy bedarf der Alimentierung derer, die er so gekonnt verachtet.

Selbst wenn *Zurück zur Natur* keine Option ist, wie schon Voltaire gegen Rousseau anmerkt, verfehlt eine ausschließliche Weltaneignung durch die Sinne ebenso das Wesen des Menschen wie eine einseitige Weltaneignung durch Begriffe. Man kann leicht Einigkeit darüber herstellen, dass der Genuss von Wein als Luxus des Wohllebens allemal besser ist als luxuriöse Verschwendung desselben durch gedankenloses Verschütten. Die grundsätzliche Frage nach dem richtigen je persönlichen Maß ist damit allerdings nicht beantwortet.

Mit der vorliegenden Ausgabe des Journals für Philosophie *der blaue reiter* sollen, wie mit allen vorangegangenen, keine abschließenden Antworten gegeben werden. Anliegen der Redaktion ist es vielmehr, Anregungen zum Weiterdenken vorzustellen. Ich für meinen Teil bin dankbar, dass mir entgegen jeglicher betriebswirtschaftlicher Logik seit nunmehr zwanzig Jahren der Luxus vergönnt ist, das vorliegende Journal publizieren zu dürfen. Ihnen als Leser, allen Autoren, Künstlern, Redakteuren, Mitarbeitern und Förderern möchte ich an dieser Stelle auch im Namen meiner Mitherausgeber ganz herzlich dafür danken. Ich freue mich auf viele weitere gemeinsame Jahre des Luxus der durchaus auch sinnlichen Freude am Denken.

Dr. Siegfried Reusch, Chefredakteur

Siegfried Reusch

# Diderots Hausrock

## oder: 20 Jahre *der blaue reiter* – 20 Jahre Luxus des Denkens

**Seit der französischen Aufklärung wird Luxus mit verschwenderischem Prunk Weniger auf Kosten Vieler gleichgesetzt. Doch neben dem Luxus zu Zwecken der Repräsentation der Macht von Institutionen wie Staat und Kirche sowie der Protzsucht mancher (Neu-)Reicher gibt es auch eine Form des Überflusses, eine Geste der Verschwendung, die Unersetzliches, die Schönheit hervorbringt.**

Auch wenn stil- und schamlos demonstrativ zur Schau gestellter Luxus angesichts der Fernsehbilder verhungernder Menschen zunehmend verpönt ist, boomen die sogenannten Premiummarken selbst in den größten Wirtschaftskrisen. *Die Lust an der Unvernunft*, so der Titel eines Beitrags zum 100. Geburtstag einer Luxusautomarke, scheint ungebrochen. Selbst unter denen, die sich am wenigsten Luxus leisten können, gibt es kaum Verfechter der Enthaltsamkeit. Für die aufwendigen Festivitäten der Mächtigen fanden und finden sich stets begeisterte Zaungäste, um am Reichtum der Welt teilzuhaben. Wer sich keinen Porsche leisten kann, schon gar keinen getunten, verziert seinen Fiat 500 von der Stange mit Heck- und Frontspoilern, lässt nach einer Kotflügelverbreiterung überbreite Niederquerschnittsreifen aufziehen und einen dröhnenden Rennauspuff montieren. Dazu kommt noch eine individuelle Lackierung, und fertig ist das Schaufenster einer nach Individualität und Anerkennung bettelnden Seele. Ist Luxus also weniger ein Problem für diejenigen, die ihn nicht haben, als vielmehr für deren selbsternannte Anwälte aus gutbürgerlichem Haus wie Maximilien de Robespierre, Karl Marx, Wladimir I. Lenin oder Mao Tse-tung?

Doch ganz so einfach lässt sich die Frage nach dem Luxus nicht beantworten. Paul Gallico beschreibt in seiner Erzählung *Ein Kleid von Dior* treffend die Sehnsucht einer ebenso resoluten wie liebenswerten Londoner Reinemachefrau nach einem Kleid von Dior, „einer künstlichen Schönheit, von der Hand eines künstlerischen Menschen erschaffen, um mit List das Herz einer Frau zu betören"[1]. Nicht, dass die Dame mittleren Alters mit klaren Prinzipien und in vollem Bewusstsein ihres Standes jemals die Gelegenheit haben würde, ein solches Wunder der Schneiderkunst aus Seide, Tüll und Spitzen in Gesellschaft zu tragen. Auch steht ihr nicht der Sinn nach der Verführung holder Männlichkeit, nein, der Luxus, eine solche Schönheit in ihrem Schrank zu wissen, diese hin und wieder für sich alleine anziehen zu dürfen, sich am Duft der Stoffe, an samtenen Oberflächen, am Rascheln des Materials und am Anblick ihres Spiegelbilds erfreuen zu können, wäre ihr Erfüllung genug.

Die Frage nach dem Überflüssigen lässt sich nicht allein mit der verständlichen Sehnsucht nach Wohlleben und der Formel vom „Distinktionsgewinn", das heißt nach dem bestimmten Etwas, das den Unterschied ausmacht, zur Seite schieben. Das, wofür es sich zu leben und zu arbeiten lohnt, das Außergewöhnliche, die Ausnahme von der Regel, welche die Flucht aus dem Grau eines tristen Alltags ermöglicht, wie der Luxus des kleinen Mannes oft umschrieben wird, hat auch noch andere Facetten.

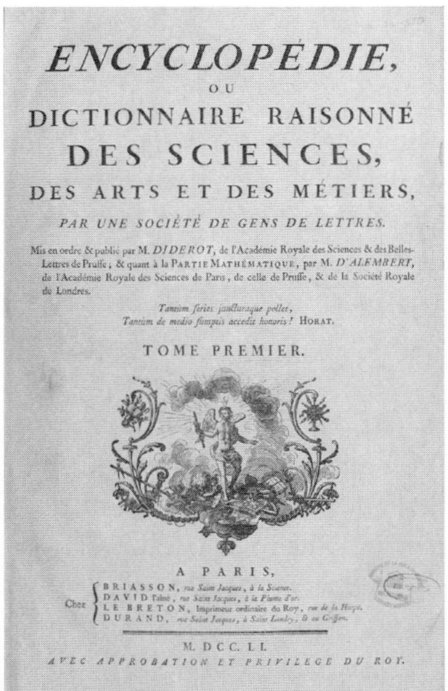
ENCYCLOPÉDIE,
OU
DICTIONNAIRE RAISONNÉ
DES SCIENCES,
DES ARTS ET DES MÉTIERS,
PAR UNE SOCIÉTÉ DE GENS DE LETTRES.
Mis en ordre & publié par M. DIDEROT, de l'Académie Royale des Sciences & des Belles-Lettres de Prusse; & quant à la PARTIE MATHÉMATIQUE, par M. D'ALEMBERT, de l'Académie Royale des Sciences de Paris, de celle de Prusse, & de la Société Royale de Londres.
Tantùm series juncturaque pollet,
Tantùm de medio sumptis accedit honoris! HORAT.
TOME PREMIER.
A PARIS,
Chez BRIASSON, rue Saint Jacques, à la Science.
DAVID l'aîné, rue Saint Jacques, à la Plume d'or.
LE BRETON, Imprimeur ordinaire du Roy, rue de la Harpe.
DURAND, rue Saint Jacques, à Saint Landry, & au Griffon.
M. DCC. LI.
AVEC APPROBATION ET PRIVILEGE DU ROY.

Abbildung: Titelblatt der **Encyclopédie ou Dictionnaire raisonné des sciences, des arts et des métiers** (Enzyklopädie oder erklärendes Wörterbuch der Wissenschaft, der Kunst und des Handwerks). Herausgegeben von Denis Diderot und Jean le Rond D'Alembert. Erschienen zwischen 1751 und 1772.

### Widersprüche und Paradoxien des Luxus

Platon verurteilt den Luxus vor allem dort, wo sein Genuss die Besonnenheit gefährdet. Dessen Schüler Aristoteles zufolge ist das Übermaß, sprich Luxus, ebenso eine Untugend wie der bewusst herbeigeführte Mangel, die Askese. Das gute, das gelingende Leben ziele auf die jeweils für den Betreffenden richtige Mitte zwischen den Extremen.

Marcus Tullius Cicero schreibt angesichts des ausschweifenden Lebensstils seiner Zeitgenossen gegen die Genuss- und Verschwendungssucht in den römischen Städten an und preist die Sparsamkeit und das Maßhalten der ländlichen Lebensweise. Welche Ausmaße an Verschwendung der Überbietungswettkampf unter den römischen Adligen bei der Prachtentfaltung erreicht hatte, offenbart ein Schreiben von Kaiser Tiberius, über das der römische Senator und Geschichtsschreiber Publius Cornelius Tacitus in seinen *Annalen* berichtet. Tiberius diskutiert darin die Frage, ob die Regierung gegen die zur Gewohnheit gewordenen Übertretungen der Gesetze zur Eindämmung von übermäßigem Luxus vorgehen solle, „der zu jeder Art von Geldverschwendung schon ins Unermessliche gestiegen war"[2]: Nachdem

Tiberius erwogen hatte, ob sich so ausschweifenden Begierden noch Schranken setzen ließen und eine Begrenzung dem Staat nicht noch größeren Nachteil brächte, verbittet er sich das von seinen Beamten vorgebrachte Ansinnen, denn „was soll ich zuerst zu verbieten und auf die alte Sitte zu beschränken beginnen? Den unbegrenzten Umfang der Landhäuser? Die Zahl der Sklaven ... Die Schwere des Silber- und des Goldgeschirrs? Die Wunderwerke der Plastik und Malerei? Die von Männern nicht anders als von Frauen getragenen Kleider? Und dazu das, was die Frauen noch besonders haben, was für Steine ausgegeben, unser Geld auswärtigen oder feindlichen Völkern zuführt?"[2] Letztlich kommt der Kaiser zu dem Schluss: „Uns möge Ehrgefühl, die Armen Not, die Reichen Übersättigung zum besseren lenken."[2]

Im Rahmen der christlichen Theologie vom Mittelalter bis heute fehlt es, aller Prunkentfaltung der Kirchen zum Trotz, ebenfalls nicht an Mahnungen bezüglich der Verschwendung und der Sünde der Habgier. Im 15. Jahrhundert hätte zum Beispiel der Dominikanermönch und Bußprediger Hieronymus Savonarola alles, was nicht seiner Vorstellung von Seelenheil dienlich ist, am liebsten dem Scheiterhaufen der Eitelkeiten überantwortet. Darin würden ihm noch heute manche Utopisten unterschiedlichster Zielrichtungen und religiöser Bekenntnisse in allen Teilen der Welt mehr oder weniger wörtlich gerne Folge leisten. Das Erlassen von Sünden gegen finanzielle Zuwendungen, der sogenannte Ablasshandel der katholischen Kirche zwecks Geldbeschaffung, war in der Folge Savonarolas einer der Anlässe für eine bis heute andauernde, folgenschwere Kirchenspaltung – die sogenannte Reformation Martin Luthers.

*Nur das Außergewöhnliche macht das Leben lebenswert.*

Neben dem Luxus neutral gegenüberstehenden Denkern wie Friedrich Schleiermacher, demzufolge die je persönliche Lebensgestaltung grundsätzlich der Bewertung entzogen ist, lassen sich auch in der Philosophie Befürworter des Luxus finden. Bernard de Mandeville etwa erkennt gerade in den Lastern einer kommerziellen Gesellschaft die Quelle des Wohlstands einer Nation. Nicht zuletzt verschaffe die Produktion von Luxusgütern den Armen zumindest ein geringes Einkommen. Ganz in diesem Sinne ist Baron de Montesquieu der Überzeugung, dass wenn die Reichen nicht reichlich ausgeben, die Armen Hungers sterben werden. Auch David Hume zieht den Überflusskonsum Weniger der Faulheit der Massen vor. Die Folgen der unbegrenzten Ausgaben für Luxus beschreibt 1787 ein Provinzler in einem Brief an seine Frau: „Jeder ist verrückt, der Luxus ist bis zum Äußersten vorgedrungen und ganz gewiß ist halb Paris ruiniert, während die andere Hälfte das Gaunerhandwerk betreibt."[3] Und schon 1781 konnte man im *Tableau de Paris* von Louis-Sébastien Mercier die sich alsbald grausam bewahrheitende Prophezeiung lesen, dass der Luxus alsbald der Henker der Reichen sein werde.

## Der Preis der Verschwendung

Viele Revolutionen und Aufstände fanden ihre Rechtfertigung in den gravierenden Unterschieden der Vermögensverhältnisse. So waren besagte Arme, die Montesquieu zufolge von den Luxusausgaben der Reichen profitieren, doch der Meinung, dass ihre Arbeitskraft in die Produktion des Notwendigen für die Vielen besser investiert wäre als in den Konsum des „höchst notwendigen Überflüssigen", wie Voltaire den Luxus charakterisiert. Dem Schlachtruf „Freiheit, Gleichheit, Brüderlichkeit", mit dem zum Beispiel die Jakobiner im Rahmen der Französischen Revolution die Massen auf die Barrikaden riefen, folgten diese denn auch weniger der Freiheit und Brüderlichkeit wegen als vielmehr in der Hoffnung auf eine gerechtere Verteilung der Güter. Das Versprechen von „Brot und Spielen", das in der Forderung nach Gleichheit mitschwingt, war und ist stets probateres Mittel der Politik als hehre Ideale.

Auch nach dem Niedergang der Ständegesellschaft war der Kampf um gleiches Einkommen nicht vorbei. Zeigte sich im Fortgang der Industrialisierung doch, dass die neuen Reichen, die bürgerlichen Kaufleute und Industriellen, nicht minder dem Luxus und der repräsentativen Verschwendung frönten als vormals der Adel. Um die Unterschiede zwischen Arm und Reich nicht ins Unermessliche wachsen zu lassen und um die immer größer werdenden Staatsausgaben zu finanzieren, führten Regierungen, wie vormals die römischen Herrscher, in der Folge immer wieder steuerliche Belastungen auf gehobene Lebenshaltung, sogenannte Luxussteuern, ein.

Dass Luxus relativ ist, ist nicht erst seit Carl Barks' Comicfigur Dagobert Duck, der reichsten Ente der Welt, eine Trivialität. Wer würde es auch als Genuss und Wohltat empfinden, wie der Fantastilliardär Dagobert täglich ein Bad in Goldmünzen zu nehmen? Ab einem bestimmten Maß wird Reichtum und mithin Luxus ohnehin abstrakt, geht der sogenannte Mehrwert des Hinzuverdienten beziehungsweise des zusätzlich Ausgegebenen gegen Null. Man kann nicht beliebig viel essen, und auch wenn man 30 Häuser besitzt, kann man immer nur in einem Haus schlafen, und keine Frau wird sich zur gleichen Zeit 10 Colliers um den Hals hängen. Man kann zwar täglich neue Anzüge tragen, aber mehr als einer auf einmal ist weder kleidsam noch angenehm, und auch der teuerste Arzt kann das Leben nur bedingt verlängern. Der schon alte Karl der II., der letzte Habsburger auf dem spanischen Thron, soll bei der Einweihung einer aufwendigen Brunnenfontäne entsprechend überaus gelangweilt gemurrt haben: „Drei Millionen hat es mich gekostet, und drei Minuten hat es mich unterhalten." Selbst wenn Dagoberts Motto „Lieber reich und gesund als arm und krank" durchaus einleuchtend erscheint, haben doch die alten Volksweisheiten, mit denen sich alle Zukurzgekommenen dieser Welt regelmäßig zu trösten suchen, Bestand: „Das letzte Hemd hat keine Taschen" und „Geld allein macht nicht glücklich".

Als Luxus gilt dem Soziologen Werner Sombart zufolge „jeder Aufwand, der über das Notwendige hinausgeht"[3]. Leicht lässt sich dementsprechend Einigkeit darüber erzielen, dass das Anzünden einer Zigarre mit Geldscheinen oder die über 1200 Paar Schuhe der philippinischen Diktatorengattin Imelda Marcos verwerfliche Formen des sogenannten quantitativen Luxus sind. Als „qualitativer" Luxus von solchen Formen der Verschwendung abzugrenzen sind nach Sombart alle Zurichtungen von Gütern im Sinne einer für die Zweckerfüllung überflüssigen Verfeinerung oder Verzierung. Denn wer wollte, gemessen am Gebrauchswert, überdimensionierte und vordergründig nutzlose Prunkbauten wie den Kölner Dom oder Schloss Neuschwanstein als überflüssigen Luxus abreißen lassen? Entsprechend unterscheidet Sombart auch zwischen idealistischen beziehungsweise selbstlosen Motiven für Luxus, wie etwa dem, einem Gott durch luxuriöse Ausschmückungen einer Kirche Ehre zu erweisen, und den selbstsüchtigen, nur auf den persönlichen Genuss hin orientierten Erwerb von Luxusgütern. Letzten Endes, so Sombart, habe aller Wunsch nach Verfeinerung und Vermehrung der Sinnenreizmittel seinen Grund im Geschlechtsleben: „Sinnenlust und Erotik sind letzten Endes ein und dasselbe. So daß der erste Antrieb zu etwelcher Luxusentfaltung in der großen Mehrzahl aller Fälle gewiss auf irgendwelches bewusst oder unbewusst wirkende Liebesempfinden zurückzuführen ist."[3] Der Befriedigung persönlicher Geltungssucht in diesem Sinne zuzurechnen ist sicherlich der Umbau der ehemaligen Kriegsfregatte *Stormont* zur Luxusjacht *Christina* durch den Reederkönig Aristoteles (!) Sokrates (!) Homer (!) – kurz Ari – Onassis für heute umgerechnet circa 40 Millionen Dollar. Neben einem Schwimmbad auf dem Achterdeck gab es an Bord der umgebauten, nach einer Verlängerung 99 Meter messenden D-Day-Fregatte mit Marmor ausgelegte Badezimmer, vergoldete Wasserhähne, Türgriffe aus Rosenquarz und mit der Vorhaut von Walpenissen überzogene Barhocker. Coco Chanels Bonmot, dass Luxus nicht das Gegenteil von Armut, sondern von Vulgarität sei, wird solcherart als plumper Versuch der Rechtfertigung entlarvt. Denn offensichtlich gehen große Vermögen nicht zwangsläufig mit einem sensiblen Empfinden für Schönheit einher. Schwerlich als stilvoller Luxus denn vielmehr als albern und peinlich lässt sich auch jene millionenteure goldene Kloschüssel bezeichnen, die ein reicher Honkong-Chinese vor einiger Zeit voller Stolz der Öffentlichkeit präsentierte.

*Es ist besser, ein unzufriedener Mensch als ein zufriedengestelltes Schwein zu sein; besser ein unzufriedener Sokrates als ein zufriedener Narr.*

John Stuart Mill



Zweifellos sind beide Beispiele, mit Immanuel Kant gesprochen, „mehr prahlerisch (von außen zu glänzen), als selbstgenießend" zu nennen, „jenes Übermaß, aber ohne Geschmack", das jeglicher Verfeinerung entbehrt.[4] Geschmack und Stil sind auch für viel Geld nicht zu haben, so der Autor des *Luxuslexikons* Alexander Marquier ganz im Sinne Kants: „Wenn Luxus im wohlverstandenen Sinne aber Verfeinerung bedeutet, dann muss man die Feinheiten schon kennen, um sie wertschätzen zu können."[5] Geld richtig auszugeben ist entsprechend nicht weniger aufwendig, als es zu verdienen.

Nicht von ungefähr prangert Herbert Marcuse die Eindimensionalität des modernen Menschen in der Industriegesellschaft an, der nurmehr ferngesteuert von künstlich erzeugten Bedürfnissen zwanghaft konsumiere und seine ureigensten menschlichen Bedürfnisse vollkommen aus dem Blick verloren habe. Das sinnfreie, unverständige Horten von (Wert-)Gegenständen, Kaufen und Konsumieren um seiner selbst willen, gilt nicht von ungefähr als Krankheit. So liegt denn der Wert einer Perle weniger in deren makelloser Schönheit begründet, als vielmehr im Bewusstsein von deren Seltenheit. Was natürliche Diamanten so wertvoll macht, ist nicht ihre Härte oder ihr schönes Funkeln, die künstliche Diamanten mindestens gleichwertig aufweisen, sondern deren Einzigartigkeit, das Wissen darum, welcher Aufwand betrieben wurde, um diese Symbole makelloser Reinheit der Erde zu entwinden. Diese Verlusthandlungen, die gebrachten Opfer, heiligen den Gegenstand. Erst die bejahende Antwort auf die Frage „Ist der echt?", die unabweisliche Bezeugung der Einzigartigkeit eines Gegenstands, nicht dessen Schönheit, lässt den Betrachter erschauern. Der Wert, den wir einer Sache beimessen, ist immer ein symbolischer, der, unabhängig von deren Gebrauchswert, nur allzu oft nicht für Geld zu kaufen ist. Nicht von ungefähr soll Onassis gesagt haben: „Wer behauptet, mit Geld sei alles möglich, der beweist nur, dass er nie welches gehabt hat!" In der Tat ist wahrer Luxus etwas anderes als „das pompöse Inszenieren des Nichts"[6], wie Hans Magnus Enzensberger schreibt. Definierte sich Luxus als hartnäckiger Widersacher der Gleichheit vormals gerade durch den Unterschied zum Alltäglichen, habe sich der private Luxus in den Jahren des Booms zwischenzeitlich zu Tode gesiegt. Duty-free-Shops und Shopping Malls seien die Leichenschauhäuser des Luxus, quasi Kathedralen des künftigen Wohlstandsmülls der Massen. Luxus sei immer ein Überfluss an knappen Gütern, und knapp seien für Vermögende und Bessergestellte in Zukunft zunehmend freie und selbstbestimmte Zeit, Aufmerksamkeit für die Dinge, die nicht die Medien, sondern uns selbst interessieren, Raum jenseits großstädtischer Käfighaltung sowie eine saubere Umwelt und Sicherheit.[6]

## Die Ambivalenz des Luxus

Die Zwiespältigkeit des Luxus, dessen Verführungen und Genüsse, dessen Fluch und Segen werden nirgends so treffend beschrieben wie in Denis Diderots 1769 erstmals erschienenem Essay *Gründe, meinem alten Hausrock nachzutrauern*. Diderot beschreibt darin die Folgen eines großzügigen Geschenks von Madame Geoffrin, einer bekannten, sehr vermögenden Dame der Pariser Gesellschaft, in deren Salon der Herausgeber der *Encyclopédie* verkehrte. Als Sohn eines Handwerkermeisters zwar nicht arm, aber auch nicht wirklich vermögend zu nennen, bereiteten ihm das geschenkte neue Mobiliar und der neue, scharlachrote Hausrock einiges Kopfzerbrechen. Hatte er doch mit ansehen müssen, „wie die Bergamo-Tapete, die so lange die Wände bedeckt hat, einem Behang aus Damast wich“, wie „zwei ganz passable Stiche, der *Mannaregen in der Wüste* von Poussin und die *Esther vor Ahasver* vom selben Künstler“ ohne Gnade vertrieben wurden, „und zwar durch einen *Greis* von Rubens – das war die arme *Esther* – und durch ein *Gewitter* von Vernet – das war der *Mannaregen*“[7], und wie ein einfacher Stuhl aus Rohr einem Maroquinsessel zuliebe ins Vorzimmer verbannt wurde. Aufgrund der neuen, scharlachroten Robe war „die Übereinstimmung dahin, und mit ihr das richtige Maß, die Schönheit“[7], klagt Diderot. Dabei habe ihm sein alter Hausrock so gut gestanden, dass er sich darin ausnahm, wie von Künstlerhand gemalt: Lange schwarze Streifen legten von den häufigen Diensten, die er geleistet hatte, Zeugnis ab, „denn fast nie hat die Armut etwas dagegen, sich nützlich zu zeigen. Lag Staub auf einem Buch, schon bot sich einer seiner Zipfel an, ihn abzuwischen. War mir die Tinte eingetrocknet und wollte nicht mehr aus der Feder fließen, so lieh er mir einen Ärmel.“[7] Doch nun, so Diderot, sehe er aus wie ein reicher Tagedieb, sehe man ihm nicht mehr an, wer er sei. Trotzig versucht er, sich den Verführungen des Luxus zu widersetzen. Dem Bauer gleich, der, in ein Königsschloss versetzt, dennoch seine Holzpantinen anbehält, lässt er seinen alten Flickenteppich nicht gegen einen neuen austauschen, „denn Denis, der Philosoph, wird nie ein Meisterstück aus der Gobelinweberei von Chaillot mit Füßen treten“[7]. Noch sei er nicht korrumpiert, spiele nicht den Erhabenen. Flehentlich wendet er sich gen Himmel: „‚Wenn du, Herr, in deiner ewigen Weisheit siehst, daß der Reichtum das Herz von Denis verdirbt, dann schone die Meisterwerke nicht, die er anbetet; zerstöre sie und wirf ihn zurück in die Armut, aus der er gekommen ist!‘“[7] Doch dann folgt eine entscheidende Einschränkung, die Diderots Essay zu einer Kampfschrift für Schönheit und Kunst werden lässt: „Ich lass alles fahren, nimm es mir, nimm mir alles, nur nicht meinen Vernet. Ja, laß mir meinen Vernet!“[7] Denn dessen Schönheit, so Diderot in seinem Flehen, ist nicht von dieser Welt, ist vielmehr göttlichen Ursprungs. Nicht der Künstler sei es, der das so unvergleichliche Bild gemalt habe, sondern Gott. Der dargestellte Schiffbruch züchtige nicht nur die Menschen in ihrer Eitelkeit, sondern verhelfe dank der meisterlichen Ausführung des Gemäldes auch dessen neuem Besitzer zur Demut: „schon kommen die Leute nicht mehr zu mir, um mich anzuhören; sie wollen meinen Vernet bewundern. Der Maler hat den Philosophen auf seinen Platz verwiesen.“[7]

Diderot zählt mit diesem Essay zu den ersten Intellektuellen Europas, die in den Produkten des Luxus nicht nur Symbole für überbordende Genusssucht, Ablenkung vom Wesentlichen und sinnentleerte Verschwendung erkennen, sondern auch auf dessen Vermögen verweisen, überzeitliche Schönheit hervorzubringen und diese wertschätzen zu lehren. Ähnlich wird auch im oft fälschlicherweise Diderot zugeschriebenen Artikel zum Stichwort Luxus der *Encyclopédie*[8] dessen Zwiespältigkeit jenseits aller Verschwendung betont: Luxus „ist der Gebrauch, den man vom Reichtum und Gewerbe macht, um sich ein angenehmes Dasein zu verschaffen“, es ist der „Wunsch nach einem besseren Leben, der in allen Menschen liegt und liegen muß. Er ist die Ursache ihrer Leidenschaften, ihrer Tugenden und ihrer Laster.“[8] Die jederzeit gegen den Luxus klagenden Kritiker sucht der Autor, Jean-François de Saint Lambert, durch Tatsachenbeobachtungen zu widerlegen: „Niemals, so behaupten sie, gebe es *Luxus* ohne eine sehr große Ungleichheit in der Verteilung des Reichtums, das heißt, ohne daß das Volk im Elend und eine kleine Zahl von Menschen im Überfluß lebe. Aber dieses Mißverhältnis findet man meistens nicht in den Ländern mit dem größten Luxus, sondern in Polen und anderen Ländern, die weniger *Luxus* haben als Bern und Genf, wo das Volk im Überfluß lebt.“[8] Verwerflich erscheinen Saint Lambert vor allem ohne Arbeit allzu schnell anwachsende Vermögen, die zu einer starken Ungleichverteilung führen. Die Verantwortung hierfür sieht er in der Gesetzgebung der jeweiligen Staaten. Denn auch wenn sich die Menschen unablässig vergleichen, könnten sie sich doch unter einer

Aphorismenschneise • Aphorismensch

Die Wahrheit ist im Fluss.
An der Mündung geht sie unter.

Kann sich der Verstand
keinen Reim auf die Dinge machen,
macht sich das Gedicht einen drauf.

Mit dem, was ich sage, schaffe ich Platz
für das Nichtgesagte.

Siege sind vorübergehend,
sie halten nur bis zum nächsten Kampf.
Niederlagen sind haltbarer.

Der Kampf um die Wahrheit zieht
auch die Wahrheit in Mitleidenschaft.

*Toni Huber*

Regierung wie der Spartas keinerlei Verdienste aus ihrem Reichtum machen. In der Tat lässt die Frage, welche kulturellen Güter die asketischen Spartaner im Vergleich zu den dem Luxus frönenden Athenern der Nachwelt hinterlassen haben, auch den schärfsten Kritiker des Luxus nachdenklich werden. Zumal die dem Luxus nachgesagte Verweichlichung der Menschen kriegerischen Neigungen entgegenwirke, wie Voltaire anmerkt.

Dass kulturelle Einrichtungen wie Theater und Opernhäuser dem Entbehrlichen, dem Luxus zugerechnet werden, wird vor allem in Zeiten der Krise der öffentlichen Finanzen augenfällig. Exemplarisch mühte sich schon Friedrich Schiller 1784 mit seiner Mannheimer Vorlesung *Was kann eine gute stehende Schaubühne eigentlich wirken?* den politisch Verantwortlichen den Nutzen des Theaters zu erläutern: „Die Schaubühne ist die Stiftung, wo sich Vergnügen mit Unterricht, Ruhe mit Anstrengung, Kurzweil mit Bildung gattet, wo keine Kraft der Seele zum Nachteil der andern gespannt, kein Vergnügen auf Unkosten des Ganzen genossen wird."[9] Das Theater vermag die Welt nicht zu verändern, aber es gebe mitunter einen Blick frei auf das, was kommt, sodass es einen nicht unvorbereitet treffe: „Die Schaubühne ist mehr als jede andere öffentliche Anstalt des Staats eine Schule der praktischen Weisheit, ein Wegweiser durch das bürgerliche Leben, ein unfehlbarer Schlüssel zu den geheimen Zugängen der menschlichen Seele ... ich selbst bin der Meinung, daß vielleicht Molières Haragon noch keinen Wucherer besserte, daß der Selbstmörder Beverley noch wenige seiner Brüder von der abscheulichen Spielsucht zurückzog, daß Karl Moors unglückliche Räubergeschichte die Landstraßen nicht viel sicherer machen wird – ... Mit diesen Lasterhaften, diesen Toren müssen wir leben. Wir müssen ihnen ausweichen oder begegnen; wir müssen sie untergraben oder ihnen unterliegen. Jetzt aber überraschen sie uns nicht mehr. Wir sind auf ihre Anschläge vorbereitet." Nicht zuletzt, so schließt Schiller, gebe die Bühne einer besonderen Empfindung Raum: „es ist diese: ein *Mensch* zu sein."[9] Der Luxus Theater wird solchermaßen zur Lebensschule und unerlässlichen Erziehungsanstalt der Gesellschaft emporgehoben.

## Der Zwang zur Verausgabung

Die Frage, ob eine wie auch immer geartete Ausgabe dem Bereich des Luxus zuzuordnen sei, ist heutzutage untrennbar mit der Frage nach deren Nützlichkeit verbunden. Kaum jemand würde Millionen teure Satelliten als Luxus bezeichnen, weil diese sich zum Beispiel zur Orientierung (GPS) „nutzen" lassen, und selbst die Milliarden für die Forschung an der Kernfusion gehen noch als Investition durch, die in ferner Zukunft Gewinn abwerfen soll. Doch Georges Bataille zufolge ist es unmöglich, exakt zu definieren, was für den Menschen nützlich ist: „Diese Verlegenheit äußert sich darin, daß man ständig in unzulässiger Weise auf Grundsätze zurückgreifen muss, die jenseits von Nutzen und Lust liegen"[10], wie zum Beispiel Ehre und Pflicht.

Entsprechend kehrt er die Gewissheiten der berechnenden buchhalterischen Vernunft um. Indem er mit seiner „Sonnenökonomie" den totalen Verlust, die totale Verausgabung propagiert, stellt er die Rechnung von Gewinn und Verlust auf den Kopf: „Alles Leben entspringt aus der irrsinnigen Selbstverschwendung der Sonne und kann von daher nicht anders als strahlend sich verströmen. Das gilt auch und gerade für den Menschen: ‚Der Sonnenstrahl, der wir sind, findet am Ende die Natur und den Sinn der Sonne wieder: er muß sich verschenken, sich ohne Berechnung verlieren.'"[11] Der Niedergang des Heidentums habe den der aufwendigen Spiele und Kulte nach sich gezogen. Das Christentum habe den Besitz individualisiert, indem es dem Besitzenden das ganze Verfügungsrecht darüber einräumte und seine soziale Funktion abschaffte. Der kultisch „vorgeschriebenen heidnischen Verausgabung setzt das Christentum das freiwillige Almosen"[10] entgegen. Die Rivalitäten, die weiterhin das individuelle Handeln bestimmten, fänden nur noch im Verborgenen statt, der Neid zwischen den Menschen mache sich jedoch nach wie vor mit der gleichen Brutalität Luft wie bei den Wilden. Generosität und Noblesse jedoch „sind verschwunden und mit ihnen die spektakuläre Gegenleistung, die die Reichen den Armen boten."[10] Die moderne Bourgeoisie verweigere sich ihrer Verpflichtung zur funktionellen Verausgabung, die sie mit dem Reichtum übernommen hatte und habe sich von der Aristokratie dadurch abgesetzt, dass sie beschlossen hat, „nur für sich zu verschwenden, innerhalb der eigenen Klasse, d. h. indem sie ihre eigenen Ausgaben vor den Augen der anderen Klassen so weit wie möglich verbirgt."[10] Auch wenn das Volk sie nicht ebenso hassen könne wie vormals seine aristokratischen Herren, so könne es sie aber auch nicht lieben. Mithin werde der Klassenkampf zur grandiosesten Form sozialer Verausgabung, der die Existenz der Herren selbst bedrohen wird. Letztendlich, so Bataille, sichern sich die Menschen „ihren Lebensunterhalt oder vermeiden den Schmerz, nicht weil diese Tätigkeiten für sich ein zureichendes Resultat erbringen, sondern um zu der insubordinierten, das heißt sich den Herrschenden widersetzenden Tätigkeit der freien Verausgabung zu gelangen."[10]

## Das falsche Lachen der thrakischen Magd

Soll in Festreden der Nutzen des philosophischen Denkens hervorgehoben werden, wird allenthalben das Beispiel des Thales von Milet angeführt. Dieser war beim nächtlichen Betrachten des bestirnten Himmels in einen Brunnen gefallen und darob von einer thrakischen Magd verlacht worden. Aristoteles berichtet, dass die Beobachtungen des Philosophen und vermeintlichen Traumtänzers es diesem jedoch ermöglichten, eine gute Olivenernte vorauszusagen und frühzeitig alle verfügbaren Ölmühlen zu pachten. Dank dieses Monopols habe er ein ungeheures Vermögen verdient. Doch für solche Spekulationen braucht man keine philosophischen Theorien. Derartiges ist auch heute noch alltägliches Geschäft an den des Philosophierens unverdächtigen Warenterminbörsen, das von Wirtschaftswissenschaftlern und Versicherungskaufleuten im Verbund mit Meteorologen betrieben wird – auch wenn diesen die Geldvermehrung ebenso oft misslingt wie vielen Philosophen. Eine gültige, sprich verlässliche Theorie der Zukunftsvorhersage hat die Philosophie bisher noch nicht hervorgebracht. Eher hat es den Anschein, als würde es mehr Theorien geben denn Philosophen. Aller Rechtfertigungsversuche zum Trotz: Die Philosophie ist und bleibt der Dandy der Wissenschaften. Sieht man von den Pensionen universitärer Philosophen sowie den mageren Gehältern vieler Autoren philosophischer Bücher und deren Verleger einmal ab, ist Philosophie zu nichts nutze. Wie der Dandy, sich selbst und seine Umgebung ausschließlich zum Zwecke des ästhetischen Genusses betrachtend, durch die Prachtstraßen dieser Welt flaniert, stolzieren die Philosophen jenseits jeglicher Nützlichkeitserwägungen durch die hohen Hallen der Wissenschaften, irrlichtern schlicht und einfach der Freude am Denken und der Auseinandersetzung mit anderen willen durch die Welt des Geistes. Man kann es drehen und wenden wie man will: Philosophie ist und bleibt Verschwendung von Ressourcen – wer über philosophische Fragen nachdenkt, der arbeitet nicht produktiv, mindert nicht den Hunger der Vielen, trägt mit seinen Mühen nichts zum Bruttosozialprodukt bei. Mithin ist Philosophie der pure Luxus. In vollem Bewusstsein dieser Tatsache schreibt John Stuart Mill jedoch unverblümt und direkt: „Es ist besser, ein unzufriedener Mensch als ein zufriedengestelltes Schwein zu sein; besser ein unzufriedener Sokrates als ein zufriedener Narr."[12]

## 20 Jahre *der blaue reiter*

Trotz des vielen Elends in der Welt, trotz Krieg, Hunger und Leid, sprich unabhängig von wie auch immer gearteten Argumenten für und wider den Luxus, kann man nicht oft genug betonen: Ohne die Möglichkeit des Genusses von Schönheit ist das Leben grau, trist und schlicht nicht lebenswert. Das Schöne ist und bleibt schön – jenseits von Ökonomie und Moral. In diesem Sinne bin ich für meinen Teil überaus dankbar, dass die ganz konkrete Welt des Alltags meinen Mitarbeitern und mir wider aller betriebswirtschaftlichen Logik seit nunmehr über zwanzig Jahren den Luxus ermöglicht, ein Journal für Philosophie zu publizieren. Ich hoffe, dass ich die den Ignoranten nicht vermittelbare Freude am Denken und Erkennen von Welt auch weiterhin mit Ihnen als Leser, mit unseren Autoren, Künstlern und allen Mitarbeitern des *blauen reiters* teilen darf. Ich freue mich auf viele weitere gemeinsame Jahre des überaus luxuriösen Genusses des Vergnügens am Denken und der Lust am Schönen.

Dr. phil. Dipl.-Chem. Siegfried Reusch studierte Chemie und Philosophie. Seit 1995 ist er Chefredakteur und Mitherausgeber des vorliegenden Journals.

**Anmerkungen:**

1. Gallico, Paul: Ein Kleid von Dior. Rowohlt Taschenbuch Verlag, Reinbek 1992, Seite 20
2. Tacitus. Sämtliche Werke. Drittes Buch. Die Jahre 20–22 n. Chr. Phaidon Verlag, Essen, Seite 400–402
3. Sombart, Werner: Liebe, Luxus und Kapitalismus. Über die Entstehung der modernen Welt aus dem Geist der Verschwendung. Wagenbach, Berlin 1996, Seite 88, 85, 86
4. Kant, Immanuel: Anthropologie in pragmatischer Hinsicht. Werke in zehn Bänden. Band 10. Wissenschaftliche Buchgesellschaft, Darmstadt 1983, §69, BA 201, Seite 578
5. Marquier, Alexander: Das Luxuslexikon. Das Beste, was für Geld zu haben ist. DuMont Verlag, Köln 2007, Seite 11
6. Enzensberger, Hans Magnus: Luxus – woher, und wohin damit? Reminiszenzen an den Überfluß. In: Enzensberger, Hans Magnus: Zickzack. Aufsätze. Suhrkamp Verlag, Frankfurt am Main 1997, Seite 143–161
7. Diderot, Denis: Gründe, meinem alten Hausrock nachzutrauern. Aus dem Französischen von Hans Magnus Enzensberger. Friedenauer Presse, Berlin 2010, Seite 6, 5, 3, 8, 9, 9, 11
8. Vergleiche hierzu: d'Alembert, Jean-Baptiste le Rond; Diderot, Denis u. a.: Enzyklopädie. Eine Auswahl. Herausgegeben von Günter Berger. Fischer Taschenbuch Verlag, Frankfurt am Main 1989, Seite 214–215, 195, 196
9. Schiller, Friedrich: Was kann eine gute stehende Schaubühne eigentlich bewirken? In: Schiller, Friedrich: Sämtliche Werke. Band V. Wissenschaftliche Buchgesellschaft, Darmstadt 1993, Seite 831, 831
10. Bataille, Georges: Das theoretische Werk. Die Aufhebung der Ökonomie. Rogner & Bernhard, München 1975, Seite 9, 22, 23, 23, 31
11. Bergfleth, Gerd: Theorie der Verschwendung. Matthes & Seitz, München 1985, Seite 126
12. Mill, John Stuart: Der Utilitarismus. Reclam, Stuttgart 1991, Seite 13/14

Alfred Hirsch

# Die Vorzüge eines ländlichen Lebens

## Jean-Jacques Rousseaus Kampf gegen das luxuriöse Stadtleben

**Jean-Jacques Rousseau fristete ein recht kärgliches Dasein. Von seinen philosophischen Schriften konnte er nicht existieren und die materiellen Lorbeeren seiner belletristischen Arbeiten wollte er nicht einheimsen. Oft verdingte er sich als Notenkopist, um seine bescheidenen Einkünfte aufzubessern. Von den so erworbenen Mitteln brachte er sich, seine langjährige Lebensgefährtin Thérèse und deren Mutter durch. Für ihre Kinder reichten die zur Verfügung stehenden Mittel nach Rousseaus eigenem Bekunden nicht aus. Sie wurden daher unmittelbar nach der Geburt in ein Waisenheim gegeben. Die Ärmlichkeit des rousseauschen Lebens wäre vermutlich noch größer gewesen, wenn er nicht immer wieder adlige Unterstützer gefunden hätte, die ihm Unterkunft und Schutz gewährten. Eine seiner Gönnerinnen, Madame d'Épinay, stellte ihm jahrelang ein Gartenhaus auf ihrem Gut in Montmorency zur Verfügung und noch in den letzten Monaten seines Lebens fand er ein komfortables Heim auf dem Anwesen des Marquis de Girardin in Ermenonville im Norden von Paris.**

der blaue reiter

Die Unterstützer und Bewunderer des Denkers und Autors Rousseau waren sich durchaus bewusst, dass sie einen recht eigenwilligen Menschen und Geist alimentierten. Sie förderten einen Mann, der sich als Autodidakt, aus bescheidensten Verhältnissen in Genf stammend, durch seine intellektuelle Originalität in den Fokus der ersten Pariser Gesellschaft geschrieben hatte. Sie unterstützten einen Denker, der an vielen Stellen seines Werks sehr ausdrücklich ihre im Reichtum schwelgende Lebensführung ablehnte – und sie gewährten einem Autor Zutritt zu ihren Kreisen, dessen erste umfangreichere theoretische Schriften sowohl in Genf als auch in Paris in den Sechzigerjahren des 18. Jahrhunderts verboten wurden. Es spricht für den Geist des vorrevolutionären 18. Jahrhunderts, dass diejenigen, die die Lehren des Schriftstellers Rousseau am meisten zu fürchten hatten, zu seinen innigsten Unterstützern zählten. Bemerkenswert ist überdies, dass viele jener Adligen, die zu den Förderern Rousseaus gehörten, selbst in den kritischen Salons des intellektuellen Paris zuhause waren und kritische Geister der Aufklärung wie Denis Diderot oder Jean Baptiste le Rond d'Alembert durch ihren Zuspruch ermutigten. Anders jedoch als diese Letztgenannten mochte sich Rousseau nicht mit den gesellschaftlichen Gepflogenheiten und dem großstädtisch-eleganten Treiben anfreunden. Er blieb in diesen Kreisen ein Außenseiter und überwarf sich später mit einem Großteil seiner ehemaligen Weggefährten.

*Selbstgenügsamkeit ist die Grundlage für ein gemeinsames Leben der Menschen in Zufriedenheit und Einigkeit.*

Als Rousseau, gerade dreißigjährig, nach Paris übersiedelte, hatte er schon einige Stationen auf seinem Lebensweg hinter sich gebracht. Neben Lyon, Turin und Venedig hatte er bereits an zahlreichen illustren Orten jener Zeit gelebt, beschreibt aber rückblickend stets die Jahre als seine glücklichsten, welche er auf dem Land und in der Natur verbracht hatte. Immer wieder lobt er in seinen *Bekenntnissen* oder dem Spätwerk *Träumereien eines einsamen Spaziergängers* die einfache und ehrliche Lebensweise auf dem Lande, die er erfahren durfte. Seine Eloge auf eine naturnahe und schlichte Existenz auch in seinen autobiografischen Texten wirft ein helles Licht auf die eigentümlichen Schwierigkeiten der gesellschaftlichen Erfahrungen, die er in Paris machen sollte. Fast scheint es so, als seien die ersten kulturkritischen Schriften Rousseaus intellektuelle Auseinandersetzungen mit einem großstädtischen Leben, dessen bürgerlicher Verhaltenskodex und zwischenmenschliche Maskeraden ihn vor kaum überwindbare Hindernisse stellten. Rousseau waren der elegante Lebensstil, die rhetorische Brillanz und die intrigante Streitkultur der Pariser Salons fremd. Es ist überliefert, dass er in dieser Umgebung auch ebenso deplatziert wirkte. Die elaborierten städtischen Umgangs- und Diskursformen schienen ihm Synonym einer inhaltsleeren, im Verfall begriffenen Zivilisation zu sein.

### Die Dekadenz der Wissenschaften und Künste

In seiner ersten theoretischen Schrift, die ein nicht unerhebliches Aufsehen erlangte – und zuvor von der Akademie in Dijon mit einem Preis gewürdigt worden war –, macht Rousseau die Zivilisation und die Wissenschaften im Allgemeinen für die Entartung der Gesellschaft verantwortlich. Die von ihm vertretene, wenngleich nicht in jeder Hinsicht originelle These lautet, dass die Wissenschaften und die Künste allerlei Überflüssiges und Unnützes in die Welt gebracht haben und dadurch Abhängigkeiten und neue „Ketten" geschaffen wurden. Durch sie wird die Tugendhaftigkeit und Klarheit des einfachen Lebens verstellt, das durch die verschachtelten Denk- und Darstellungsformen auf immer unzugänglich erscheint. Waren die Menschen früher einander in stiller Beredsamkeit zugetan, war es ihnen damals ein Leichtes sich wechselseitig zu durchschauen. Es gab so keine Geheimnisse und vom Wissen verschleierte Ausdrucksformen. Die Menschen konnten sich vertrauen und entsprechend gab es aufrichtige Freundschaftsbeziehungen unter den Menschen.

Allzu deutlich scheint in diesen Überlegungen die biblische Schöpfungsgeschichte durch, in der das Wissen um Gut und Böse mit dem verbotenen Apfel gereicht wird. Mit der Ursünde und der ihr eigenen unwiederbringlichen Überschreitung ist der Auszug aus dem Paradies besiegelt. Immer mehr Wissen und immer bessere Erkenntnisformen führen die Menschheit nicht zurück zur unschuldigen und glücklichen Existenz in der Natur. Ganz im Gegenteil: Wissen und Künste legen mit ihrem Fortschreiten immer wieder neue Schichten und Schleier über das einstmals so reine Leben in würdiger Einfalt.

Mit jeder neuen zivilisatorischen Errungenschaft wächst die Abhängigkeit des Menschen von den künstlich erzeugten Bedürfnissen. Dies gilt auf der einen Seite für die durch Wissen und Technik geschaffenen alltäglichen Annehmlichkeiten und auf der anderen Seite für die durch Literatur und Künste gestifteten Zerstreuungen. In diesen Abhängigkeiten gewahrt Rousseau die Grundlagen einer fortschreitenden Versklavung, deren grellste Ausleuchtung der materielle Luxus ist: „Hier sehen wir also, wie Luxus, Ausschweifungen und Sklaverei allezeit die Strafen der stolzen Bemühungen gewesen sind, durch welche wir uns aus der glücklichen Unwissenheit, in die uns die ewige Weisheit versetzt hatte, herauszureißen suchten."[1] Dabei ist der Luxus nicht nur Resultat einer fortgeschrittenen wissenschaftlichen und kunstbeflissenen Kultur, sondern er ist auch ihre Bedingung. Der Luxus verschafft, einmal in der Welt etabliert, der Wissenschaft und den Künsten neue Spannkraft und Dynamik: Wissen schafft Luxus und Luxus schafft Wissen. Der Überfluss, der sich im Luxus einstellt, wird gestaltet und entwickelt durch die immer wieder neuen Errungenschaften des Wissens.

*Wissen schafft Luxus*
*und*
*Luxus schafft Wissen.*

Mit der zivilisatorischen Gabe des Luxus tauchen nach Rousseau nun auch die Laster und die Verderbtheiten der menschlichen Zivilisation auf. Müßiggang und Heuchelei, allerlei Laster und die Auslöschung der Aufrichtigkeit sowie Eitelkeit und die Verschwendung der Zeit werden zu den Emblemen einer unumkehrbaren *décadence*. Und Rousseau führt historische Belege für seine Thesen an. So ist der Untergang Griechenlands ein gutes Beispiel für seine Behauptungen. In den Zeiten mannhafter und tapferer Ausbildung der Jungen – ganz nach dem Vorbild Spartas – ist die Wehrhaftigkeit des Landes herausragend gewesen. Mit der Einführung des Wissens und der Künste kam es zu einer Verweichlichung und zu einem Verlust der Tugenden. Als glaubwürdigen Warner vor den Dichtern, Künstlern und Sophisten bemüht Rousseau Platons Sokrates. Dieser hat bereits angesichts des grassierenden Hochmuts seiner Zeit die Unwissenheit gerühmt. Einen ähnlichen Zustand sieht Rousseau auch im Niedergang Roms und seiner Herrschaft anheben. Hier erklärt er den älteren Cato zum Mahner, der die Zunahme an Rednern und Philosophen in Rom geißelte und die Vernachlässigung des Ackerbaus und der Kriegszucht beklagte.

Bemerkenswert und zugleich irritierend ist hier Rousseaus Lob der Kriegskunst und ihrer überragenden Tugenden. Fast hat es den Anschein, als stellten sie mit ihren ursprünglichen und edlen Charakteren den Gegenentwurf zum friedfertigen Leben in einer kulturell entwickelten Zivilisation dar. Und in der Tat, Rousseau huldigt in dieser Phase seines Denkens den Errungenschaften des Krieges: „Indem die Bequemlichkeiten des Lebens sich vermehren, die Künste vollkommener werden und der Luxus sich ausbreitet, so wird die wahre Tapferkeit kraftlos, die kriegerischen Tugenden verschwinden, und auch dies ist das Werk der Wissenschaften und all der Künste, die in der Stille der Studierstuben ausgeübt werden."[1] Allerdings erfährt auch diese Einsicht eine besondere und unerwartete Volte im Denken Rousseaus. Denn die Einfachheit und Unwissenheit des Kriegers machen aus ihm keinen besonders grausamen und brutalen Eroberer, vielmehr erlangt er durch sie eine besondere Stärke, die ihn mit seinen Feinden empfinden und ihnen gegenüber Milde walten lässt. So sieht er doch eher in den Gelehrten, Künstlern und Müßiggängern die Verursacher für Streit und Friedlosigkeit.

In mehr als einer Hinsicht erinnert dieses Lob des unwissenden, aber aufrichtigen Kriegers an jenen *bon sauvage*, jenen guten Wilden, der die sittliche Verdor-

Abbildung:
**Geld**
Karlkurt Köhler,
Kupferstich, 2007.
www.karlkurt.de

Es ist genug da für nicht alle.

Einer: „Ich glaube nicht an Gott.
Denn der glaubt an die Menschen.“

Aufgeblasen hält er sich über Wasser.
Im Strom der Massen.

Den Übermensch erkennt man daran,
dass er keinen Unterleib hat.

Mit Specktakeln fängt man Menschen.
Im Mäuseformat.

Er gibt sich nie eine Blöße.
Dann kommt auch niemand,
um ihn zu wärmen.

*Toni Huber*

benheit und charakterliche Schwäche der sogenannten zivilisierten Menschen nicht kennt. Die Tapferkeit und der Mut des „guten Wilden“ oder des Menschen in seiner natürlichsten Form sind deswegen so vorbildlich, weil sie für eine tugendhafte Stärke stehen, die der Kulturmensch längst verloren hat. Der im Kulturzustand verdorbene Mensch ist abhängig von vielerlei Bedürfnissen, er spricht eine in ihren Bedeutungen verzweigte Sprache und er läuft Chimären des Luxus hinterher, die ihn hinterhältig und gemein machen. Die entscheidende Ursache für diesen Verfall des menschlichen Charakters sieht Rousseau jedoch in den durch die Zivilisation immer wieder neu hervorgebrachten Anreizen, die immer wieder neue menschliche Bedürfnisse erzeugen. Durch diesen steten Reiz, mehr und anderes zu begehren, wird der Mensch aus seinem inneren Gleichgewicht gerissen und seines Lebensglücks beraubt. Geringe Bedürfnisse und Selbstgenügsamkeit sind die Grundlagen für ein Leben, das auch im gemeinsamen Leben der Menschen Zufriedenheit und Einigkeit stiftet.

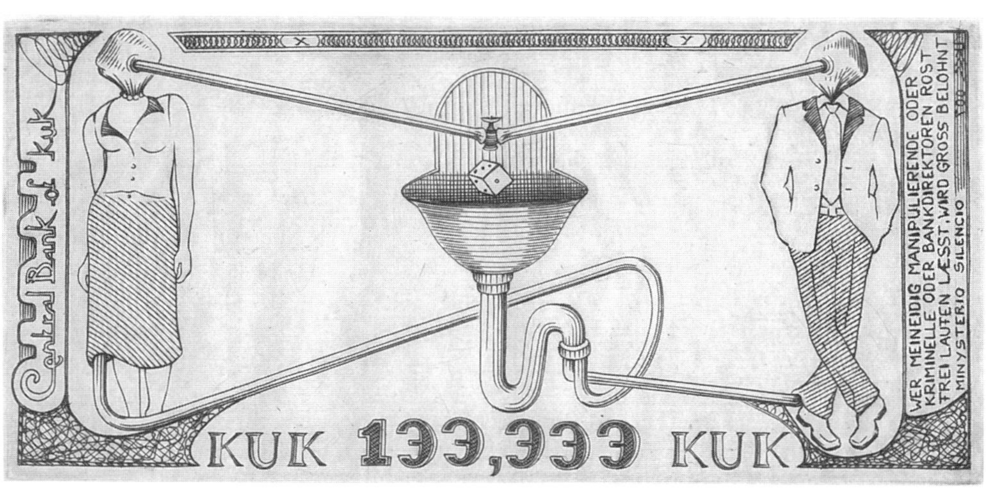


Abbildung:
**Geld**
Karlkurt Köhler,
Kupferstich, 2007.
www.karlkurt.de

## Die Entstehung des Luxus aus dem Reichtum

Der Ruf Rousseaus nach einer Gesellschaft, die sich auf die Einfachheit und Bescheidenheit des Lebens besinnt, findet einen Widerhall auch in seiner Kritik des Reichtums. Es ist zweifelsfrei der Reichtum, der die Besitzenden träge und eitel werden lässt und der die Armen und Besitzlosen zu Sklaven macht. Letztere werden käuflich und abhängig. Reiche wie Arme sind gleichermaßen in einer Gesellschaft des Reichtums und des luxuriösen Überflusses gefangen. Die Gier der einen erzeugt die Falschheit der anderen. Niemand kann seinem Mitmenschen noch über den Weg trauen – und der schöne Schein der Künste und der Kultur ist nur der Vorhang vor einer solchen Welt des Misstrauens und des Verrats. Neben den Künsten und dem Wissen hat daher nach Rousseau auch das ungleiche Eigentum zum lasterhaften Luxus und zum Niedergang der menschlichen Gemeinschaft geführt. Dabei ist er nicht grundsätzlich gegen das bürgerliche Eigentum, aber er ist ein vehementer Kritiker seiner extrem ungerechten Verteilung. Der Status quo des 18. Jahrhunderts machte es den Besitzlosen geradezu unmöglich, selbst einmal Eigentum zu erwerben. Rousseau schrieb dies dem bedauerlichen und fatalen Gründungsereignis der bürgerlichen Gesellschaft zu.

In einem seiner vielleicht berühmtesten Sätze aus dem Essay *Über den Ursprung und die Grundlagen der Ungleichheit unter den Menschen* fasst Rousseau den falschen und ungerechten Beginn der Eigentümergesellschaft zusammen: „Der erste, welcher ein Stück Landes umzäunte, es sich in den Sinn kommen ließ zu sagen: Dies ist mein, und einfältige Leute fand, die ihm glaubten, der war der wahre Stifter der bürgerlichen Gesellschaft. Wie viele Verbrechen, Kriege, Morde, wieviel Elend und Greuel hätte der dem Menschengeschlecht erspart, der die Pfähle herausgerissen, den Graben zugeschüttet und seinen Mitmenschen zugerufen hätte: ‚Glaubt diesem Betrüger nicht; ihr seid verloren, wenn ihr vergesst, dass die Früchte allen gehören, der Boden aber niemandem.‘“[2] Auffällig ist, dass Rousseau hier nicht allein die einseitige Besitzergreifung durch die Mächtigen sieht, sondern ihnen gegenüber auch diejenigen benennt, die diese Eigentumsreklamation recht einfältig geschehen lassen. Die Folge dieser ungerechten Aufteilung des Landes ist eine Geschichte unablässiger

Besitzkämpfe und kriegerischer Auseinandersetzungen. Die Chance, diese frühen Land- und Eigentumsansprüche bereits in ihrer Entstehung zurückzuweisen, wurde verpasst. Ein Weg dorthin zurück scheint auch Rousseau undenkbar.

An anderer Stelle unterstreicht er nachdrücklich, dass er nicht gegen das Eigentum an sich ist, jedoch Grenzen des Reichtums und maßvolle Unterschiede für die Eigentumsspannen fordert. In seiner Theorie einer demokratischen Gesellschaft, dem *Gesellschaftsvertrag*, macht er deutlich, dass es allein der Staat ist, der dem Einzelnen sein Eigentum garantiert. Aus diesem Grund ist der besitzende Bürger auch nur „Sachwalter" eines Gemeinguts. Es ist also an ein limitiertes Privateigentum gedacht, das sich jeder redlich durch Arbeit zu erwerben hat. Nur ehrliche Arbeit rechtfertigt letztlich auch die Aneignung des erzeugten Guts. Unermesslicher Reichtum soll und kann so nicht entstehen – und es wird zugleich verhindert, dass das erworbene Eigentum nicht mehr bewirtschaftet und aufgrund seiner Ausdehnung nur noch genossen und verprasst wird. Es ist außerordentlich bedeutsam für das Denken Rousseaus, dass durch ehrliche Arbeit und demütige Bedürfnisentfaltung die Grundlagen für eine gerechte und freie Gesellschaft geschaffen werden. Denn die großen Reichtümer verleiten die Eigentümer zu Lastern, die der Freiheit des Einzelnen schaden.

Mit dem entstehenden Luxus und seinen intensiven Genussversprechen werden die Bürger noch gieriger, noch habsüchtiger, als sie es ohnehin schon sind. Die damit entstehenden Abhängigkeiten machen alle unfrei. Zum einen entstehen Abhängigkeiten von anderen Staaten, weil Luxusgüter importiert werden müssen, und es entstehen Abhängigkeiten von den Mitbürgern, weil es innerhalb des Staats einen Zuwachs an Gewerben gibt, die allein dem Luxus dienen. So hat der Juwelier mit seinem unnützen Handwerk bald ein größeres Ansehen als der redliche Bauer, wie Rousseau in seinem großen Erziehungsroman *Emile* mutmaßt. Rousseau plädiert für keinen – oder wenig – Handel und fordert stattdessen eine Konzentration auf die Landwirtschaft und die Versorgung der Menschen des Staats mit selbst erzeugten Produkten. Dieses Plädoyer für eine autarke und einfache, naturnahe Lebensweise war aber bereits im 18. Jahrhundert einigermaßen realitätsfern – und brachte ihm auch von aufgeklärten Zeitgenossen Häme ein.

Als Protagonisten dieser Häme erweisen sich Voltaire und andere *philosophes* der französischen Aufklärung. Sie sind die Verfechter eines komfortablen, wohlausgestatteten und verfeinerten Lebens. Rousseau wehrt sich gegen die Vorwürfe in seinen *Betrachtungen über die Regierung Polens*. Er wirft seinen Kritikern vor, dass sie den notwendigen Zusammenhang von Reichtum und Armut nicht sähen. Und in der Tat schreibt Voltaire eine *Apologie des Luxus*, in der er die aus unterschiedlichsten Ländern zusammengetragenen Delikatessen und die wertvollsten Tischdekorationen lobt. Nicht nur die persönlichen Vorlieben Rousseaus, der für ein einfaches bäuerliches Mahl wirbt – und überdies als Vegetarier den Sitten seiner Zeit weit voraus war –, kollidieren mit diesem voltaireschen Lob des Luxus. Auch die theoretischen Überzeugungen des Sozialtheoretikers Rousseau werden von dieser Liebe zum Luxus provoziert. Er wirft Voltaire daher vor, mit derartigen Meinungen die Ideale der Aufklärung zu verraten, in deren Zentrum neben Freiheit und Wahrheit auch die Armut steht.

## Die Verdorbenheit der Stadt und die Reinheit des Landes

In diesem Streit mit den Verfechtern eines verfeinerten und luxuriösen Lebens scheint erneut der für Rousseau so entscheidende Gegensatz zwischen Stadt und Land auf. Nur in der Stadt kann der Reichtum und der zu ihm gehörige Luxus derartig übel riechende Blüten treiben. Die Einfachheit des Lebens auf dem Lande vermöchte eine derartige Kultur der Eitelkeiten und des Überflusses kaum zu unterstützen. Die *philosophes*, so kritisiert Rousseau in einem Anhang zum *Gesellschaftsvertrag*, übersehen daher auch, dass die „Mauern in den Städten" nur aus den „Bauernhäusern" errichtet würden. Im Klartext bedeutet dies: Der Luxus der Stadtbewohner kommt allein auf Kosten der Landbevölkerung zustande. Aber so sehr diese Argumentation Rousseaus den Anschein erweckt, als ließe sich diese Kultur des städtischen Reichtums und Luxus auch verän-

*Ihr seid verloren, wenn ihr vergesst, dass die Früchte allen gehören, der Boden aber niemandem.*

Jean-Jacques Rousseau

dern und neu gestalten, so wird doch an anderer Stelle seines Werks allzu deutlich, dass er in den Städten die ersten Anzeichen einer im 18. Jahrhundert aufkommenden gesellschaftlichen Vermassung zu erkennen glaubt. Er sieht in ihnen einen Ort des Verfalls und der Degeneration. Die fortschreitende Verstädterung führt Reiche wie Arme ins Verderben. Das in Unmoral und infamem Intrigantentum befangene Leben der Reichen schlägt auch auf die Habenichtse durch, die sich von dem Niedergang der Sitten anstecken lassen.

Die Gesellschaft der Stadt – und im Besonderen diejenige von Paris – schwimmt im Strom der Mode. Der Einzelne verliert seine Eigenarten und seine Individualität. Alle leben nur in und für die Augen der anderen, was vor allem für die Frauen gilt. In der Stadt ist alles falsch und nichts echt, alles geheuchelt und nichts wahr. Rousseau wendet sich nach eigenem Bekunden von diesem Leben in der Großstadt Paris ab – und doch wird er die widerwärtigen Bilder von Schmutz, Lärm und Armut Zeit seines Lebens nicht mehr los. Ein heimlicher Ekel verfolgt ihn und drängt ihn, die Stadt sobald wie möglich zu verlassen. Er sucht die einmal erfahrenen Freuden des Landlebens wieder, denn auch dort gibt es Geschmack und Anmut sowie aufrichtige Feinheiten des Umgangs – nur kommen diese Eigenschaften auf dem Lande, anders als in der Stadt, von Herzen und entsprechen einer aufrichtigen Geselligkeit.

Auf dem Lande haben die Menschen im gemeinsamen Verkehr keine Geheimnistuerei nötig. Sie begegnen einander mit offenem Antlitz und „durchsichtigem Herzen“. Sie haben voreinander nichts zu verbergen, weil ihre Gewissen rein und unschuldig sind. Ein besonderer Glücksfall, bei dem sich eine solche Freundschaft selbst feiert, ist für Rousseau das ländliche Fest. Hier gibt es keine Maskeraden und Verstellungen. Die Menschen begegnen einander in Verlangen und Freude, in Begehren und fühlendem Einvernehmen. Sie kommunizieren beinahe sprach- und zeichenlos und gelangen so zu einer Durchsichtigkeit der Herzen. Es ist ein paradiesisches Idyll, das Rousseau sich hier erträumt, zugleich aber ist es auch der Entwurf einer Gesellschaft, die sich von allem materiellen Luxus und jeder dunklen Galanterie befreit hat.[3]

Dabei ist sicher kaum zu übersehen, dass die rousseausche Verteidigung des einfachen, ländlichen Lebens vermutlich schon im 18. Jahrhundert eine wunschge-

Abbildungen: Aus der Serie **Pictures for poor and rich.**

steuerte Idealisierung der harten bäuerlichen Existenz war. Die Rückbesinnung auf ein Leben nahe den ursprünglichen Bedürfnissen inmitten einer intakten Natur, die dem glücklichen Menschen alles gibt, dessen er wirklich bedarf, eröffnet sich vermutlich nur dem Beobachter, Denker und Tagträumer. Er ist einer der wenigen, die sich in tagelangen Spaziergängen ergehen und sich mit der Muße des Schriftstellers in der sprachlichen Darstellung des Erlebten und Gedachten entfalten können. Zweifelsfrei hat Rousseau für dieses Leben eine kärgliche und bisweilen erbärmliche Existenz in Kauf genommen, aber es steckt schon eine gewisse Ironie darin, als Kulturschaffender und Autor Kunst und Wissenschaft zu verdammen. Vielleicht hat sich für uns Heutige auch eine grundlegend verschobene Einsicht aufgetan, die dem 18. Jahrhundert noch ganz unvorstellbar war. Vielleicht ließ sich in jenen Tagen noch nicht erahnen, dass einst ein unendlich kostbares und seltenes Gut sein würde, worüber Rousseau und seine Zeitgenossen noch in Fülle verfügten. Denn gibt es für uns Menschen der Gegenwart ein höheres Gut und einen größeren Luxus als Muße und Zeit?

Alfred Hirsch ist Senior Fellow am Kulturwissenschaftlichen Institut Essen und lehrt Philosophie an der Universität Witten-Herdecke.

**Anmerkungen:**

1. Rousseau, Jean-Jacques: Abhandlung über die von der Akademie zu Dijon gestellte Frage, ob die Wiederherstellung der Wissenschaften und der Künste zur Läuterung der Sitten beigetragen habe. In: Rousseau, Jean-Jacques: Sozialphilosophische und Politische Schriften. Übersetzt von Eckhart Koch, Dietrich Leube, Melanie Walz und Hanns Zischler. München 1981, Seite 22, 26
2. Rousseau, Jean-Jacques: Abhandlung über den Ursprung und die Grundlagen der Ungleichheit unter den Menschen. In: Rousseau: Sozialphilosophische und Politische Schriften, siehe Anmerkung 1, Seite 93
3. Vergleiche ausführlicher hierzu: Hirsch, Alfred: Rousseaus Traum vom Ewigen Frieden. München 2012, Kapitel 3

**Zur Vertiefung empfohlen:**

– Delhom, Pascal; Hirsch, Alfred (Hrsg.): Rousseaus Ursprungserzählungen. Wilhelm Fink Verlag, München 2012
– Heidbrink, Ludger; Hirsch, Alfred (Hrsg.): Verantwortung als marktwirtschaftliches Prinzip. Zum Verhältnis von Moral und Ökonomie. Verlag Karl Alber, Freiburg 2008
– Hirsch, Alfred: Rousseaus Traum vom Ewigen Frieden. Wilhelm Fink Verlag, München 2012

Von links nach rechts: **ten dollars; fifty dollars; one hundred dollars.** Peter Fuss, www.peterfuss.com

Jean-Pierre Wils

# „Existenz ist Genuss“

## Wider die Hoffnung auf Weltaneignung durch „grobe“ Emanzipation der Sinnlichkeit

*Für Klaus Giel*

**Es gab Zeiten, in denen man noch ohne Skrupel die Emanzipation der Sinnlichkeit als Banner vor sich hertragen konnte. Sie sind noch nicht lange vorbei. Mit Mühe hatten sinnlicher Genuss und Körperbegeisterung sich aus den Fesseln eines christlichen Fundamentalverdachts befreien und deren Degradierungsversuchen erfolgreich Widerstand leisten können. Die sexuelle Emanzipationsbewegung stellte lediglich die Signatur eines epochalen Wechsels dar, einer umfassenden Emanzipation der Sinnlichkeit, die sich in der Nachkriegszeit des vorigen Jahrhunderts ankündigte und mittlerweile längst vollzogen worden ist. Danach schien es kein Halten mehr zu geben.**

Die Sinnlichkeit hat ihre Unschuld längst verloren. Günther Anders hatte im zweiten Band von *Die Antiquiertheit des Menschen* – im Jahre 1980 – bereits auf die Ambivalenz jener Emanzipationsbewegung hingewiesen: „Die heutige Vorurteilslosigkeit in Sexualdingen ... ist ein Kind der Werbefreiheit, der Zusammenbruch der Prüderie, auf dessen ‚Fortschrittlichkeit‘ man so stolz ist, eine ausschließlich kommerzielle Tatsache.“[2] Und Michel Foucault erntete höhnische Kritik, als er inmitten der Euphorie jener Befreiung vor einer neuen Knechtung der Sexualität warnte, dieses Mal nicht im Modus der Unterwerfung, sondern mittels ihrer gnadenlosen und kommerziellen Erfolg versprechenden Inszenierung in aller Öffentlichkeit. Diese Prophezeiung hat sich mehr als erfüllt. Aus dem Versprechen der Emanzipation ist eine Drohung geworden: Waren es früher die eingeforderte Restriktion oder gar das Tabu, die in die Verzweiflung trieben, so ist der sexuelle Leistungskatalog mittlerweile schrankenlos geworden und sind den Anforderungen keine Grenzen mehr zuzumuten. Sexualathleten beherrschen die Szene und die meisten können die dort geübten Wettläufe ohne Doping nicht bestehen. Die Industrialisierung der Sexualität hat aber erst richtig begonnen.

Doch der zwiespältige Triumph der Sexualität ist nur ein Symptom. Mit ihm geht – ebenso doppelbödig – die Gewalt einher, die dem Körper angetan wird, damit dieser wenigstens in seiner ästhetischen Präsentation den Schein der Juvenilität, der immerwährenden Jugendlichkeit, aufrechterhalten kann. Horden von Schönheitschirurgen hocken auf Faltensteppen und Erschlaffungsschluchten und geloben deren sofortige Ausbesserung oder gar Umwandlung in das Gelobte Land von einst. Hier ist eine Tilgungsmanie am Werke, welche die Vergangenheit unserer Haut am liebsten löschen möchte und die den Korrekturbedarf mittlerweile in das Alter der frühen Adoleszenz vorverlagert, damit kein Anlass zum Eingreifen und Straffen verpasst werde. Ein kaltes Ideal, das strengste Normen maßgerechten Aussehens verkörpert, überführt eine Masse von Abweichlern zum Eingeständnis, sich selbstverschuldet in eine Sackgasse leiblichen Verfalls hineinmanövriert zu haben. Es ist aber nie zu spät, so lautet die Devise, der Natur eine entschlossene Korrektur widerfahren zu lassen und sie von ihrem antiquierten Ansinnen, dass Menschen altern müssen, abzubringen.

### Die Genussfalle

„Enhancement“ – also Optimierung, Verbesserung – ist zum Stichwort eines geradezu anthropologischen, das heißt den Menschen (altgriechisch *anthropos*) bestimmenden Umbaus der Gattung geworden. Die Strategie der Leistungsausweitung und -intensivierung verbirgt sich hinter einem Genussversprechen, das Glück als allzeit steigerungsfähig betrachtet, weil es dieses mit einer hedonistischen Semantik überzieht (siehe Erläuterung). Gendiagnostik und Reproduktionsmedizin haben längst ihr anfänglich noch am Reparieren ausgerichtetes Vorhaben verlassen und stellen sich dem anspruchsvolleren Ansinnen, den Menschen neu zu modellieren. Wir geben uns auch sonst nicht damit zufrieden, Kranke nach Möglichkeit zu heilen, sondern wollen Gesunde gesünder machen.

Überall ist eine „Lebenspolitik“[3] am Werke, die den ständigen Umbau des Selbst am Selbst propagiert, was nur gelingen kann, indem die Kosten, die dabei auf den Einzelnen ebenso wie auf das Kollektiv zukommen,

der blaue reiter

Abbildung: **Im Rilagebirge** (Rilagebirge bei Momchilgrad, Bulgarien) Christian Hasucha, Fotografie, 2014. www.hasucha.de

mittels einer Ideologie des Genusses sublimiert werden. Wir sind zu „Lebensunternehmer(n)“[3] geworden, die jede Scheu verloren haben, dem Genuss als Verlockung hemmungslos hinterherzulaufen. Mit Ulrich Bröckling müsste man in diesem Zusammenhang von „Realfiktionen“ sprechen. Der sich optimierende Mensch erscheint zunächst als Modell, als Ideal oder gar als Gestalt einer (politischen) Science-Fiction. Die Realitäten jedoch widersprechen diesem Modell zunächst noch recht deutlich.

Aber die Wirklichkeit kann verändert werden – die Wirklichkeit des Subjekts. Es ist anpassungsfähig an die Fiktion und fängt frohgemut mit den Umbauarbeiten am eigenen Profil an. Am Beispiel des *homo oeconomicus,* das heißt dem modernen, vor allem durch sein Wirtschaftshandeln charakterisierten Menschen, wurde dieser Vorgang inzwischen mehrfach erläutert: Was zunächst als ökonomisches Modell zum Zwecke von Marktkalkulationen auftritt, erreicht in dem Maße einen Realitätsgehalt, als die Subjekte damit anfangen, sich selbst gemäß dem Modell zu verändern, also zu *modellieren.* Die Fiktion wird real, auch wenn das ungute Gefühl übrig bleibt, mittels dieses Gewaltakts andersartige menschliche Fähigkeiten zu strangulieren. Das gesellschaftliche Subsystem der Ökonomie kodiert solchermaßen ihre Subjekte, damit diese systemkompatibel werden.

„Indem die Regime des Selbst selektive institutionelle Personkonstruktionen als Conditio humana (lateinisch: Grundbedingung des Menschen) substantialisieren, sabotieren sie die darin uneingelösten menschlichen Möglichkeiten und proklamieren zugleich ein Idealbild, auf das hin die Individuen zugerichtet werden“[3], so lautet die soziologische Formulierung Ulrich Bröcklings für diesen Vorgang. Mit Anthony Giddens kann man hier von einer doppelten Hermeneutik sprechen (siehe Erläuterung): Erst benutzen wir Modelle, damit wir uns verstehen können, alsbald aber verstehen wir uns so, wie die Modelle wollen, dass wir uns verstehen. Aber diese Zurichtung funktionierte nicht, wenn wir sie nur als Arbeit, als Verzicht oder Askese empfänden. Sie lockt mit dem Versprechen, ein glücklicheres Leben führen zu können und wird derart zur Genussfalle. Kehren wir noch einmal zurück zu Günther Anders.

Anders sah eine ganz neue Welt heraufdämmern, nachdem die alte mitsamt ihrer Menschengattung für antiquiert befunden war. Werbung, mitsamt ihrer erotischen Wunschbilder, wurde zur neuen Signatur des Zeitalters, zu einer neuen Ontologie (siehe Erläuterung): „*Unsere Welt ist,* und zwar von vornherein, *ein Universum von Werbungen.* Es besteht aus Dingen, die sich anbieten und die uns auffordern. *Werbung ist ein Modus unserer Welt.* In ontologischer Sprache: *Als ‚seiend‘ setzt sich allein dasjenige durch, als ‚seiend‘ wird allein dasjenige anerkannt, was im bellum omnium contra omnes* (lateinisch: Krieg aller gegen alle) *stärkere Exhibitions- und Attraktionskraft ausstrahlt als anderes.* Negativ formuliert: Dasjenige, was nicht wirbt, was nicht ruft, was sich nicht zeigt, was am Lichte der Reklame nicht teilhat, das hat keine Kraft, uns zu reklamieren,

**Ontologie**
von altgriechisch *to on* (Sein) und *logos* (Lehre): Lehre vom Aufbau und der Struktur der Wirklichkeit.

das nehmen wir nicht wahr, das erhören wir nicht, das machen wir nicht mit, das erkennen wir nicht, das verwenden wir nicht, das verzehren wir nicht – kurz: das bleibt ‚ontologisch unterschwellig‘, im pragmatischen Sinne ist das *nicht ‚da‘.*“[2]

Vielleicht haben wir uns inzwischen erfolgreich an diese neue Ontologie angepasst und fällt uns deren Konventionalität nicht mehr auf. Es ist nicht ganz leicht, anstatt Widerstand gegen Unterdrückung zu leisten, dem Angenehmen, dem Genussversprechen zu widerstehen beziehungsweise dieses als Falle zu durchschauen.[4] Wenn hier von einer Genussfalle die Rede ist, steht das Genießen als solches nicht zur Debatte, wohl aber die Monotonie einer Welt, in der nur noch der Genuss zu den wertvollen Sachverhalten gehört. Die Genussfalle könnte auch darin bestehen, zweifelhafte Genüsse in Aussicht zu stellen, aber auf dem Weg dahin sich selber Gewalt antun zu müssen. Man meint, zu genießen, aber das zweifelnde Gefühl macht sich breit, sich selbst abhandengekommen zu sein. Somit steht auch und gerade wegen der Anerkennung der Bedeutung des Genusses die Frage im Raum, wofür es sich zu leben lohnt.

## Der Genuss als Entlastung



Die Emanzipation der Sinnlichkeit stieß offenbar auf ein empfangsbereites Publikum. Dieses hatte gelernt, sei es im christlichen Gewande oder in andersartigen Verzichtszwängen, wozu auch die Kriegserfahrung gehört, dem Genuss zu misstrauen und ihm kein geneigtes Ohr zu leihen. Ideologien und Theorien hatten nun aber scheinbar abgewirtschaftet. Die „Weltaneignung durch Begriffe“ hatte müde gemacht und die „Weltaneignung durch die Sinne“[5] versprach eine Vitalisierung und endlich die Anerkennung des Eigenrechts der Sinnlichkeit. Die Müdigkeit, verursacht durch jene „Welt-

Abbildung:
**Tisch und sein Berg**
(Schwarzmeerküste bei Abana, Türkei)
Christian Hasucha, Fotografie, 2014.
www.hasucha.de

**Phänomenologie**
von Edmund Husserl (1859–1938) begründete philosophische Lehre der Erscheinungen (ihrer Form, Struktur, Aufbau) als Gegenstände des Bewusstseins, deren Vertreter den Wesensgehalt von Phänomenen des Bewusstseins unter Ausklammerung alles Individuellen sichtbar machen und so „zu den Sachen selbst" gelangen wollen.

aneignung durch Begriffe", war vermutlich ihrerseits ein spätmodernes Phänomen. Lässt sich die Moderne doch beschreiben als ein Zeitalter von Reflexionswachstum. Und Reflexion, auf Dauer gestellt, hat einen hohen Preis. Der bereits erwähnte Giddens hat diesen Sachverhalt folgendermaßen beschrieben: „Mit dem Anbruch der Moderne nimmt die Reflexivität einen anderen Charakter an. Sie kommt gleich an der Basis der Systemreproduktion ins Spiel, so dass sich Denken und Handeln in einem ständigen Hin und Her aneinander brechen ... Eine Praktik aus Traditionsgründen zu sanktionieren geht nicht mehr an. Die Tradition lässt sich zwar rechtfertigen, aber nur im Hinblick auf Erkenntnisse, die ihrerseits nicht durch Tradition beglaubigt sind ... Die Reflexivität des Lebens in der modernen Gesellschaft besteht darin, dass soziale Praktiken ständig im Hinblick auf einlaufende Informationen über ebendiese Praktiken überprüft und verbessert werden ... Wahrscheinlich beginnen wir erst jetzt zur Gänze zu erkennen, wie tief beunruhigend diese Einstellung eigentlich ist. Denn als die Ansprüche der Vernunft die Ansprüche der Tradition verdrängten, schienen sie ein größeres Gefühl der Sicherheit zu bieten als die vorher geltenden Dogmen. Diese Vorstellung wirkt aber nur so lange überzeugend, wie man übersieht, dass die Reflexivität der Moderne im Grunde die Vernunft untergräbt, jedenfalls dort, wo Vernunft im Sinne des Erwerbs unumstößlich sicheren Wissens aufgefasst wird."[6]

*Genuss schafft Entlastung von den Zumutungen der Kultur.*

der blaue reiter

In der Tat kann man die Moderne als das Zeitalter der Reflexionssteigerung bezeichnen. Die Bahnen, worauf das Subjekt sich etabliert, werden gezogen durch die Zentralstellung des Selbstbewusstseins. In dessen Sog werden Individualitäts- und Identitätsfragen immer wichtiger und wird sich eine Therapiekultur durchsetzen, die vom Verdacht und der dauerhaften Selbstbefragung lebt. Die Expansion des einst engen Lebenshorizonts in die gesamte Welt hinein, die Geschwindigkeit des Perspektivenwechsels, die mediale Zugänglichkeit des bisher noch Unbekannten, die Informationsflut und der Zwang des ständigen Vergleichens und Wählens haben zur Folge, dass Reflexion „an der Basis der Systemreproduktion ins Spiel" kommt.

Das ganze Zitat von Giddens ließe sich zusammenfassen unter dem Motto einer ungeheuren Komplexitätssteigerung. Auf Traditionen ist nun kein Verlass mehr. Wo findet man Halt und kann man zumindest kurzweilig dem Reflexionsstress entkommen? Es ist das Lockmittel des Genusses, das hier Abhilfe ankündigt. Es würde sich lohnen, über den Zusammenhang von Traditionsverlust und Genusspropagierung weitere Forschungen anzustellen. Vielleicht ist der Siegeszug des Genusses in der späten Moderne so etwas wie „eine Methode zur Erneuerung der Selbstidentität im Frühstadium einer sich enttraditionalisierenden Kultur"[7]. Der Genuss schafft eine Entlastung von den Zumutungen einer unter ihrer Komplexität ächzenden Kultur.

Man könnte hier sogar probeweise noch einen Schritt weiter gehen. Wäre es möglich, dass unsere von Medien geradezu überwucherte Welt immer mehr in diesen Medien zu verschwinden droht? Lässt sich ohne Naivität und ohne falsche Nostalgie behaupten, dass die Welt auf Distanz gerückt ist, einer schrittweisen Entsinnlichung unterworfen wird? Der Einzug der Wirklichkeit in das Medium ihrer Darstellung meint nun gerade nicht, dass ihre Repräsentation besser gelingt, sondern dass ihre Verwandlung in die Sprache und Form des Mediums stattfinden muss, bevor dieses bereit wäre, sie aufzunehmen. Die Wirklichkeit wird dadurch medienförmig.

Schon frühzeitig hat Karl Kraus am Beispiel des Kinos diese Transformation mit der ihm eigenen satirischen Bitterkeit beschrieben: „Alles was geschieht, geschieht nur für die, die es beschreiben, und für die, die es nicht erleben. Ein Spion, der zum Galgen geführt wird, muss einen langen Weg gehen, damit die im Kino Abwechslung haben, und muss noch einmal in den photographischen Apparat starren, damit die im Kino mit dem Gesichtsausdruck zufrieden sind."[8] Wie gesagt – eine solche Feststellung hat mit Medienfeindlichkeit nichts zu tun. In ihr ist aber eine kulturphilosophisch höchst interessante Beobachtung enthalten: Wenn die Dinge geschehen, „für die, die es nicht erleben" muss ein Erlebnisersatz her. Und das ist der Genuss. Im Einzelfall braucht der Genuss nichts mit der Wirklichkeit gemein zu haben, die da gezeigt wird. Gräuel lassen sich im medialen Abstand zu den realen Geschehnissen in einer Art perverser Lust durchaus genießen. In aller Regel aber funktioniert die Herstellung des Erlebnisersatzes reibungsloser: Die Wirklichkeit wird auf ihre Genusskompatibilität hin untersucht und entsprechend reduziert. Was wirklich ist, ist genussfähig, was genossen werden kann, ist wirklich.

„Hier indes fahren wir fort, daß, so verschieden dieser Beitrag verschiedner Sinne zum Denken und Empfinden sein möge, in unserm innern Menschen alles zusammenfließe und eins werde. Wir nennen die Tiefe dieses Zusammenflusses meistens Einbildung, sie besteht aber nicht bloß aus Bildern, sondern auch aus Tönen, Worten, Zeichen und Gefühlen, für die oft die Sprache keinen Namen hätte. Das Gesicht borgt vom Gefühl und glaubt zu sehen, was es nur fühlte. Gesicht und Gehör entziffern einander wechselseitig, der Geruch scheinet der Geist des Geschmacks oder ist ihm wenigstens ein naher Bruder. Aus dem allen webt und würkt nun die Seele sich ihr Kleid, ihr sinnliches Universum."[1]

Johann Gottfried Herder

Wir sind erneut in der Genussfalle angekommen. Lassen sich in der philosophischen Tradition Spuren einer Emanzipation der Sinnlichkeit finden, die dieser Reduktion entkommen?

## Eine Genuss-Differenzierung

Im Werk von Johann Friedrich Herder stoßen wir auf eine interessante Analyse des Genusses, die mit einer Rehabilitierung der Sinnlichkeit einhergeht. Herder scheut keinerlei Mühe, um die kognitivistische Verengung, die mit der frühmodernen Etablierung der Bewusstseinsphilosophie einhergeht und zu einer Degradierung der körperlichen Empfindungen führt, aufzuheben. Das antikartesianische Bekenntnis (siehe Erläuterung) wird in der folgenden eindrücklichen Passage aus Herders *Kritische Wälder* unmittelbar deutlich: „Ich fühle mich! Ich bin! – Ich glaube, dass es für einen Blinden möglich ist, den ganzen Körper in seinem Gebäude auf Kräfte der Seele zu reducieren. Ich glaube, dass ein geborner Blinder sich gleichsam erinnern kann, wie die Seele sich ihren Körper bereitet, wie aus jeder Kraft jeder Sinn gleichsam gebildet wurde. Wir nicht: denn wir sind zu zerstreut, zu sehr auf uns geworfen, um daran zu denken. Wir kennen unsere Seele so wenig, wie unser Gesicht, weil wirs nicht studieren; wir studieren andre Physiognomien nur um sie zu erkennen, wenn sie uns begegnen; *uns selbst studieren wir nicht, weil wir nicht nötig haben, uns zu begegnen.*"[9]

Das unmittelbare Selbstgefühl – die leiblich-sinnliche Nähe des Menschen bei sich – nimmt die Stelle der Selbstreflexion ein, aber auch die Stelle des einseitig am Sehen orientierten Wahrheitsparadigmas. Das Gefühl steht gewissermaßen für das intime Bündel unserer Sinne, die Seele für die empfundene Einheit der Sinne im Körper. Es genügen, so Herder, etwas mehr Aufmerksamkeit und ein höheres Maß an Konzentration, damit wir nicht „zerstreut" werden, wir uns also nicht verlieren. Die Devise lautet, den eigenen Sinnen zu vertrauen, denn sie verschaffen uns einen Zugang zu uns selbst und zur Welt, welcher nicht flüchtig und leichtgewichtig ist. Diese Selbst- und Weltbegegnung finden statt im Genuss, denn diese sensible Begegnung kann nicht in der Erfahrung einer Bedrohung oder eines Schmerzes vollzogen werden.

In seiner Schrift *Gott. Einige Gespräche* fasst Herder den Genuss dann auch als eine primäre Art der Weltaneignung auf. Im Genuss wird die Welt gewissermaßen kontaktiert und erschlossen: „Existenz ist ... Genuss".[10] Das hängt damit zusammen, dass Herder das Gefühl, wie soeben gesehen, als einen privilegierten Zustand der Selbstwahrnehmung betrachtet. Ebenso wie das Gefühl im Grunde die Einheit der Sinne darstellt, stoßen wir im Genuss auf den Vollzug einer Selbst- und Weltbegegnung im Medium der Sinne. Es wäre nicht übertrieben, wenn man diesen Vorgang (und Herders Wertschätzung) als Emanzipation der Sinne charakterisieren würde. Aber diese Emanzipation ist nicht ohne Kriterien. Sie verlangt nach einer elementaren Unterscheidung, denn der Genuss ist nicht immer ganz unschuldig. In der kleinen Abhandlung *Liebe und Selbstheit* stoßen wir auf folgende Differenzierung: „Der grobe sinnliche Genuß *verwandelt in sich* und zerstört den Gegenstand, nach dem wir begehrten. Er ist also *lebhaft*: denn hier findet völlige Vereinigung statt; allein er ist *grob* und *vorübergehend*. Es giebt Menschen, die den Genuß nur auf der Zunge haben, (daher auch im gemeinen Leben, das Wort *Genießen*, meistens von diesem Sinn gebraucht wird;) der Genuß ist hier *Vereinigung*, d. i. Auflösung der feinsten Säfte,

**Hermeneutik**
Kunst der Interpretation von Texten; im weiteren Sinne: das Verstehen von Sinnzusammenhängen. Die Bedingungen des jeweiligen „Vorverständnisses" müssen dem modernen Verständnis von Hermeneutik zufolge in mehreren Durchgängen eingeholt werden („hermeneutischer Zirkel").

**Kartesianisches Bekenntnis**
von lateinisch *Cartesius* für Descartes. René Descartes (1596–1650) bestimmt das Ich als „denkendes Ding" beziehungsweise als denkende Substanz (lateinisch *res cogitans*). Sein Bekenntnis *cogito sum* (lateinisch für „Ich denke, ich bin") gilt gemeinhin als Wende von der Sichtweise des Menschen als Sinnenwesen hin zu dessen Wesensbestimmung als durch das Denken Bestimmter.

er ist aber auch eben damit geendet: denn nun ist der Gegenstand verschlungen, zerstöret ... Je geistiger der Genuß ist, desto *dauernder* wird er, desto mehr ist auch sein Gegenstand *außer uns dauernd.* Lasset uns aber auch immer dazu setzen, desto *schwächer* ist er: denn ein Gegenstand *ist* und *bleibt* außer uns und kann eigentlich nur im Bilde, d. i. wenig oder gar nicht mit uns *Eins* werden."[11]

Herder bietet uns hier eine kleine Phänomenologie des Genusses an (siehe Erläuterung). Dabei sollten wir nicht den Fehler begehen, die Unterscheidung von sinnlichem und geistigem Genuss vorschnell als eine moralische Qualifikation zu deuten. In erster Instanz beschreibt Herder lediglich zwei Modi der Weltaneignung und der Selbstbegegnung im Genuss. Die Prädikate „sinnlich" und „geistig" stehen für den Modus groben und vorübergehenden Genusses einerseits und für den Modus verfeinerten und dauernden Genusses andererseits, aber auch für den Unterschied zwischen „lebhaft" und „schwach". Sobald wir die zitierte Stelle nicht nur phänomenologisch, sondern auch kulturphilosophisch lesen, bekommt sie eine diagnostische Signatur. Bezogen auf das *Phänomen* entwickelt Herder eine Art Ökonomie des Genusses. Jedes Genießen kennt Abstufungen und Grade der Sinnlichkeit und der Geistigkeit. Im Essen wird der Gegenstand genossen, indem er „verwandelt und zerstört" wird. Beim Lesen eines guten Romans wird das Buch dauernder genossen, aber schwächer und der Gegenstand überlebt. Er bleibt „außer uns dauernd", es sei denn, wir würden das Buch vor lauter Begeisterung tatsächlich verschlingen.

Kulturdiagnostisch betrachtet wird das Zitat allerdings spitzer. Wird der Genuss – aufgrund der Emanzipation der Sinne – stets sinnlicher, wird die Weltaneignung immer mehr von der Zerstörung der jeweiligen Gegenstände geprägt sein. Der Welt wird eine Haltung immerwährenden Verzehrens entgegengebracht. Und weil dieser Genuss „vorübergehend" ist, muss er sowohl ständig wiederholt als auch intensiviert werden. Weil dieser Genuss, wie Herder sagt, auch „Vereinigung" ist, verschwinden wir selbst im Verzehr der Dinge. Wir kommen uns abhanden. Es ist nicht übertrieben, wenn wir konkludieren, dass wir uns heute in der Tat in einer solchen Genussfalle befinden. Der geistige Genuss ist immer noch Genuss (und nicht bloß eine *façon de parler*, eine Art sich auszudrücken), aber er lässt seinen Gegenstand gleichsam am Leben. Er geht nicht so weit, diesen zerstören zu wollen. Hier ist ein respektvoller Genuss am Werk, der das Genossene nicht verschleudert. Und auch wir kommen uns nicht abhanden. Der Gegenstand „ist und bleibt außer uns" und kann „wenig oder gar nicht mit uns Eins werden". Das heißt aber, dass wir unser Selbst erhalten können. Wenn wir nur noch den „groben" Genuss, der nie befriedigt ist, favorisieren, werden aus der Selbst- und Weltaneignung ein Selbst- und Weltverlust.

Herders Genusskritik – in der zweifachen Bedeutung des Wortes „Kritik" als Anerkennung *und* als Dekonstruktion – ist anschlussfähig an unsere Gegenwart, wenn wir sie kulturdiagnostisch wenden. Sie hilft uns, die Genussfalle zu vermeiden und die Emanzipation der Sinnlichkeit nicht leichtfertig aufs Spiel zu setzen. Sie lädt uns zu einer Besinnung ein, am Anfang eines Zeitalters, das von der Antiquiertheit des Menschen immer mehr überzeugt zu sein scheint.

Jean-Pierre Wils ist Professor für Kulturphilosophie und politische Philosophie an der Radboud-University Nijmegen/Niederlande. Er ist Mitglied im Wissenschaftlichen Beirat des Instituts „Dialog Ethik" in Zürich.



**Anmerkungen:**


1. Herder, Johann Friedrich: Vom Erkennen und Empfinden der menschlichen Seele. Erster Versuch. In: Werke in fünf Bänden. Aufbau-Verlag, Berlin/Weimar 1978, Seite 341–405, 363
2. Anders, Günther: Die Antiquiertheit des Menschen. Zweiter Band. Über die Zerstörung des Lebens im Zeitalter der dritten industriellen Revolution. C. H. Beck, München 1980, Seite 161, 160
3. Bröckling, Ulrich: Das unternehmerische Selbst. Soziologie einer Subjektivierungsform. Suhrkamp, Frankfurt am Main 2007, Seite 26, 65, 38
4. Vergleiche die Arbeiten von Byung-Chul Han: Was ist Macht? Reclam, Stuttgart 2005; Müdigkeitsgesellschaft. Matthes & Seitz, Berlin 2010; Topologie der Gewalt. Matthes & Seitz, Berlin 2011; Im Schwarm. Matthes & Seitz, Berlin 2013; Psychopolitik. Neoliberalismus und die neuen Machttechniken. S. Fischer Wissenschaft, Frankfurt am Main 2014
5. Diese beiden Zitate stammen von Hans Ulrich Gumbrecht, der sie allerdings in einem anderen Kontext formuliert hat. Siehe: Gumbrecht, Hans Ulrich: Von der Lesbarkeit der Welt zu ihrer Emergenz. In: Präsenz. Suhrkamp, Berlin 2012, Seite 122–144, 130
6. Giddens, Anthony: Konsequenzen der Moderne. Suhrkamp, Frankfurt am Main 1995, Seite 54f.
7. Giddens, Anthony: Entfesselte Welt. Wie die Globalisierung unser Leben verändert. Suhrkamp, Frankfurt am Main 1999, Seite 63
8. Zitiert bei Robert Pfaller: Zweite Welten. Und andere Lebenselixiere. S. Fischer Wissenschaft, Frankfurt am Main 2012, Seite 195
9. Herder, Johann Friedrich: Kritische Wälder. Werke Band II. Herausgegeben von W. Pross. München/Wien 1987, Seite 244
10. Herder, Johann Friedrich: Gott. Einige Gespräche. In: Sämtliche Werke, Band 16, Seite 502
11. Herder, Johann Friedrich: Liebe und Selbstheit. de.wikisource.org/wiki/Liebe_und_Selbstheit, Seite 315f.


**Hedonismus**
von altgriechisch *hedone* für Freude, Vergnügen, Lust. Ethische Grundposition, welche die Maximierung der Lust als obersten Wert setzt. Lust wird als eine Ausprägung der Glückseligkeit verstanden.

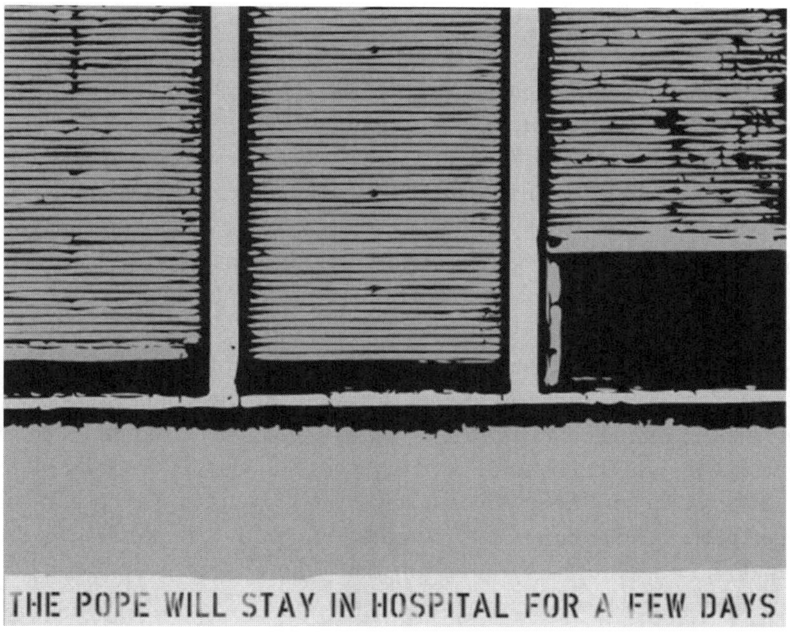

Abbildungen: Aus der Serie **Every day I am.** Peter Fuss, www.peterfuss.com

Norbert Bolz

# Die Wiederverzauberung der Warenwelt

## Das System des Konsumismus

**Alles Neue erregt; alles Überraschende stimuliert. Aber durch Überstimulation entsteht Stress – dann wird Bequemlichkeit verlockend. Deshalb leben wir in der zu Recht sogenannten Wohlstandsgesellschaft zunächst und zumeist komfortabel. Doch aus dem Komfort resultiert Langeweile, und daraus befreit uns nur die Stimulation des Neuen. Wer sich an Neuem erfreuen will, muss es jedoch erst lernen. Deshalb bereitet uns der Reiz des Neuen, Unbekannten zumeist Unbehagen, weswegen wir in den Komfort flüchten, aus dem wiederum Langeweile resultiert und so fort.**

Lust und Komfort sind, rein psychologisch betrachtet, funktional äquivalente Strategien, um ein aus dem Gleichgewicht geratenes, hyperstimuliertes, irritiertes Zentralnervensystem wieder ins Gleichgewicht zu bringen. Je mehr unsere Suche nach *comfort* und *convenience* Fortschritte macht, umso unmöglicher wird es, Lust zu empfinden. Während wir den Gewinn an Komfort sofort verspüren, vollzieht sich der Verlust von Lust als schleichender Prozess. John Maynard Keynes hat als erster Ökonom das große Problem gesehen: Die Leute wissen nichts mit ihrer Zeit anzufangen. Wenn sie keine Sorgen haben, langweilen sie sich zu Tode. Deshalb ist das Programm der Massenmedien sozialtherapeutisch von größter Bedeutung. Alle „gute Unterhaltung" reagiert nämlich auf die Verzweiflung der Langeweile, den Wunsch nach einem Begehren, den Mangel an Mangel und Irritation.

Schon rein neurologisch gilt: Langeweile ist der Feind des Gehirns. Deshalb brauchen wir Sport, Hobbys, Sex, Drogen und Musik. Von der Neurologie zur Soziologie ist es dann nur ein Schritt: Die Grunddynamik des modernen Lebens ist die Flucht vor der Langeweile. Aus der Sackgasse, in die uns das Bedürfnis nach Komfort und Luxus gesteuert hat, kann uns nur die Stimulation des Neuen befreien. Das Neue ersetzt das Wesentliche. Deshalb kann nur noch das Neue für wesentlich gehalten werden. Sein ist Erregtsein.

Der Einbruch der Theatralität in den Alltag, den wir eigentlich meinen, wenn wir von Postmoderne reden, zeigt, dass wir die Angst vor Schein und Simulation verloren haben (siehe Erläuterung). Auch zu sich selbst entwickeln die Menschen ein theatralisches Verhältnis. Gemeint ist damit, dass Existenzfragen heute ästhetisch behandelt werden. Das Leben wird zum Stoff eines Kunstwerks; es ist ein permanenter Selbstversuch, in dessen Rahmen der Konsum als hohe Kunst betrachtet wird. Die Kosmetik der Existenz wird umso wichtiger, je mehr die religiösen Grundlagen der Kultur unglaubwürdig werden und je mehr der Unwille wächst, das Privatleben allgemeinen Gesetzen zu unterwerfen. Was nottut, wenn der Glaube schwindet, ist Stil, das heißt der Entwurf einer Ethik als Ästhetik der Existenz.

Diese wenigen Beobachtungen genügen schon, um deutlich zu machen, dass die Märkte der westlichen Welt viel zu komplex und raffiniert geworden sind, als dass man sie noch „ökonomisch" im Stil der Betriebswirtschaftslehre verstehen könnte. Wenn die Menschen nur einkaufen gehen würden, weil sie etwas *brauchen*, und wenn sie nur kaufen würden, *was* sie brauchen, wäre die kapitalistische Wirtschaft längst zusammengebrochen. Auf den Märkten der westlichen Welt wird folglich um Kunden konkurriert, die im Grunde schon alles haben, was sie brauchen. Man kann es auch so sagen: Das Bedürfnis des Kunden ist zur knappen Ressource geworden. Deshalb müssen Marketing und Werbung durch die Erfindung künstlicher Bedürfnisse bei den Kunden eine Wunschspirale in Gang setzen. Mit anderen Worten: Das Marketing interpretiert das Begehren des Kunden; und letztlich ist der Wunsch des Kunden nichts anderes als diese Interpretation.

### Konsum als Ersatzreligion

Der Mensch ist das verführbare Wesen; er hat keine Instinktsicherheit und braucht deshalb Außenhalt. Aber diesen äußeren Halt bieten heute weder die Religion noch die Nation, weder die Familie noch die revolutionäre Idee. Das macht die Entstehung des Konsumismus als Ersatzreligion verständlich. Der Konsum integriert die postmaterialistische Gesellschaft durch Verführung. Das gemeinsame Angebot der postmodernen Märkte lautet: Wiederverzauberung der entzauberten Welt. Vor diesem Hintergrund lässt sich ein Dreistufenmodell des Konsums entwerfen:

– Früher ging es um klar artikulierbare Bedürfnisse, und der Kunde forderte: *Befriedige mich!* Das gilt historisch von G. W. F. Hegels *System der Bedürfnisse* bis zum untadeligen Geschäftsethos des hanseatischen Kaufmanns.

**Postmoderne**
Bezeichnung für die auf die Moderne (18. und 19. Jahrhundert) folgende Epoche, die in allen Lebensbereichen im weitesten Sinne durch eine Abkehr von umfassenden Großtheorien, den sogenannten großen Erzählungen wie Wahrheit, Vernunft und absolutes Subjekt charakterisiert ist und mit einer zunehmenden Individualisierung innerhalb der Gesellschaft einhergeht.

Aphorismenschneise • Aphorismensc

Der Tod sagt, man verliere sein Leben
aus guten Gründen.

Keine Zeit führt in die Ewigkeit.

Ich sehe über deine Fehler hinweg.
Der Blick ist atemberaubend.

Wer mit offenem Visier kämpft,
bietet dem Feind das Du an.

Wir bezahlen das Leben mit dem Tod,
eine andere Währung gibt es nicht.
Darum ist so viel Falschgeld in der Welt.

Fragen überleben die Antworten.

*Toni Huber*

– Als alle Bedürfnisse auf Dauer befriedigt waren, forderte der Kunde: *Verführe mich!* Damit öffnet sich die Welt der Wunschökonomie, die der kapitalistischen Wirtschaft scheinbar eine Unendlichkeitsgarantie ausstellt – denn wo sollte die Wunschspirale enden? Historisch gilt das von den Babyboomern bis zu den Yuppies. Den Übergang vom System der Bedürfnisse zur Wunschökonomie kann man wie folgt schematisieren: Erst sucht der Kunde Waren und der Markt informiert. Dann sucht die Ware Kunden – und der Markt verführt. – Heute wird der Kunde von Metapräferenzen, das heißt durch die Präferenzenauswahl bestimmende Präferenzen, bestimmt und fordert: *Verändere mich!* Die Marke wird hier zum Medium der Transformation des Kunden. Der von Metapräferenzen bestimmte Kunde ergreift den prestigeträchtigen Markenartikel in der Erwartung einer Transformation: *Verändere mich!* Wer derart anders sein will als er ist, hat aber nicht den Wunsch nach etwas Bestimmtem, sondern – nach einem Wunsch. Jedes Kind kennt die Geschichte von dem, der drei Wünsche frei hat. In dieser Geschichte geht es im Kern um den Wunsch, bessere Wünsche zu wünschen. Und die Werbung erzählt solche Geschichten, die bei Erwachsenen den Wunsch nach besseren Wünschen wecken. Für die vielen, denen die Werbewelt selbst schon lebbare Wirklichkeit geworden ist, gilt dann: Das Beste am Leben sind die Geschichten über das Beste am Leben.

Es gibt also nicht nur Präferenzen, sondern auch Präferenzen für Präferenzen. Und es gibt solche Metapräferenzen, weil Menschen sich selbst bewerten. Der Wunsch *Verändere mich!* führt natürlich nicht zu einer wirklichen Veränderung; es geht nur darum, das Anderssein zu schmecken. Mit anderen Worten: Man kann sich zwar nicht ändern, aber umerzählen und ein neues „Make-up der Identität" auflegen. Es ist deshalb die wesentliche Aufgabe des Marketing und der Werbung, Formulierungshilfen bei der Eigenkonstruktion von Geschichten zu geben, mit denen sich Individuen identifizieren können.

## Luxus zweiter Ordnung

Metapräferenzen zielen vor allem auf den spirituellen Mehrwert der Waren, und soweit es sich dabei um Luxusgüter handelt, können wir beobachten, dass die Wirtschaft des 21. Jahrhunderts einen Luxus zweiter Ordnung bietet. Um das zu verstehen, muss man sich klarmachen, dass Luxusmarken seit jeher totemistisch funktionieren. Was zählt, ist der prägnante Name, den man selbst als Markenartikel definieren könnte. Wenn wir nun im Blick auf die Märkte des 21. Jahrhunderts von einem Luxus zweiter Ordnung sprechen, so soll das besagen: Es geht nicht mehr um die naive Zurschaustellung des Konsums und der Kaufkraft, sondern um eine spirituelle Technik der Differenz. Der Luxus der Zukunft wird ein unsichtbarer Luxus sein: Zerebralkonsum, Aufmerksamkeit, Sinn, Ruhe, Raum.

Dass man heute nur noch Produkte verkaufen kann, die einen spirituellen Mehrwert haben, macht die These einsichtig, dass wir in einem postökonomischen Zeitalter leben. Die technische Immaterialität und die postmaterialistischen Werte haben die Konsumlandschaft dramatisch verändert: Die Kunden melden Bedürfnisse an, die man früher an Kunst und Religion adressiert hat. Jetzt muss man Dinge verkaufen, die eigentlich unsichtbar sind.



Folgerichtig arbeiten die Unternehmen heute an einem Kapitalismus mit gutem Gewissen, der sich selbst auch *Caring Capitalism* (wörtlich: umsorgender Kapita-

Abbildung:
**Consumer's Rest Lounge Chair #4**
Stiletto Studio,s (Ein-Mann-Künstlergruppe), Berlin. 1983 aus einem befreiten Einkaufswagen manuell fremdentzweckte Anti-Ikone zur modernen Designgeschichte. Auftragsdelikt für den Dauerbesitzer: Merve Verlag, Berlin.

Foto (Ausschnitt): Martin Adam, 2014

Abdruck mit freundlicher Genehmigung des Bröhan Museums, Berlin.

**Pop Art**
Kunstrichtung der 1950er- und 1960er-Jahre, deren Vertreter wie Andy Warhol und Roy Lichtenstein ihre Motive oft der Alltagskultur, der Konsumwerbung und den Massenmedien entnahmen.

lismus) nennt. Idealismus verkauft sich nämlich gut. Waschmittel sollen ethischen Standards entsprechen; an die Stelle von Ausbeutung soll der Fair Trade, der faire Handel mit Entwicklungsländern treten. Grüner Punkt und das Siegel „umweltfreundlich" genügen nicht mehr – es entstehen sogenannte Ethik-Marken. So tritt etwa der Konzern Body Shop auf, als sei er kein Wirtschaftsunternehmen, das Waren verkaufen will, sondern eine Philosophenschule, die uns das wahre Leben lehrt.

Die Warenproduktion zeigt heute immer deutlicher eine publizistische Dimension; Idealgüter drängen auf den Markt. Mit anderen Worten: Der Produzent inszeniert sich als Publizist, der Unternehmer als Politiker. Das Politisch-Soziale wird zum Schauplatz des Marketing. Unternehmen adressieren ihre Brands (englisch für Marken) an den „mündigen Bürger"; die Politik verkauft Parteiprogramme als Sonderangebote und wirbt um *good will*. Das entlastet den Verbraucher. Er kann das Denken durch Kaufen ersetzen und mit dem Kauf Ideen signalisieren – etwa so, wie man eine Flagge hisst.

Im System des Konsumismus werden die Wünsche der Kunden nicht erfüllt, sondern geködert. Und das kann auch gar nicht anders sein, denn was man sich wünscht, ist nicht zu kaufen. Aber man kann dem Wunsch Anerkennung verschaffen – in einem Produkt. Doch dieses Produkt muss geistig angereichert sein, einen spirituellen Mehrwert haben. Und hier bestätigt sich wieder die Funktionsäquivalenz von Konsumismus und Religion. Die Götter, die aus dem Himmel der Religionen verdrängt wurden, kehren als Idole des Markts wieder. Werbung und Marketing besetzen die vakant gewordenen Stellen des Ideenhimmels. Düfte heißen Ewigkeit und Himmel, Zigaretten versprechen Freiheit und Abenteuer, Autos sichern Glück und Selbstfindung. Mit einem Wort: Marken besetzen Ideen, um sie schließlich zu ersetzen.

Abbildung:
**30 Jahre „Consumer's Rest", Designbefreiungsjeton #4**
stil&o
2014 aus einem echten „Möllemann"-Einkaufswagenchip hergestelltes Kunst-Multiple. Beidseitig goldfarben tamponbedruckter schwarzer Polystyrol-Spritzguß.

Wenn man Wünsche nicht durch Objekte befriedigen kann, dann muss man sie durch Güter zweiten Grades ködern. Unsichtbares verkaufen – das ist die Antwort auf die Frage, wie man in einem postökonomischen Zeitalter Profit machen kann. Mit anderen Worten: Wenn eine bestimmte Schwelle zivilisatorischer Sättigung überschritten ist, spielt sich alles Entscheidende nur noch im Kopf ab. Der Konsum wird reflexiv, das heißt er bezieht sich auf sich selbst: Wir konsumieren nicht nur Güter, sondern wir konsumieren auch das Konsumieren. Solche raffinierten, paradoxen Bedürfnisse erfordern Produkte, die sich im Geist des Kunden formen.

## Shopping als Lebensform

Unter Bedingungen der Modernität leben wir in einem Vakuum der großen Gefühle. In der sachlichen Welt unserer sozialen Systeme gehen Emotionen ins Leere. Passionen und Leidenschaften sind heimatlos geworden und suchen nach Schauplätzen der Selbstinszenierung. Deshalb gehen Marketing und Werbung dazu über, Gefühlsmuster anzubieten. Seit der Revolution der Pop Art (siehe Erläuterung) kann man wissen: Gefühle haben ihre wahre Intensität nicht im Leben, sondern in den Medien und im Konsum. *Emotional Design* verschafft den objektlosen Emotionen einen Außenhalt; es bietet in den Ritualen des Konsums Gefühlsformeln an, welche die Komplexität der Welt auf ein buntes Warenangebot reduzieren. Man könnte sagen: Je sachlicher die Menschen, desto persönlicher die Waren. Der postmaterialistische Konsum besorgt den Transfer zwischenmenschlicher Qualitäten in die Dingwelt.

Eine Ware auf dem Markt zu positionieren, das heißt ihr einen Platz zu schaffen – das geht nur durch eine Story. Und ganz entsprechend kauft der postmaterialistische Kunde keine Güter, sondern Geschichten, Gefühle, Träume und Werte. Wenn man schon alles hat, was man braucht, wird man erst richtig sozial. Leute interessieren sich für Leute, das heißt für Geschichten. Und man sucht diese Geschichten nicht mehr nur in Büchern oder Filmen, sondern vor allem in Konsumgütern.

Man verbaut sich systematisch den Zugang zum System des Konsumismus, wenn man Shopping mit „Einkaufen" übersetzt. Es handelt sich vielmehr um eine Lebensform. Man sucht und untersucht das Beste, das man finden kann, und verwandelt sich dabei selbst. Shopping ist die Erziehung des Gefühls für die postmoderne Welt. Man lernt, was *in* ist und erforscht ein Wertefeld. Größer als der Wunsch, zu bekommen, was wir wünschen, ist nämlich der Wunsch, herauszufinden, was wir *wirklich* wünschen. Wir gehen einkaufen, um herauszufinden, was wir wollen. Indem man wählt, entdeckt man ein Ziel.

Shopping als Lifestyle besagt: Die Lust des Neuen hängt am Kaufakt, nicht am Besitz. Es ist kein instru-

**Totemismus**
Glaube, dass vermittels bestimmter Tiere, unbelebter Gegenstände oder auch Naturerscheinungen, die als sogenannte zauberkräftige Totems verehrt werden, magische Handlungen ausgeführt werden können und diese in der Lage sind, Kontakt zu übersinnlichen Wesen oder verstorbenen Vorfahren zu vermitteln.

menteller Akt, sondern ein kommunikatives Ereignis. Genauer: Shopping ist nicht Einkaufen, sondern der reflexive Akt, der das Konsumieren selbst konsumiert. Shopping ist also eigentlich objektlos; es hat eine intrinsische Befriedigung. Wer Konsum als Spiel betreibt, hat das Vergnügen, Konsumformen zu wechseln. Allein durch Auswahl, Montage und Gebrauch von Massenprodukten erzeugt Shopping eine stimulierende Varietät.

Die Kulturkritiker werden arbeitslos, weil der Konsum sein schlechtes Gewissen verliert. Kulturkritik war nämlich immer nur die Bußpredigt des Kapitalismus, hinter der letztlich die puritanische Vorstellung stand, Produktion sei die Sache der Erwählten, Konsum aber die der Verdammten. An die Stelle der Kulturkritik ist längst ein witziges *Culture Jamming*, das spontane Mischen unterschiedlichster Kulturen, getreten – und diese Subversionstechnik tritt ihrerseits in den Dienst eines geschickten Marketing.

Die Gegenkultur ist ausspioniert. Das große „Nein" negiert nichts mehr, sondern wird unmittelbar vermarktet. Alle Innovationen auf dem Markt der Popkultur sind durch eine Entübelung des Subversiven entstanden. Der Kampf gegen den bürgerlichen Chic endet auf den Catwalks von Paris und Mailand; das Protestlied gegen den Weltsound von MTV endet als Nr. 1 der Charts. Der Außenseiter wird zum Pop-Idol. Die Alternativen der Independent Labels sind Fermente in der Evolution des Massengeschmacks. Und Begriffe wie „Guerillakonsument" machen deutlich, dass Protest heute nur noch als bunter Tupfer auf der Konsumpalette auftaucht.

Das System des Konsumismus übergreift also nicht nur den ironischen, selbstbezüglichen Konsum des Konsums, sondern auch die Negation des Konsums durch die Zielgruppen, die sich dadurch definieren, dass sie keine Zielgruppen sein wollen. Man kann dem Kunden sogar *auf* dem Markt suggerieren, dass er *mit* der Firma *gegen* den Markt konspiriert. Gerade wo ethisch-kritische oder Subkultur-Attitüden maßgebend sind, können Firmen sehr erfolgreich eine Art Marketing des „Anti-" entwickeln.

Die Ethnologie hat die Benennung als den Kern des Totemismus (siehe Erläuterung) kenntlich gemacht. Man unterscheidet sich durch die Zugehörigkeit zu Namen von anderen Stämmen – man ist zum Beispiel Schalke-Fan, Nike-Träger oder Habermasianer. Die erfolgreiche, große Marke ist genau in diesem Sinne ein Totem. Sie markiert die Unterscheidung und die Zugehörigkeit zu einer Gemeinschaft gleichermaßen. Nur so kann man Massenartikel an Individuen verkaufen, nur so kann man anders sein und zugleich dazugehören.

*Wenn die Menschen nur einkaufen gehen würden, weil sie etwas* brauchen, *wäre die kapitalistische Wirtschaft längst zusammengebrochen.*

Das Totem unterscheidet sich von Alltagsgegenständen durch seine Eigenschaft, als faszinierendes Bild zu wirken, das Gefühle an sich bindet. Im System des Konsumismus ist es das Logo, das als Totemwappen fungiert. So können die Waren der modernen Märkte als eine Art Geheimschrift gelesen werden, in der sich unser gesellschaftliches Leben religiös chiffriert. In primitiven Gesellschaften wäre Fetischismus kein Vorwurf gewesen. In der postmodernen Gesellschaft ist Warenfetischismus kein Vorwurf mehr.

## Die gestaltende Kraft des Konsums

Die religiöse Ikonenverehrung ist das Ideal des Marketing. Heute kehren die Warenhäuser wieder an ihren Ursprung zurück. Die Pariser Passagen waren die ersten Kathedralen des Konsums. Die Einkaufszentren der Gegenwart verwandeln sich in Schauplätze einer Wiederverzauberung der Welt, nach der wir uns gerade deshalb sehnen, weil jede Spur von Magie, Aura, Charisma und Zauber aus unserem aufgeklärten Alltag getilgt ist.

Abbildung: **What can't you buy.** Peter Fuss, www.peterfuss.com

Mall und Urban Entertainment Center, die großen Einkaufspassagen, sind die Gesamtkunstwerke des Konsums: Kaufen, Essen, Amüsieren. Sie rechtfertigen die Welt als ästhetisches Phänomen.

Der Markt ist der unsichtbare Architekt unserer Städte. Wir können heute schon sehr deutlich beobachten, wie sich der öffentliche Raum in Markenzonen (*brand zones*) und einen überwachten Raum (*control space*) aufspaltet. In diesem „Informationsraum" verlieren die vertrauten Unterscheidungen wie öffentlich/privat, innen/außen und nah/fern an Orientierungskraft. Vor allem die Innenstadt besteht aus *brand zones*. Die Stadt wird damit selbst zum Element des Markenmehrwerts – „Milano" steht auf der Einkaufstüte. Dem entspricht genau, dass sich das Shopping zu einer Schlüsselvariante des Tourismus entwickelt: man konsumiert Markenzonen. Der berühmte Laden in London oder München wird zur Destination, zum Ziel.

*Wir leiden nicht an einem Mangel, sondern an einem Zuviel.*

Wenn wir vom System des Konsumismus sprechen, dann ist damit impliziert, dass der Konsum selbstbezüglich und damit autonom geworden ist. Und genau dafür liefern die Shoppingmalls und *brand zones* den Beleg. Der Schauplatz der Marken wird selbst zur Marke – man denke nur an den „Ku'damm", „die Kö" oder die „Magnificent Mile" in Chicago. Die Ware der Zukunft ist der Fetisch einer Themenwelt, die von Marketing-Managern, Szenen und Prosumern (Konsumenten, die zugleich Produzenten sind) gemeinsam erfunden wird. Ein gutes Produkt entführt in eine interessante Welt. Die Verkoppelung großer Hollywood-Filme mit ganzen Produktpaletten ist dafür beispielhaft.

Wie in allen Sphären des modernen Lebens gilt auch auf den Märkten: Wir leiden nicht an einem Mangel, sondern an einem Zuviel. Man kann nicht alles wissen wollen, was man wissen könnte. Wer nämlich alle möglichen Informationen ausschöpfen wollte, wäre am Ende viel zu erschöpft, um sie noch zu nutzen. Information kostet eben etwas, und zwar nicht nur Geld, sondern vor allem auch Zeit. Weil jede Information die Aufmerksamkeit des Kunden konsumiert, führt der Reichtum der Information zu einer Armut der Aufmerksamkeit. Je mehr Wahlmöglichkeiten der Kunde hat, desto wichtiger wird für ihn die knappe Information der Marke. Marken sind Navigationsfilter im Überangebot; sie funktionieren wie Scheuklappen. Es dreht sich also alles um die Frage: Wie fessle ich die Aufmerksamkeit des Kunden? Deshalb richtet sich die Aufmerksamkeit heute auf das Thema Aufmerksamkeit.

Marketing ist der Kampf um Aufmerksamkeit. Mit prägnanten Namen kann man sich am besten im Aufmerksamkeitswettbewerb durchsetzen: Nike, Coca Cola, Adorno, Derrida. Der Name der Marke verspricht die Sicherheit der Qualität; er garantiert Enttäuschungsfestigkeit. Symbolisiert wird das vom Logo, das ja aufs Zunftzeichen, aufs Herkunftszeichen zurückgeht, also wie ein Wappen funktioniert. Wie Namen Vertrautheit schaffen, lässt sich schon sehr gut an der Bibel oder Homer studieren: man kann nämlich Geschichten an sie anknüpfen. Benennung absorbiert Unsicherheit.

Wenn wir den Namen der Marke als eine Nussschale verstehen, in der eine faszinierende Geschichte steckt, dann ist die Werbung seine Exegese. Sie produziert heute die Symbole, die das Soziale strukturieren. Insofern hat die Werbung heute eine soziobiologische Funktion: Sie entwickelt grafische Embleme, die sich in der Fantasie der Kunden ablagern und mit denen sie ihre Welt konstruieren. Werbung ist also nicht mehr nur eine Sphäre der modernen Lebenswelt, sondern ihr Schematismus. Deshalb hat die Werbung es leicht, ihre zentrale Funktion für das System des Konsumismus zu erfüllen, nämlich dem Konsum das schlechte Gewissen zu nehmen.

Das ist gerade in unserer Überflussgesellschaft ein entscheidendes Problem. Was unser Gewissen quält ist ja nicht nur das Wissen vom Elend der Welt, sondern auch das Bewusstsein, dass unser Wohlstand eine Funktion jenes Elends ist. Die Bußpredigt der Kulturkritik lebt vom schlechten Gewissen des Konsums. Sie suggeriert uns, Konsum sei Schuld. Angesichts dessen hat die Werbung eine viel wichtigere Aufgabe, als naive Gemüter zu bestimmten Genussmitteln zu verführen. Werbung verführt nicht nur zum Genuss und zum Luxus, sondern erspart ihnen die Reue. Sie hält die Gegen-Predigt zur Kulturkritik – ein unendlicher Diskurs über den Sinn des Konsums.

Norbert Bolz ist Professor für Medienwissenschaft an der Technischen Universität Berlin.

**Zur Vertiefung empfohlen:**

– Bolz, Norbert: Das konsumistische Manifest. Wilhelm Fink Verlag, München 2002

Fritz Reheis

# Jachten für Flüchtlinge

## Über Luxus, Reichtum und Gerechtigkeit

**Luxus ist alles, was über das Notwendige und Übliche hinausgeht, Aufwand also, der ausschließlich der Steigerung von Genuss und Vergnügen dient. Das Streben nach Luxus in diesem Sinn scheint eine anthropologische Konstante. Allein die Inhalte fallen unterschiedlich aus, je nachdem, an welchen Werten sich das Luxusstreben orientiert. Für die allermeisten Menschen bemisst sich Luxus hier und heute nicht in spirituellen Werten (Erkenntnis) und auch nicht in selbstbestimmter Zeit (Zeitwohlstand). Vielmehr ist der dominante Maßstab weithin ein materieller. Als Luxus gelten zum Beispiel jene millionenschweren Spielzeuge, die zu Zigtausenden in den Jachthäfen Europas herumliegen.**

Zentrale Aufgabe der philosophischen Ethik ist es, die Quellen des guten, des gelingenden Lebens aufzuspüren. Dabei sind angesichts des Phänomens Luxus zwei Fragen interessant. Erstens: Hält der Luxus, was er verspricht? Hilft er den Eigentümern von Luxusgütern, jene Erwartungen einzulösen, die sie mit deren Erwerb verbinden? Hilft er ihnen auf der Suche nach dem guten, dem gelingenden Leben? Und zweitens: Da ein Wesensmerkmal der materiellen Form von Luxus seine begrenzte Verfügbarkeit ist, muss aus ethischer Perspektive nicht nur über diese individuelle Zweckdienlichkeit des Luxus, sondern zudem auch über Gerechtigkeit geredet werden. Und dies in einem umfassenden Sinn, der sowohl die Beziehungen zwischen den Generationen wie innerhalb der Generationen einschließt.

Ganz grundsätzlich muss also geprüft werden, wie es eigentlich um Luxus beziehungsweise Reichtum in unserem Lande bestellt ist.[1] Genauer: Wie reich sind die Reichen wirklich? Wie wird dieser Reichtum gerechtfertigt? Woher kommt er tatsächlich? Und wohin gehört er eigentlich?

### 300000 Euro in der Stunde

Wie reich sind die Reichen wirklich? Gelegentlich hören wir von sechs- und siebenstelligen Jahreseinkommen, von zehn- und elfstelligen Gesamtvermögen. Das sprengt sicherlich auch Ihre Vorstellungskraft. Beginnen wir also bei einer griffigeren Größe: dem Einkommen pro Stunde. Wie viel verdienen Sie in der Stunde? Vielleicht zehn, zwanzig, fünfzig oder hundert Euro? Das jedenfalls sind in Deutschland die normalen Bruttoeinkommen. Putzfrauen, Wachdienstler und angehende Wissenschaftler liegen meist darunter, Showmaster, Rennfahrer, Bundeskanzler und Konzernvorstände darüber. Letztere erheblich. Denn wenn man die Jahresgehälter von Vorstandsvorsitzenden durch die durchschnittlichen Arbeitsstunden pro Jahr teilt, kann man schnell auf das Zehnfache des Stundenlohns der Bundeskanzlerin kommen. 2000 bis 3000 Euro sind in solchen Kreisen ein guter Durchschnitt – in der Stunde wohlgemerkt.

Aber das ist noch gar nichts. Interessant wird es erst, wenn Einkommen nicht mehr aus eigener Arbeit, sondern aus Vermögen fließt. Nehmen wir zum Beispiel den reichsten Menschen eines Provinzstädtchens, zum Beispiel des oberfränkischen Coburg. Der reichste Coburger wurde vor rund zehn Jahren in der Liste der 300 reichsten Deutschen auf ein Gesamtvermögen von 0,6 Milliarden Euro geschätzt. Nun wissen wir natürlich nicht, wie er diese Summe angelegt hat und wie hoch die Rendite ist. Das ist Betriebs- beziehungsweise Bankgeheimnis. Nehmen wir also an, er habe sein Vermögen sehr konservativ auf ein Sparbuch eingezahlt und begnüge sich mit vier Prozent Verzinsung. Was bringt das in der Stunde, wenn man auch bei ihm die durchschnittliche Jahresarbeitszeit zugrunde legt? Es sind sage und schreibe 12 000 Euro. Und der reichste Mann Deutschlands, damals Karl Albrecht? 300 000 Euro. Wohlgemerkt: bei bescheidenen Sparbuchrenditen. Und pro Stunde! 30 000-mal mehr als Sie? Oder nur 3000-mal mehr? Ach nein, auch die Superreichen müssen ja noch Steuern zahlen, und zwar den Spitzensteuersatz. Und der Trend? Heute wird der reichste Coburger auf 1,5 Milliarden geschätzt und Karl Albrecht ist inzwischen von der Familie Quandt überholt worden.

### Durch nichts gerechtfertigt

Einige Superreiche versuchen, ihren Reichtum vor der Öffentlichkeit zu verstecken, viele aber zeigen ihn. Sie empfinden keine Scham, ja sie wollen seinetwegen bewundert und verehrt werden. Ihr zur Schau gestellter, unverschämter Luxus aber kann Neid hervorrufen. Das macht Verteidigungsmaßnahmen nötig. So kommen wir zu unserer zweiten Frage: Wie wird dieser Reichtum eigentlich gerechtfertigt? Genauer: Wie rechtfertigen die Reichen ihn? Noch genauer: Wie lassen sie ihn

**Anthropologie**
von altgriechisch *anthropos* für Mensch und *logos* für Lehre. Erforschung und Beschreibung der Wesensmerkmale des Menschen.

der blaue reiter

von professionellen Rechtfertigern, von Professoren, Lehrern und Journalisten, rechtfertigen?

Da ist zunächst viel von „Gerechtigkeit“ die Rede. Das Lexikon belehrt uns: Es gibt drei klassische Gerechtigkeitsbegriffe – die Bedarfsgerechtigkeit, die Stellungsgerechtigkeit und die Leistungsgerechtigkeit. Gehen wir die drei Kriterien im Einzelnen durch. Die Rechtfertigung von Zigtausenden oder gar Hunderttausenden Euro Stundeneinkommen über das Argument der Bedarfsgerechtigkeit ist absurd. Jede Stunde einen Golf oder Rolls-Royce kaufen? Die Rechtfertigung über die soziale Stellung ist ein Rückfall in voraufklärerische Zeiten. Seit 300 Jahren gehen wir zumindest in Europa davon aus, dass Menschen nicht mehr als Bauern, Bürger, Adelige oder als Milliardäre auf die Welt kommen, sondern als Menschen. Als solche sind sie ausgestattet mit der gleichen Würde und dem prinzipiell gleichen Recht, ein zufriedenes und glückliches Leben zu führen.

Bei der Rechtfertigung über Leistung muss genauer unterschieden werden, was Leistung eigentlich ist. Misst man sie an der Anstrengung oder am Ergebnis einer Aktivität? Das Kriterium der Anstrengung ist wenig glaubwürdig: Putzfrauen strengen sich mehr an als Milliardärssöhne. Das Kriterium des Ergebnisses muss näher geprüft werden. Wenn der Vorstandsvorsitzende der Deutschen Bank einst angekündigt hatte, zur Renditesteigerung auf 25 Prozent des eingesetzten Kapitals weitere 6000 Arbeitnehmer entlassen zu müssen und durch diese Ankündigung der Aktienkurs gestiegen war, hatte er sich noch nicht wirklich angestrengt. Und wenn er es nach harten Auseinandersetzungen mit Betriebsräten, Gewerkschaftlern und Politikern schließlich geschafft hatte? Dann kann diese „Anstrengung“ nur von einem kleinen Teil der Betroffenen, den Aktionären nämlich, als Leistung im positiven Sinn gewertet werden. Für die Mehrzahl der Betroffenen ist sie verheerend, weil sie Angst und Schrecken verbreitet.

Gern wird bei der Diskussion über Leistung im Bezug auf das Ergebnis auch auf die besondere Last der Verantwortung bei den Leistungsträgern verwiesen. Natürlich ist auch dieses Argument interessenabhängig: Der Chef der Deutschen Bank kann sich über die faktische Verteilung von Verantwortung in seinem Betrieb freuen, die Kassiererin nicht. Und meistens leiden die Verantwortungsträger weniger an ihrer Verantwortung, als dass sie diese genießen. Sie geben ihre Macht über andere auch selten freiwillig ab, wohingegen diese anderen meist gerne selbst die Macht über ihr Leben hätten.

## Leistungsideologie als Waffe

Vielleicht konnte man die Leistung des mittelalterlichen Stadtbäckers tatsächlich noch an der Zahl der Brötchen ablesen. Wenn der eine am Tag 200, der andere 500 Brötchen schaffte, war alles klar. Was aber, wenn es weiße und dunkle, Brezen und Hörnchen gibt? Wenn der eine Bäcker alt und krank, der andere jung und gesund ist? Wenn der eine mit der Hand arbeitet,

der andere eine Maschine einsetzt? Wenn der eine seinen Stadtteil allein versorgt, der andere einen Großmarkt vor die Nase gesetzt bekommt? Und wie bitte soll die Leistung eines Bäckers mit der eines Getreidehändlers, eines Wachmanns, eines Versicherungsvertreters, eines Bankdirektors und eines Aktienmarkt-Analysten verglichen werden? Solche Vergleiche unterschiedlicher Tätigkeiten erfordern immer einen Maßstab, also irgendeine Gemeinsamkeit. Darüber muss man sich aber erst verständigen. Ist das Gemeinsame die aufgewendete Zeit? Oder der erbrachte Nutzen? Für wen? Kurz-, mittel- oder langfristig?



Grundsätzlich gilt: Leistungsvergleiche sind nur dann problemlos durchzuführen, wenn die Zu-Vergleichenden dieselbe Art von Leistung erbringen, wenn sie mit denselben körperlichen, psychischen, sozialen und technischen Voraussetzungen an den Start gehen, wenn die Leistung quantifizier- und messbar ist und wenn sie klar auf einen einzelnen Urheber zurückzuführen ist. All dies gibt es nur in der Idealwelt der Lehrbücher der Ökonomie. In der realen Welt findet man solche idyllischen Verhältnisse immer seltener, weil die Fortentwicklung von Arbeitsteilung und Technisierung ein gigantisches Netz von wechselseitigen Abhängigkeiten erzeugt, das dem simplen Vergleich von Einzelleistungen immer mehr entzogen ist.

Das eigentliche Problem der Rechtfertigung von Reichtum durch Verweis auf die Leistung, welche die Reichen erbringen, ist, dass sie das Wesentliche verschweigt: Wer legt in unserer Gesellschaft eigentlich fest, dass die Leistung eines Vorstandsvorsitzenden, eines Rennfahrers oder eines Milliardärssohns höher einzustufen ist als die Leistung der Krankenschwester in einer Kinderklinik oder des Fahrers eines Schulbusses?

Abbildung:
**Goldrausch**
(Dubai, Gold-Souq)
Werner Seltier,
Fotografie, 2000

Wer legt fest, dass das Handeln mit Immobilien oder Wertpapieren eine wertvollere Leistung ist als die Sorge für Menschen? Und wer legt schließlich fest, dass bei der Belohnung der jeweiligen Verantwortung das Größenverhältnis exakt – sagen wir mal – 2000 zu 1 betragen muss? Die Antwort müsste lauten: Über Spitzenleistungen urteilen natürlich diejenigen, die bisher schon zur Leistungsspitze zählen. Ihre Festlegungen sind im Kern Verteidigungsmaßnahmen gegen Umverteilungsansprüche. Wer das unterschlägt, der versucht, in seine Rechtfertigungsstrategie den Klassenstandpunkt einzuschmuggeln. Übrigens genauso wie auf der anderen Seite des Spektrums beim Versuch, Armut auf mangelnde Leistung zurückzuführen.

Natürlich gibt es noch ausgeklügeltere Gerechtigkeitskonzepte. Zum Beispiel das des englischen Theoretikers John Rawls. Rawls zufolge ist eine Verteilung dann gerecht, wenn sie selbst von dem am schlechtesten Gestellten immer noch subjektiv akzeptiert werden kann, obwohl er objektiv benachteiligt ist. Zur Veranschaulichung wird gern die Organisation eines Vereinsausflugs herangezogen. Zuerst werden die einzelnen Aufgaben definiert und in möglichst gleich große Portionen geteilt. Bus bestellen, Lokal mieten, Musik besorgen etc. Bis hierher gilt der „Schleier des Nichtwissens" bezüglich der Aufgabe, die man anschließend zugeteilt bekommt. Erst wenn die Portionen gerecht *auf*geteilt sind, werden sie auf die Personen *ver*teilt. Dann, so die Quintessenz der rawlsschen Gerechtigkeitskonzeption, muss auch diese Verteilung von allen als gerecht akzeptiert werden. Nur: Was für die Lastenverteilung bei Vereinsausflügen überzeugen mag, taugt bei der Vermögensverteilung der Gesellschaft überhaupt nichts. In welchem Gremium werden denn die Aufgaben, die in unserer Gesellschaft tagtäglich zu erledigen sind, definiert? Wer ist bei dieser Definition beteiligt? Welche Umstände bringen die Benachteiligten unserer Gesellschaft dazu, so bescheiden zu sein, sich mit der schlechtesten aller Positionen zufrieden zu geben? Welche Alternative haben sie dabei im Auge? Fragen über Fragen. Die Wahrheit ist: Die überwiegende Mehrzahl der Menschen ist an diesem Prozess nicht beteiligt und weiß auch nicht, was in Bezug auf Leistung und Reichtum in unserer Gesellschaft wirklich los ist. Seriöse Argumente, die objektive Umstände anführen und moralphilosophisch-ethisch überzeugen könnten, sucht man vergebens. Nur in jenem höchst konstruierten Fall, dass eine einheitliche, quantifizierbare, individuell zuschreibbare Leistung wirklich allen zugutekommt, wäre, nach Rawls' Kriterien, Leistung als Maßstab für Reichtum gerechtfertigt.

*Reich wird man nicht durch eigene Arbeit, sondern dadurch, dass man andere für sich arbeiten lässt.*



## Die wirkliche Quelle des Reichtums

Wenden wir den Blick von der Ethik und Moral des Reichtums als Quelle von materiellem Luxus zu den Fakten. Woher kommt der Reichtum wirklich? Für die Beantwortung dieser unserer dritten Frage ist die Politische Ökonomie zuständig. Selbstverständlich gibt es auch auf diesem Feld der Tatsachenforschung nicht nur eine mögliche Antwort. Wo Interessen im Spiel sind, kann dies auch nicht erwartet werden. Deshalb ein kleiner Exkurs in die Geschichte des politökonomischen Denkens, die zugleich eine Theoriegeschichte der sozialen Ungleichheit ist.

Am Beginn der Moderne, also vor 200 bis 300 Jahren, dachte man, alle Fragen der Ordnung von Wirtschaft und Staat ausgehend vom Individuum verstehen und auch gestalten zu müssen. Das Individuum verfolge seinen wirtschaftlichen Eigennutzen, der Markt koordiniere dies und sorge wie eine „unsichtbare Hand" dafür, dass für alle dabei das Beste herausspringe. Der Staat solle als Nachtwächter das freie Kräftespiel von Angebot und Nachfrage nur überwachen, vor allem das Privateigentum schützen und Alarm schlagen, wenn ein Brand ausbricht oder ein Einbrecher sein Unwesen treibt. Reichtum ist in diesem Denken die Konsequenz dessen, dass es einige Anbieter besser als andere schaffen, die Nachfrager zu befriedigen. Sie seien eben talentierter, klüger oder fleißiger. Der Kapitalstock der Unternehmen und das Konsumbudget der Haushalte gelten als „von außen" vorgegeben, für deren Entstehungsgeschichte interessieren sich die Vertreter dieses Denkansatzes nicht. Vermögensunterschiede seien also lediglich Resultat einerseits freier Entscheidungen, andererseits natürlicher Unterschiede zwischen Individuen. Kein Grund zur Klage, wir leben in der besten aller möglichen Welten, das Paradies auf Erden ist greifbar! Das ist die liberale Denkschule, die vor fast 50 Jahren als Neoliberalismus eine mächtige Wiedergeburt erfahren hat.

Weil sich die Dinge in der Realität bekanntlich nicht so paradiesisch entwickelt haben, traten gegen Mitte des 19. Jahrhunderts intellektuelle Kritiker auf. Sie lehnten es ab, vom isolierten egoistischen Individuum, das losgelöst von jeglicher Geschichte einfach da ist, auszugehen. Diese Kritiker erinnerten an eine vom Liberalismus verdrängte Tatsache: Der Mensch lebt immer schon in Gesellschaft mit anderen und ist immer schon historisch geprägt.

Wie sieht diese Prägung aus? Hier schieden und scheiden sich die Geister bis heute. Die einen sahen und sehen diese Prägung hauptsächlich durch materielle Umstände bedingt. Für sie steht das Mensch-Natur-Verhältnis im Zentrum. Der Mensch sei durch seine körperlichen Eigenschaften dazu gezwungen, sich die ihn umgebende materielle Natur anzueignen, die Mittel für sein Leben zu produzieren. Hier, bei den Produktivkräften und Produktionsmitteln, sei die Quelle des Reichtums zu suchen. Dabei zeige sich: Wirklich reich wird man nicht durch eigene Arbeit, sondern dadurch, dass man andere für sich arbeiten lässt. Und das setze Eigentum an Produktionsmitteln voraus, das durch einen Prozess der schleichenden Übertragung von Eigentum aus der Hand der Arbeitenden in die Hand der Besitzenden, der sich über ungezählte Generationen vollzogen hat und weiter vollzieht, erst entstehen kann. Deshalb trifft aus dieser Perspektive der Begriff „Privateigentum" den Nagel auf den Kopf: Das lateinische Wort *privare* heißt rauben. Die Gesellschaft entwickelt sich in dieser Vorstellung in letzter Konsequenz zu einer großen, menschenleeren, zusammengeraubten Privatfabrik, vor deren Toren die Menschheit ansteht und verzweifelt um Einlass bittet. Das ist die Denkschule des Historischen Materialismus, die geistige Quelle von Arbeiterbewegung, Sozialismus und Kommunismus.

Die zweite liberalismuskritische Denkschule sieht das Individuum hauptsächlich durch ideelle Kräfte geprägt. Für die Idealisten ist das Mensch-Mensch-Verhältnis zentral. Leitidee für dieses Verhältnis ist seit der Aufklärung die gleiche Würde aller, konkretisiert in einem Kanon für Menschenrechte. Wenn die mit gleichen Rechten geborenen Menschen unterschiedlichen gesellschaftlichen Positionen zugewiesen werden, gelte das Kriterium der Wichtigkeit des Menschen für andere. Jeder solle dorthin, wo er am produktivsten für die Gemeinschaft ist. Natürlich seien manche unentbehrlicher, andere leichter ersetzbar. Hier liege die Quelle der Unterschiede von Einkommen und Vermögen. Grundsätzlich gilt aber aus dieser Perspektive: Es muss für alle ausreichend gesorgt werden, nur wenn es nicht für alle reicht, sind Unterschiede unvermeidbar. Das ist die Denkschule des Historischen Idealismus, auch „Historische Schule" in der Nationalökonomie genannt. Sie weist dem Staat als Wächter der Gerechtigkeit eine zentrale Rolle zu. Ihr zentrales Argument begegnet uns heute im sogenannten funktionalistischen Ansatz in den Sozialwissenschaften. Dies ist die geistige Quelle von Sozialstaat und Sozialpolitik.

Während der (Neo-)Liberalismus also Reichtum letztlich als Frucht individueller Eigenschaften und individueller Entscheidungen ansieht, betonen gesellschaftlich-historisch ausgerichtete Ansätze dessen zutiefst kollektiven Ursprung, wobei freilich in der materialistischen und in der idealistischen Variante unterschiedliche Akzente gesetzt werden.

## Und wohin mit all dem Reichtum?

Gegenwärtig schickt sich der (neo-)liberale Individualismus an, eine totalitäre Herrschaft über die Welt zu errichten. Deshalb muss heute verstärkt nach Berührungspunkten zwischen der materialistischen und der idealistischen Variante des historischen beziehungsweise gesellschaftlichen Ansatzes gesucht werden. Ausgangspunkt ist eine gemeinsame Erkenntnis: Der Mensch ist ein zutiefst historisch beziehungsweise gesellschaftlich geprägtes Wesen, es sind also politisch verfasste und kulturell geprägte Kollektive, die über gesellschaftliche Wichtigkeiten und ökonomische Verfügungsrechte befinden.

In diesem Konsens können sich beide auf eine Autorität ersten Ranges berufen: auf den griechischen Philosophen Aristoteles. Seit Aristoteles, seit zweieinhalbtausend Jahren also, wissen wir nämlich, dass die Anhäufung von Geld in der Hand weniger Reicher zwei gefährliche Konsequenzen hat. Erstens: Die Ausrichtung der Reichen am Geld macht diese immer gieriger, sie werden maßlos. Das Geld an sich hat nämlich keine innere Schranke, man kann nie genug davon bekommen, von Brot, Wein, Kleidung etc. schon. Und zweitens: Wenn eine Gesellschaft in Geldbesitzer und Nichtbesitzer, in Gläubiger und Schuldner zerfällt, zerfällt sie insgesamt. Dann muss zwangsläufig jener Tag kommen, an dem die Schuldner keine Lust mehr haben, für und mit den Gläubigern zu leben. Die unübersehbare Zunahme von Gewalt innerhalb der Industriegesellschaften und an ihren Rändern, der man gegenwärtig mit lächerlichen Maßnahmen zur Bekämpfung der organisierten Kriminalität und des internationalen Terrorismus zu begegnen versucht, ist nicht zuletzt die Quittung eines immer unerträglicher werdenden Gegensatzes von Arm und Reich auf nationaler wie globaler Ebene.

So wird eine Frage immer drängender: Wie lange können wir uns diese Form des Luxus, der sich aus materiellem Reichtum begründet, noch leisten? Wohin gehört der Reichtum eigentlich? Folgt man den Vertretern des Historischen Materialismus, so gehört der Reichtum in die Hände derer, die ihn geschaffen haben, erhalten und vermehren. Vorschläge dazu, wie diese Neuverteilung zu organisieren wäre, liegen längst auf dem Tisch: von einer ordentlichen Erbschafts-, Vermögens- und Einkommenssteuer über eine massive

Maschinen- und Wertzuwachsabgabe – bis hin zum fundamentalen Umbau der Eigentumsverhältnisse in Bezug auf die Produktionsmittel, also dem Aufbau eines starken genossenschaftlichen und öffentlichen Wirtschaftssektors. Folgt man den Vertretern des Historischen Idealismus, so gehört der Reichtum in die Hände derer, die für die Gesellschaft wirklich am wichtigsten sind. Wer dies ist und wie viel Reichtum diesen Menschen zusteht, darüber muss in einem klugen und fairen gesellschaftlichen Diskurs erst befunden werden. Vielleicht wäre das Kriterium der nachhaltigen Entwicklung ein guter Maßstab für die Zuschreibung materieller Vergütungen: der Beitrag, den Personen oder Organisationen zu einer Entwicklung leisten, die dafür sorgt, dass „genug, für jeden und immer" zur Verfügung steht, wie ein afrikanischer Stammesältester dieses Leitbild einmal kurz und prägnant auf den Begriff gebracht haben soll.

Diese beiden gesellschaftlichen Perspektiven, mit denen dem bornierten Individualismus der (Neo-)Liberalen entgegengetreten werden kann, können vermutlich gut zusammengeführt werden. Die Konstruktion einer solchen Synthese erfordert sicherlich eine Menge Zeit und soziale Fantasie. Vielleicht könnte man sich aus materialistischer wie idealistischer Perspektive in einem ersten Schritt wenigstens auf eine einfache Prioritätenregel für die Verwendung von Reichtum verständigen: zuerst die Grundbedürfnisse, dann der Luxus! Dann müssen die Jachten der Superreichen vielleicht eine ganze Weile als Notunterkünfte für Flüchtlinge zur Verfügung gestellt werden.

Prof. Dr. Fritz Reheis lehrt als Akademischer Direktor am Lehrstuhl für Politische Theorie der Otto-Friedrich-Universität Bamberg.

**Anmerkung:**

1. Zum Zusammenhang zwischen materiellem Luxus und materiellem Reichtum ist anzumerken, dass Reichtum die notwendige, aber nicht hinreichende Voraussetzung für Luxus ist: Es gibt bekanntlich auch Reiche, die sich nur wenig Luxus leisten und ein bescheidenes Leben führen. Diese Differenz von Luxus und Reichtum erscheint mir aber ethisch relativ bedeutungslos.

**Zur Vertiefung empfohlen:**

– Reheis, Fritz: Politische Bildung. Eine kritische Einführung. Wiesbaden 2014
– Reheis, Fritz: Wo Marx Recht hat. Darmstadt 2011
– Reheis, Fritz: Entschleunigung. Abschied vom Turbokapitalismus. München 2003
– Reheis, Fritz: Die Kreativität der Langsamkeit. Neuer Wohlstand durch Entschleunigung. Darmstadt 1996 (3. Aufl. 2008)
– Reheis, Fritz: Konkurrenz und Gleichgewicht als Fundamente von Gesellschaft. Interdisziplinäre Untersuchung zu einem sozialwissenschaftlichen Paradigma. Berlin 1986

Robert Zimmer

# Luxus und Zivilisation

## Eine Polemik wider den asketischen Furor

**Luxuskritik begleitet die westliche Zivilisation seit ihren Anfängen. Wer könnte ihr nicht zustimmen? Von welcher Seite man es auch betrachtet, der Luxus scheint es seinen Verteidigern schwer zu machen: Materiell Verkörperung des Überflüssigen und Unnützen, moralisch Symptom der Dekadenz und sozial sichtbarer Ausdruck der Klassenherrschaft scheint er ein zivilisationsfeindliches Element par excellence zu sein. Wo der Luxus herrscht, ist etwas fundamental falsch gelaufen. Wo ihm der Boden entzogen wird, halten Vernunft und Gerechtigkeit Einzug. Luxuskritik, so scheint es, ist Common Sense.**

Verdanken wir nicht, Max Webers Analyse des neuzeitlichen Rationalisierungsprozesses folgend, den Wohlstand der westlichen Welt jenem „Geist des Kapitalismus“, der von einer calvinistisch geprägten protestantischen Arbeitsethik angeschoben wurde, und zu dessen Credo die „innerweltliche Askese“ gehört (siehe Erläuterung)? Diese, so Weber, wirkte „mit voller Wucht gegen den unbefangenen Genuss des Besitzes, sie schnürte die Konsumtion, speziell die Luxuskonsumtion ein“. Vor allem die aus der feudalen Welt überkommene „Wertschätzung der als Kreaturvergötterung verdammlichen ostensiblen (das heißt den zur Schau gestellten) Formen des Luxus“[1] galt es zu verabschieden. Die ökonomischen Energien unserer Gesellschaft, so könnte man folgern, verdanken wir der Unterdrückung des Luxus.

Ist Askese also ein Motor des Fortschritts und Luxus eine Zivilisationsbremse? Sollen wir die Paläste, Villen, Kathedralen abreißen? Teure Stoffe nur für gesellschaftlich nützliche Zwecke verwenden? Aus Pelzmänteln Decken für die Dritte Welt, aus überflüssigem Schmuck Goldplomben fertigen? Trüffel und Kaviar für die unermüdlich wirkenden Rot-Kreuz-Helfer reservieren, die sich um die Humanität verdient gemacht haben? Es klingt so wunderbar vernünftig und einsichtig. Und irgendwie doch nicht. Warum sollte uns dabei ein ungutes Gefühl beschleichen?

Vielleicht, weil wir uns eine Welt ohne die Schönheit und den Reichtum der Paläste und Kathedralen, ohne modische Accessoires und Design, ohne Genuss und Bequemlichkeit, sprich ohne Luxus irgendwie nicht vorstellen mögen. Weil wir nicht in Nordkorea und auch nicht in der Welt von Mr. Gradgrind leben wollen, „a man of realities“, wie ihn Charles Dickens in *Hard Times* nennt, der unser Leben auf nützliche Fakten beschränken will. Weil wir intuitiv spüren, dass Luxus kein überflüssiger, sondern ein wesentlicher Teil unserer Zivilisation ist.

Der Zusammenhang zwischen Luxus und Zivilisation wird gerade in jener umfassenden Luxuskritik sichtbar, die sich in der Form des asketischen Furors zur Stimme der Moral, der Natürlichkeit und Authentizität macht. Hier spricht das Reich des Guten gegen die entfremdete menschliche Natur. Aber Vorsicht! Gerade hier wird der Sack geschlagen und der Esel gemeint. Hinter der Ablehnung des Luxus lauert das Ressentiment gegen die Zivilisation selbst. Der asketische Furor hat sich häufig mit dem Mäntelchen der Moral umgeben, dabei aber immer wieder ein zerstörerisches, antizivilisatorisches Potenzial entfaltet.

Dies beginnt schon bei den alttestamentarischen Propheten, die sich als Sprachrohr des israelitischen Stammesgottes Jahwe verstanden. Den in der Sesshaftigkeit entstandenen Wohlstand sahen sie mit großem Misstrauen. Sie wetterten gegen die bei religiösen Kulthandlungen verwendeten Goldschmiedearbeiten und Purpurmäntel (Jeremias 10, 1–10) ebenso wie gegen den Schmuck, den die Töchter Zions zur Schau trugen (Jesaja 3, 16–23). Vordergründig ging es gegen Götzendienst, Hochmut und Verschwendung. Doch verräterisch sind bei allen Propheten die von der Luxuskritik entzündeten Gewaltfantasien. Den Kritisierten droht Zerstörung der Weinberge und Äcker, Niederbrennen der Häuser und Vernichtung der Bewohner: „Ich verabscheue Jakobs Stolz“, spricht Jahwe aus dem Mund des Propheten Amos, „und hasse seine Paläste; die Stadt und alles, was in ihr ist, gebe ich preis. Wenn in einem einzigen Haus noch zehn Menschen übrig sind, müssen auch sie sterben.“ (Amos 6, 8–9) Lassen wir einmal die Charakterisierung des alttestamentarischen Gottes beiseite, den Richard Dawkins als den „unerfreulichsten Charakter der gesamten Literatur“[2] bezeichnete. Seine Stimme mag archaisch und harsch klingen, sie ist aber charakteristisch für den fundamentalistischen Charakter des asketischen Furors geblieben. In ihr äußert sich unverkennbar das Ressentiment einer nomadischen Welt gegen die sesshafte Zivilisation, die Urbanität, Kunst, Dekor und nicht zuletzt die dem Genuss gewidmete Luxusproduktion hervorbringt.

*Es muss irgendwie glänzen.*

**Hedonismus**
von altgriechisch *hedone* für Vergnügen, Genuss, Lust. Ethische Grundposition, welche die Maximierung der Lust als obersten Wert setzt. Lustempfinden im weitesten Sinne wird als eine Ausprägung der Glückseligkeit verstanden.

Ein Mensch wird aus dem Käfig entlassen.
Flugs wird er zum Tier.

Freiheit.
Ein freier Fuchs tritt gegen
einen freien Hühnerstall an.

Die Gefahr hat Angst vor dem Mut.

Frei von Hoffnung, frei von Verzweiflung.
Frei.

Zwanzig Jahre im Käfig.
Sie machten den Vogel drahtig.

Einer: „Als ich zum ersten Mal mit dem Guten konfrontiert wurde, dachte ich, es könnte lohnend sein, das Böse kennenzulernen."

*Toni Huber*



Antizivilisatorische Reflexe finden wir auch in der griechischen Philosophie. An der Schwelle zwischen griechischer Klassik und Hellenismus trat in Athen ein Mann auf, der die Askese zum Lebensprogramm machte und als Muster der Bedürfnislosigkeit und des Nonkonformismus gilt: der Kyniker Diogenes von Sinope, ein Schüler des Antisthenes. Diogenes quartierte sich in seiner berühmten Tonne, einem Fass im Vorhof des Tempels der Demeter, ein, er verzichtete auf jede Art von Komfort, schlief auf einem zusammengefalteten Mantel und aß seine Mahlzeiten ohne Geschirr und Besteck. Diogenes war der vielleicht radikalste unter jenen antiken Luxuskritikern, die dafür plädierten, sich auf das „Notwendige" zu beschränken. Diejenigen, die gerne wider den Stachel des philosophischen Mainstreams schreiben, haben ihn immer gelobt. Für Peter Sloterdijk war er derjenige, „der die ursprüngliche Verbindung zwischen Glück, Bedürfnislosigkeit und Intelligenz in die westliche Philosophie brachte"[3], Michel Onfray feiert ihn sogar als den individualistischen Hedonisten (siehe Erläuterung), der sich konsequent dem Weg des *nomos*, dem Gesetz und der Konvention, verweigert habe.[4]

Hedonistisch? Onfray bezieht sich dabei auch auf jene berüchtigte Überlieferung aus dem Leben des Diogenes, die Diogenes Laertius unter anderem mit folgenden Worten berichtet: „Er pflegte alles in voller Öffentlichkeit zu tun, sowohl was die Demeter betrifft, wie auch die Aphrodite"[5]. Sprich: Er verrichtete sein Geschäft vor aller Augen und onanierte ebenso öffentlich auf dem Markt. Dabei ging es allerdings weniger um die Realisierung eines Lustprinzips, als vielmehr um die Demontage von Schamgrenzen. Und zwar in radikaler Form: Diogenes demontierte nicht irgendeine Grenze zugunsten einer anderen, er wandte sich gegen die Grenzen als Grenzen, gegen die Konvention als Konvention. Er wollte die Reduktion des Notwendigen auf das Elementare, die Destruktion der Zivilisation zugunsten des Kreatürlichen. Verräterisch ist in dieser Hinsicht jene Anekdote, nach der er regelmäßig ins Theatergebäude hineinging, wenn die Zuschauer es verließen, und dies so kommentierte: So mache ich es mit allem. Sprich: Gibt es eine Form, eine Regel, eine Konvention, so konterkariere ich sie. Auch hier wird Askese zum Ausdruck eines genuin antizivilisatorischen Impulses.

Wir haben die radikalislamischen Fanatiker vor Augen, die in Afghanistan die Buddha-Statuen von Bamiyan sprengten und heute Kirchen und Moscheen im Irak und in Syrien ausradieren. Erinnern wir uns aber, wie fanatisierte Anhänger der christlichen Reformation zum Abriss und zur Vernichtung von Kirchenkunst animiert wurden? Das besonders vom Calvinismus forcierte Bilderverbot ging Hand in Hand mit einer Luxuskritik, die sich nicht nur gegen die Darstellung des Göttlichen, sondern gegen die geschmückte Form, den Dekor im Allgemeinen richtete. So an jenem ominösen „Götzentag" 1531, als im Ulmer Münster beide Kirchenorgeln und 60 Altäre zum Teil mithilfe von Seile und Ketten ziehenden Pferden von den Wänden gerissen wurden. Der Zusammenhang zwischen religiös motiviertem asketischem Furor und Fundamentalismus ist viel älter als unser Jahrhundert und hat auch bei uns seine Spuren hinterlassen.

Die reformatorische Luxuskritik hat jedoch mehr demoliert als nur die ästhetische Ausstattung von Kirchen. Sie hat jene, tief in die kulturelle DNA der Deutschen eingedrungene und von Martin Mosebach so genannte „Häresie der Formlosigkeit"[6] in Gang gesetzt, die das „oberflächliche" Äußerliche zugunsten des wahren und authentischen Inneren, den Dekor zugunsten von Schlichtheit oder die Formen des höflichen Benehmens zugunsten einer formlosen, aber „echten" Direktheit abwertet. Hier liegt die Wurzel jener fatalen Dichotomie (siehe Erläuterung) zwischen falschem „Schein" und wahrem „Sein", die immer wieder luxuskritische und lebensreformatorische Bewegungen inspiriert hat: so die Jugendbewegung des frühen 20. Jahrhunderts ebenso wie jene ökologisch angehauchten und modisch völlig unverdächtigen Träger von Bir-

**Calvinismus**
nach dem Reformator Johannes Calvin (1509–1564) benannte, durch Askese und Kirchenzucht charakterisierte Ausprägung des christlichen Glaubens. Als Grundlage des Glaubens gilt nicht die Kirche, sondern ausschließlich die Bibel. Der Mensch kann Calvin zufolge nicht durch eigene Werke, sondern nur durch die Gnade, sprich eine Auswahl Gottes (Prädestination) und den Glauben erlöst werden.

kenstocksandalen, die auf ökologische Reinheit schwören. Man verschmäht den Luxus, weil man das Künstliche und mit ihm die Form verachtet. Die Parole heißt: „Zurück zur Natur!"

Richtig, wir sind bei Jean-Jacques Rousseau. Der im calvinistischen Genf sozialisierte Verfechter von Sittenreinheit und Natürlichkeit gab dem asketischen Furor den geistesgeschichtlich wirksamsten philosophischen Ausdruck. Unsere Krankheit, so Rousseau, heißt Zivilisation und ihr Virus heißt Luxus. Wir befinden uns in einem Prozess des fortschreitenden Reinheitsverlustes: „Während die Annehmlichkeiten des Lebens zunehmen", so heißt es im ersten *Discours* von 1750, „die Künste sich vervollkommnen, der Luxus sich ausbreitet, wird die echte Tapferkeit entnervt, die militärischen Tugenden verschwinden."[7] Man weiß, dass Rousseau immer nach Sparta geschielt hat: auf die genuss- und luxusfreie Militärdiktatur. Und mit dem sicheren Instinkt des Asketen hat er auch richtig bemerkt, dass Künste und Luxus zusammengehören. Wo Wissenschaft, Kunst, Luxus und verfeinerte Umgangsformen ins Spiel kommen, so Rousseau, da nimmt das Unheil seinen Lauf. Sie sind Ausdruck der Vertreibung aus dem Paradies der „glücklichen Unwissenheit". Luxus ist nicht nur Makel, er ist Strafe – für eine Entwicklung, die völlig falsch gelaufen ist. Diese Entwicklung heißt Zivilisation – und zwar nicht die falsche, dekadente Zivilisation, sondern die Zivilisation schlechthin.

*Zivilisation ist die Glasur, mit der wir unser gesellschaftliches Leben überziehen.*

Rousseau ein Aufklärer? Voltaire hatte den Braten gleich gerochen und nach der Lektüre des zweiten *Discours* bissig kommentiert, man verspüre Lust, sich auf allen Vieren zu bewegen. Wenn es je einen Aufklärer gab, so war es Voltaire, für den weder „Zurück zur Natur" noch der Luxusverzicht je eine Option war. Voltaires Aufklärung will nicht die Befreiung der Zivilisation von ihren luxuriösen Annehmlichkeiten, sondern ihre Befreiung von ideologischen Scheuklappen in Religion, Politik, Wissenschaft und Kultur.

Es ist Voltaires Zivilisationsbegriff, der hier auch in Rede steht. Er meint nicht die vom deutschen Kulturkonservatismus so genannte reine Technik- und Wissenschaftskultur, die der höheren ästhetischen und philosophischen Kultur als eine Kultur zweiter Klasse gegenübersteht. Er meint die Einheit von politischer, sozialer, von ästhetischer und materieller Kultur. Dazu gehören auch alle öffentlichen Repräsentationsformen in religiösen Kulten, in Politik, in Architektur und Kunst sowie die gesamte Verhaltens- und Benimmkultur.

Wenn wir uns also als Teil einer Zivilisation verstehen, so meinen wir, dass die „Realitäten", die uns umgeben, in eine bestimmte repräsentative Form gebracht oder mithilfe einer solchen wahrgenommen werden. Es ist die Form unseres Zusammenlebens, die Form der politischen Abläufe, das Gesicht unserer Städte oder die Art unserer Kleidung, mit denen wir uns zivilisatorisch kenntlich machen. „Genau besehen", so Norbert Elias, „gibt es beinahe nichts, was sich nicht in einer ‚zivilisierten' und in einer ‚unzivilisierten' Form tun ließe."[8] Zivilisation ist die Glasur, mit der wir unser gesellschaftliches Leben überziehen.



Es muss, so könnte man sagen, irgendwie glänzen. „Zivilisierte Formen" im Sinne Elias' müssen sichtbar sein. Überall, wo „dargestellt" wird, wo zivilisatorische Formen über die Art der materiellen Ausstattung wahrnehmbar sein sollen, brauchen wir Luxus: Dekor, Kunst, Schmuck, teure Stoffe. Öffentliche Gebäude müssen repräsentativ gestaltet sein, öffentliche Zeremonien und symbolische Handlungen bedürfen einer ästhetischen und wahrnehmbaren Ausstattung, individuelle Selbstdarstellung bedient sich modischer Accessoires.

**Dichotomie**
von altgriechisch *dicha* für getrennt. In formaler Hinsicht die Trennung einer Menge in zwei sich ergänzende Untermengen wie zum Beispiel die Spezifizierung der elektrischen Ladung in positive und negative Ladung. In der Philosophie wird damit zumeist die Bestimmung eines Begriffs durch zwei entgegengesetzte untergeordnete Begriffe bezeichnet, wie zum Beispiel die Bestimmung der Seele als Einheit von Bewusstem und Unbewusstem.

Eine Kathedrale ist nicht ohne Grund voller Luxusgegenstände. Formale soziale Anlässe werden durch einen zeremoniellen Rahmen und durch ausgewählte Kleidung der Mitwirkenden sichtbar. Auch für die private Lebenskultur hat der Luxus eine stilbildende Funktion. Luxus ist eben nicht nur Luxus. Luxus gibt dem Stil und der Formensprache einer Zivilisation ein wahrnehmbares Gesicht.

Daher also sehen wir die Paläste, Kathedralen, die aufwändigen Zeremonien, die Eleganz der Mode mit Wohlgefallen, auch wenn wir nicht immer selbst Teil des Luxuskonsums sind. Unser Unbehagen gegen die asketische Reduktion unserer Welt hat uns nicht getäuscht. Wir wollen Luxus als notwendigen Teil unserer zivilisatorischen Umwelt.

## Wer bezahlt die Rechnung?

Doch gehört Luxus nicht zu den Dingen, die wie die Kunst zwar wichtig, aber ökonomisch nutzlos sind? Deren Wert wir erkennen, bei denen wir aber drauflegen müssen, um sie uns leisten zu können? Hat nicht bei allem dennoch die These Webers Gültigkeit, dass ökonomischer Fortschritt auf Luxusverzicht beruht?

Wenn dies aber nur die halbe Wahrheit wäre? Wenn nicht nur der Wohlstand den Luxus, sondern auch der Luxus den Wohlstand erzeugte? Dass Luxus die wirtschaftliche Produktion ankurbelt, ist keine besonders neue, aber eine leider sehr vernachlässigte These. Sie findet sich bereits bei Denis Diderot, einem anderen genuss- und luxusfreundlichen Aufklärer. Im umfangreichen Artikel zum Thema in der von Diderot mit herausgegebenen Enzyklopädie wird die positive Einschätzung des Luxus mit dem engen und wechselseitigen Zusammenhang zwischen Luxusbedürfnis und gesellschaftlichem Wohlstand begründet: „Da der Wunsch, sich zu bereichern, und der Wunsch, den Reichtum zu genießen, in der Natur des Menschen liegen, seit er in der Gesellschaft lebt; da diese Wünsche die großen Gesellschaften erhalten, bereichern und beleben; da der *Luxus* ein Glück ist und von sich aus kein Unglück anrichtet – so darf man weder als Philosoph noch als Herrscher den Luxus als solchen angreifen.“[9]

*Aufklärung heißt nicht Befreiung der Zivilisation von luxuriösen Annehmlichkeiten, sondern Befreiung von ideologischen Scheuklappen.*



Auch nicht alle Soziologen und Ökonomen haben dies getan. Und hier fällt unser Blick auf einen Zeitgenossen Webers, der in bemerkenswerter Weise sowohl die zivilisatorische wie die ökonomische Bedeutung des Luxus erkannte.

Werner Sombarts 1913 erschienene Schrift *Luxus und Kapitalismus*, deren ursprünglicher Titel *Liebe, Luxus und Kapitalismus* lauten sollte[10], entstand als Nebenprodukt seiner Kapitalismustheorie und hat doch alle Chancen, diese in ihrer Bedeutung zu überleben. Wie Elias in seiner Zivilisationstheorie, so setzt auch Sombart im späten Mittelalter an, bei Entwicklungen, die mit der höfischen Gesellschaft beginnen und später in die bürgerliche Gesellschaft übergehen. Dazu zählen die Entstehung sozialer Zentren wie Hof und Großstadt, in denen sich eine urbane Alltagskultur entwickeln und der Luxuskonsum sich konzentrieren konnte; die exponentielle, durch koloniale Ausbeutung geförderte Entstehung privaten Reichtums; und schließlich die Heranbildung einer neuen sozialen Schicht, dem „neuen Adel“, der aristokratische Position mit bürgerlichem Geldvermögen verbindet. Es ist eine Entwicklung, die an den Renaissancehöfen Italiens beginnt, im Spanien des 16. und 17. Jahrhunderts fortgeführt wird und im französischen Absolutismus ihren Höhepunkt erlebt. Sie legt das Fundament für einen erweiterten Luxuskonsum und damit für eine Verfeinerung der Lebens- und Alltagskultur.

Nicht ganz zufällig ist, dass diese Entwicklungen literarisch und philosophisch auch von der europäischen Moralistik reflektiert werden. Die Moralisten, Beobachter und Kritiker von Lebensformen und sozialen Dispositionen, waren vor allem eins: scharfsinnige Kommentatoren der zeitgenössischen Zivilisation. Die Moralistik geht in ihrer Entwicklung den gleichen geografischen, von Sombart skizzierten Weg: von den italienischen Fürstenhöfen über Spanien bis in die französische Klassik, wo auch sie zur Blüte gelangt. Sombart war diese Tradition vertraut und er zitiert aus ihr. Hat sie doch, in ihrer französischen Variante, jenes Verhaltensideal des *honnête homme* entwickelt, in dem sich die neue Lebenskultur idealtypisch spiegelt. Der *honnête homme* ist der mit *esprit de finesse*, mit ästhetischem und sozialem Feinsinn ausgestattete „Mann von Welt“. Er weiß, wie er sich benehmen, wie er sich kleiden und wie er Konversation halten muss. Nicht zuletzt weiß er, wie er sein Geld ausgeben soll.

Dies verdankt er seinem weiblichen Pendant, das in Sombarts Luxustheorie eine entscheidende Rolle spielt. Denn die Hefe, die aus diesem Amalgam sozialer und ökonomischer Entwicklungen den Luxuskonsum sich entfalten lässt und die Verfeinerung der Alltagskultur vorantreibt, ist bei Sombart die Frau. Genauer gesagt: jener weibliche Typus, der sich von der Hofdame über die Kurtisane zur gebildeten Salondame der französischen Klassik ausprägt. Sie verbindet die Kultur der freien „illegitimen“ Liebe mit einem ausgeprägten Sinn für sozialen Takt und stilvolle materielle Ausstattung. Sie regt den Luxuskonsum als eine neue, vom *esprit de finesse* geprägte Lebensform an. Dies betrifft die Möblierung der entstandenen Stadtpaläste ebenso wie die Normen der Kleidermode oder den Genuss teuren Gebäcks. Es betrifft aber auch die Inszenierung der Schönen Künste, sei es in den höfischen oder städtischen Theatern, sei es in den Salons. Die galante Dame von Welt, wie wir sie nennen könnten, kanalisiert die Ausgaben ihrer vermögenden Liebhaber. Es ist nach Sombart die neue, von theologischen Fesseln gelöste Liebeskultur, die mithilfe des Luxus die Verfeinerung der Sitten befördert. Was als Mätressenwirtschaft beginnt, revolutioniert die Alltagskultur der höheren Stände und wirkt von dort in die Gesellschaft als Ganzes hinein. Sombarts Studie stützt die These: Luxus ist zivilisationsfördernd.

Und er treibt ökonomische Entwicklungen an – in der Landwirtschaft (Schafzüchtung), in den Kolonien (Gewürze), vor allem aber in der gewerblichen Produktion. Die Nachfrage nach Luxusgütern lässt die Luxusindustrie entstehen, so ganze Sparten der Textilindustrie und Möbelindustrie, die Seidenproduktion, die Porzellanmanufakturen oder die Zuckerindustrie. Luxusproduktion im großen Stil kann nicht nur die Nachfrage befriedigen und garantiert einen großen Absatz, sie ist auch von Konjunkturschwankungen unabhängiger. Insgesamt, so Sombarts These, „ist die Einflußsphäre des Luxus und seine Bedeutung für die Herausbildung des kapitalistischen Wirtschaftssystems außerordentlich groß“[10]. Unsere ökonomische Dynamik mag sich der innerweltlichen Askese aufseiten der Produzenten verdanken, sie verdankt sich aber sicherlich auch der Luxusnachfrage aufseiten der Konsumenten.

Sombarts Verdienst ist es nicht zuletzt, den Verteidigern des Luxus ihr gutes Gewissen zurückgegeben zu haben. Wer auch immer den engen Zusammenhang zwischen Luxus und Zivilisation mit Fakten unterlegt haben will, sollte getrost einmal seine erstaunliche Schrift in die Hand nehmen. Zurück zur Natur? Zum Holzlöffel, zum Strohsack und zur Fellbekleidung? Nein, danke! Wir wollen Luxus, weil wir Zivilisation wollen. Luxus ist Common Sense.

Robert Zimmer lebt als freier Autor in Stuttgart. Unter anderem erschien von ihm *Arthur Schopenhauer: Ein philosophischer Weltbürger* bei dtv.

**Anmerkungen:**

1. Sukale, Michael (Hrsg.): absolute Max Weber. Freiburg 2004, Seite 122f.
2. Dawkins, Richard: The God Delusion. Black Swan Edition, London 2007, Seite 51: „The God of the Old Testament is arguably the most unpleasant character in all fiction.“
3. Sloterdijk, Peter: Kritik der zynischen Vernunft. Frankfurt am Main 1983, Seite 299f.
4. Onfray, Michel: Contre-Histoire de la philosophie, t.1: Les sagesses antiques. Paris 2006, Seite 142
5. Diogenes Laertius: Leben und Meinungen berühmter Philosophen. Meiner, Hamburg 2008, Band 1, Seite 312
6. Mosebach, Martin: Die Häresie der Formlosigkeit. Die römische Liturgie und ihr Feind. München 2007
7. Rousseau, Jean-Jacques: Schriften zur Kulturkritik. Die zwei Diskurse von 1750 und 1755. Hamburg 1978, Seite 41
8. Elias, Norbert: Über den Prozeß der Zivilisation. Frankfurt am Main 1976, Band 1, Seite 1
9. Stichwort „Luxus“ in der von Diderot und d'Alembert herausgegebenen Enzyklopädie. Auswahl und Einführung von Manfred Neumann. Frankfurt am Main 1995, Seite 587–615, hier Seite 613
10. Unter diesem Titel wurde sie später auch wieder aufgelegt. Vergleiche Sombart, Werner: Liebe, Luxus und Kapitalismus. Über die Entstehung der modernen Welt aus dem Geist der Verschwendung. Berlin 1992, Seite 17, Seite 170

Abbildung: **Reasons are still the same.** Peter Fuss, www.peterfuss.com

Frank T. Zumbach

# „Spätrömische Dekadenz"

## Über Gelage, Orgien und andere Ausschweifungen

**Die Antike bietet seit Jahrhunderten eine Projektionsfläche für alle erdenklichen Träume und Ideale. Als der damalige Außenminister Guido Westerwelle 2001 die Erhöhung von Sozialhilfesätzen als Einladung zu „spätrömischer Dekadenz" geißelte, wurden Salongemälde des 19. Jahrhunderts vor manch innerem Auge lebendig: üppige Feste prunksüchtiger Kaiser, lorbeergekränzte Lebemänner auf Lotterbetten, die sich von leichtgeschürzten Sklavinnen unterhalten lassen, und mancherlei andere Ausschweifungen.**

Die Wiederentdeckung der Antike im 15. und 16. Jahrhundert gilt als Auslöser der Renaissance. In den Augen der Kirche kam sie geradezu einem erneuten Sündenfall gleich: Die Menschheit aß abermals vom Baum der Erkenntnis – und wurde sich ihrer Nacktheit als ästhetischer Kategorie bewusst. Die zurückliegenden tausend Jahre galten fortan als dunkles „Mittel"alter zwischen zwei lichten Epochen. Die Missverständnisse und Vereinnahmungen setzten sich fort in Architekturstilen, Moden, politischen Programmen und bürgerlichem Bildungsdünkel. Noch heute wird die Antike gequälten Schülern allzu oft als endlose Senatsdebatte togenraffender älterer Herren dargestellt; der Lehrplan traktiert sie ausgerechnet mit den größten Langweilern, die das alte Griechenland und das kaum jüngere Rom zu bieten hatten.

Solche Epochenbegriffe sind freilich meist Hirngespinste. Schon die Worte Antike, Mittelalter und Renaissance sind „billige Kunstmittel, um unter dem Schein des Sinnreichen und Prägnanten einen Mangel an genauer Einsicht zu verbergen. Die Ausdrücke zaubern uns den Wahn vor, als besäßen wir einen schlüssigen Begriff für den Zusammenhang und die Einheit einer ganzen Zeit, einen Begriff, in dem alle Erscheinungen eines Zeitraumes aufgehoben wären, während wir in Wirklichkeit eine solche Einheit bloß vag vermuten" (Johan Huizinga). Jenseits solcher Definitionsfragen übt die Antike eine anhaltende Faszination auf das Bürgertum aus. Ihre Hauptattraktion, machen wir uns nichts vor, ist für die meisten keineswegs die Wiege der Demokratie. Es sind auch nicht die philosophischen Schulen oder Caesars militärische Erfolge in Gallien. Viel interessanter sind der Luxus, die Ausschweifungen, die Orgien! Künstler wie Gustave Flaubert beschreiben die kollektiven Sehnsüchte, bannen sie in Verse und auf Leinwände oder philosophieren gar apollinisch-dionysisch (siehe Erläuterung auf Seite 43) wie Friedrich Nietzsche. Kaum verschleierte, barbusige Damen – beziehungsweise die Passantinnen, Sekretärinnen und Kellnerinnen von nebenan – durften Maler vor der Kulisse klassischer Tempel mit Fug und Recht entblößt darstellen. Der „natürliche", von der Kirche noch völlig ungebändigte Eros der Antike galt als Ideal, das Beneidens- und Erstrebenswerte.

Was aber haben die Schäferspiele des 17. Jahrhunderts, die Fantasien des Marquis de Sade, die Libertinage (siehe Erläuterung) des 18. Jahrhunderts und die Theorien Sigmund Freuds mit der realen Sexualität, den echten Orgien der sogenannten Antike zu tun? Selbst eine nur oberflächliche Quellenforschung ist geeignet, eine Neid-Theorie zu untermauern: Altphilologen und Schulmeister waren auf unzählige Texte gestoßen, die sie selbst zwar an- und erregten, vor denen sie aber junge, ungefestigte Seelen um jeden Preis glaubten bewahren zu müssen.

### Die Lust der Götter

Das lateinische Wort *orgia* bezeichnet ursprünglich ein kultisches Geheimtreffen bei Nacht. Die Gelehrten sind sich darüber einig, dass die Orgie (in ihrer rein sexuellen Bedeutung) einen religiösen Ursprung hat. Doch eines der Hauptziele des Christentums, das – ob wir wollen oder nicht – unser Denken und Verhalten geprägt hat, ist die Bekämpfung des Trieblebens, der Todsünde der Wollust. Der Gott des Christentums, obwohl oft „Vater" genannt, besitzt keinen Eros. Sein Sohn muss jungfräulich empfangen werden. Die Götter der Antike hingegen kennen wie ihre Geschöpfe sehr wohl die Lockungen und Freuden der Erotik, sie darin nicht allein wiederspiegelnd, sondern erheblich übertreffend. „Wie trostlos wäre das Leben der Sterblichen", sinniert Simonides, „ohne die Wonnen der Lust? Müsste man nicht die seligen Götter bemitleiden, so sie ihrer niemals teilhaftig würden?" Die Vorstellung von „fleischlicher Sünde" war den Menschen der Antike noch gänzlich ungeläufig. „Es sind die Künstler des Lebens; sie haben ihre Götter, um leben zu können, nicht um sich dem Leben zu entfremden", charakterisiert Friedrich Nietzsche seine Griechen in *Die Unschuld des Werdens.*



**Libertinage**
von lateinisch *libertinus* für der Freigelassene. Als Libertins werden seit dem 16. Jahrhundert Philosophen bezeichnet, die gegenüber dem kirchlichen Dogmatismus intellektuelle und moralische Freigeistigkeit propagieren. Im 18. Jahrhundert steht der Begriff Libertinage allerdings häufig für sexuelle Ausschweifung und moralische Skrupellosigkeit, vor allem in Verbindung mit den Schriften des Marquis de Sade.

## Alle Lust auf Erden

Es ist äußerst schwierig, bisweilen gar unmöglich, sich in die Mentalität vergangener Zivilisationen zurückzuversetzen. Wahrscheinlich das Einzige, was uns mit den kultischen Festen der Griechen und Römer verbindet, ist unser – inzwischen leider meist auf launige Vereinsmeierei herabgebändigter – Karneval oder Fasching mit immerhin noch impliziten erotischen Konnotationen.

In Korinth boten anlässlich der Feiertage (altgriechisch *pannychis*) zahlreiche Freudenmädchen umsonst ihre Dienste an; in Thessalien war das Festival der Aphrodite Anosia der lesbischen Liebe geweiht. Homosexualität galt allgemein keineswegs als die Ausnahme von der Regel. Gewiss, wir sprechen hier von ungefähr dreitausend Jahren, unter denen man die „Antike" gemeinhin zusammenfasst, und von Moralvorstellungen, die auch damals rasch wechselten und sich in ihr Gegenteil verkehren konnten. Doch auch zeitlich weit auseinander liegende Quellen bezeugen das gleiche Laisser-faire in Fragen der Erotik.

Bei den Griechen herrschte, ähnlich wie bei den Anhängern des heute nach wie vor praktizierten Voodoo-Kults, die Vorstellung einer *theolepsie* (altgriechisch für Begeisterung), das heißt eines Einswerdens mit der Gottheit durch Ekstase, durch Tanz, Musik, Sex, Wein und andere rauscherzeugende Mittel. Doch Götter traten bei den sogenannten *Dionysia* oder den späteren römischen *Bacchanalien* immer mehr in den Hintergrund. Diese Feste wurden zunehmend zu behördlich geduldeten Massenorgien, einer Auszeit für das Volk, einem Ventil für zuvor durch Fasten und Enthaltsamkeit aufgestaute Triebe. Das Volk musste – auch jenseits von „Brot und Spielen" – bei Laune gehalten werden; wie das geschah, war den Herrschenden gleichgültig. Mit *ihren* Orgien hatten derlei stumpfe Belustigungen nicht das Geringste zu tun. In seinem Buch *Über die Wollust* schreibt Herakleides Pontikos: „Tyrannen und Könige, im Besitz aller Güter und in vielseitiger Erfahrung, erkennen den Wert der *Hedone* (altgriechisch für Wollust, Vergnügen; Ursprung des Worts Hedonismus), dass sie nämlich den Seelen der Menschen einen höheren Schwung verleiht ... Das Leben genießen und es auszukosten, ist eben ein Zeichen von Freiheit, denn es macht die Seelen frei und großzügig. Mühe und Arbeit aber kommt den Sklaven und Elenden zu, deshalb ist deren Seele kleinlich und gedrückt." Athenaios zitiert den Komödienschreiber Alexis mit den Versen: „Wer reich ist, sollte leben, dass man 's sieht, / und das Geschenk der Gottheit deutlich machen, / denn Gott, der dir die guten Dinge gab, / will, dass man sich dafür ihm dankbar zeigt. Doch wer sein Gut versteckt und sagt, er habe, / nur wenig, der erscheint ihm undankbar, / nicht wie ein freier Mann, und schleunig wird / er von ihm nehmen, was zuvor er gab." Aristobalus erwähnt eine Statue des Sardanapalus in Anchiale, deren rechte Hand wie leichtfertig mit den Fingern schnippt. Die Inschrift lautete: „Sardanapalus, der Sohn des Anacyndaraxes, errichtete Anchiale und Tarsus an einem einzigen Tag. Iß, trink und vergnüge dich, denn alles andere ist bedeutungslos."

Kein Zweifel, *this was a man's world*: „Die Hetären haben wir zum Vergnügen, die Konkubinen für die täglichen Bedürfnisse, die Ehefrauen zur Erzeugung echtbürtiger Kinder und als verläßliche Bewacherinnen unseres Besitzes" (Apollodorus). Hier spricht allerdings ein reicher, ein sehr reicher Mann. Die in Mietshäusern lebenden Normalsterblichen konnten sich nicht einmal Konkubinen leisten, geschweige denn die sündhaft teuren „Freundinnen" (Hetären), deren Geschäftssinn Aristainetos eine Stimme verleiht: „Eine Flöte wird uns nicht geneigt machen, mit der Leier wird uns keiner locken ... Gewinn ist unser einziger Erwerbszweck ... dachtet ihr denn, mich so leicht zu überrumpeln wie ein Mädchen, das in der Liebe unerfahren und in die Geheimnisse Aphrodites noch nicht eingeweiht ist? Ihr liebt Schönheit, ich Mammon – gut, lasst uns vorbehaltlos unser beiderseitiges Verlangen befriedigen!"

> *Wein macht den Kopf schwer, Bier betäubt.*
>
> Aristoteles

Man kann die gesellschaftliche Stellung der Hetären nicht mit der moderner Edelprostituierten vergleichen, eher mit der japanischer Geishas. Sich in der Öffentlichkeit mit ihnen zu zeigen erregte keinen Anstoß und wurde nicht als Ehebruch gewertet. Es gab Hetärenschulen, in denen gute Umgangsformen, elegante Bewegungen, Musik, Tanz und andere schöne Künste gelehrt wurden. Die Damen hatten überall Zugang, konnten mühelos geistreiche Gespräche führen, egal worüber: Kunst, Philosophie, Politik. Ihnen wurden Statuen auf öffentlichen Plätzen errichtet, sie waren die Megastars der Antike. „Bei dem großen Fest von Eleusis und bei dem des Poseidon legte Phryne", so Athenaios, „vor den Augen aller versammelten Hellenen das Obergewand ab, löste ihr Haar und trat so in die See. Nach ihr malte Apelles die aus dem Meer auftauchende Aphrodite. Der Bildhauer Praxiteles, der sie liebte, formte nach ihr die Aphrodite von Knios." Solche „Göttinnen" konnte sich nur die Elite leisten; immer wieder ist von Senatoren oder Feldherren die Rede, die ihre Ehefrauen verstießen, sich für eine Hetäre ins Unglück stürzten und ihr ganzes Vermögen durchbrachten: „Was soll man von Demosthenes groß reden? Was er in einem ganzen Jahr geschafft hat, geht mit einer einzigen Frau in einer einzigen Nacht drauf", heißt es bei Athanios. Für den lüsternen Durchschnittsgriechen oder -römer gab es nur die kasernen-

**Libido**
Sigmund Freud zufolge ist das gesamte psychische Geschehen durch unbewusste Triebwünsche bestimmt, die auf Befriedigung und Vermeidung von Unlust zielen. Ursprünglich erachtete er die Libido, die mit der Sexualität einhergehende Triebenergie beziehungsweise den Eros, als Hauptantrieb menschlichen Verhaltens. Später stellt er der Libido den Todes- oder Destruktionstrieb (Thanatos) als Widerpart entgegen.

artigen Bordelle und die Straßendirnen (altgriechisch *pornai*) mit den üblichen Risiken von Gewalt und Ansteckung.

Unter den Vornehmen und Begüterten herrschte ein „maßloser Ehrgeiz, einander in der Kunst zu überbieten, das Leben angenehmer und wollüstiger zu gestalten. Diesen Wetteifer trieben sie, wie wir hören, so weit, dass sie ankommende Fremde befragten, wie bei dem anderen das Haus eingerichtet sei ... und dergleichen mehr, und dass sie dabei nur den einen Wunsch hatten, den Rivalen an Pracht und Üppigkeit zu überbieten." Solche Prachtentfaltung war natürlich äußerst kostspielig und eigentlich nur Kaisern und orientalischen Potentaten vorbehalten, aber die Reichen orientierten sich an deren Luxus und den Klatschgeschichten, die über deren Gelage an die Öffentlichkeit drangen. Gelage ist das passende Wort: Man nahm im Kreise seiner Sklaven in schummrig erleuchteten Räumen vornehmer, weitläufiger Herrenhäuser auf bequemen Liegen Platz und harrte der Einfälle des Gastgebers. Eine Orgie geschah wie ein Naturereignis. Es handelte sich auch, Ausnahmen bestätigen die Regel, keineswegs um ein Übereinanderherfallen der Gäste, sondern um bezahlte Dienstleistungen eigens bestellter Lustdiener und -dienerinnen, die erst dann allmählich zum Einsatz kamen, wenn das Ambiente stimmte, eine gewisse sinnliche Aufheizung durch das kulinarische Angebot, durch Musik, Tänze und fantasievolle Darbietungen gelang.

Zunächst wurde dem Teilnehmer, sobald er sich auf dem Speisesofa niedergelassen hatte, ein Schreibtäfelchen mit einer Liste der vom Küchenchef vorbereiteten Gerichte überreicht. Die kulinarische „Überraschung" des Abends, die so üblich war, dass von einer Überraschung eigentlich nicht mehr die Rede sein konnte, wird von Petron, aber auch schon von Hippolochus beschrieben: „Dann trägt man eher ein ganzes Vermögen als ein Gericht herein, ein silbernes, dick vergoldetes Tablett, groß genug, um ein ganzes gebratenes Schwein zu fassen – und zwar ein ungewöhnlich großes. Das lag auf dem Rücken und streckte seinen offenen Bauch nach oben, der voll war von vielen Köstlichkeiten. Da gab es mit ihm gebratene Drosseln und Enten und eine unbegrenzte Menge von Singvögeln und über Eier gegossenen Bohnenbrei und Austern und Kamm-Muscheln. Und jedem Gast wurde dieser ganze Turmbau zusammen auf dem Tablett dargeboten." Für solche Völlereien, die bald schon als ordinär und neureich in Verruf gerieten, entstand wohl auch das Rezept für die lukullische Olive: Eine Olive wird in eine Sardine gesteckt, die Sardine in eine Wachtel, diese in ein Täubchen und dieses wiederum in ein nächstgrößeres Tier, bis ein ganzer Ochse sich am Spieß dreht; von all dem Fleisch rührt der für seine rauschenden Feste bekannte römische Senator und Feldherr Lukull nichts an, auf seinem Teller befinden sich lediglich mehrere der besagten Oliven, die er gelangweilt verzehrt. Kaiser Vitellius pflegte ein von ihm selbst kreiertes Gericht zu reichen, das er den „Schild der Minerva" nannte. Es bestand aus Lebern von Papageienfischen, Gehirnen von Fasanen und Pfauen, Flamingozungen und den Innereien von Neunaugen. Agatharchides von Knidos berichtet, dass man Alexander dem Großen bei einem Gastmahl zum Nachtisch mit Gold überzogenes Naschwerk servierte. „Wenn sie es verzehrten, rissen sie die Goldhülle ab und warfen sie wie den übrigen Abfall weg, damit die Gäste Zeugen ihrer Verschwendungssucht würden, die Sklaven aber Nutznießer."

Gaumenfreuden waren nicht etwa der Auftakt zum „wichtigeren" Teil des Abends, der Sinneslust, sondern rangierten durchaus gleichwertig und wurden von nicht wenigen sogar höher geschätzt – auch die Zunge feierte Orgien.

In Alkiphrons *Brief von einer Unbekannten an Bakchis*, in dem ein junges Mädchen eine idyllische Orgie unter freiem Himmel auf dem Landsitz eines Freundes beschreibt, nimmt die Schilderung der Speisenfolge ungleich mehr Raum ein als die der Intimitäten: „Nachdem wir nun ein wenig das Liebesspiel genossen hatten ... wurde wieder getafelt: Vögelchen, die man in Schlingen fängt, und Rebhühner, sehr süße Mosttrauben und Hasenrücken, ferner Muscheln und Schnecken ... Pilze, die an den Erdbeerbäumen vorkommen, zur Magenstärkung Wurzelsalat mit Essig und Honig, und zum Schluss unsere Lieblingsspeise – Lattich und Sellerie ... Als wir so mit dem frischen Gemüse unseren Magen wieder in Ordnung gebracht hatten, zechten wir mit solchem Übermut weiter, dass wir jegliche Scheu voreinander abstreiften und von der Liebe offen Besitz ergriffen ... ich hasste den Hahn des Nachbarn, der uns mit seinem Gekrächz die Weinstimmung verscheuchte."

> *Das Leben zu genießen und es auszukosten, ist ein Zeichen von Freiheit.*
>
> Herakleides Pontikos

Gewiss, den Wein, dessen aufreizende Wirkung in die gewünschte Richtung lenkte, aber auch zu unliebsamen Störungen und Zwischenfällen führen konnte, sollte der Gastgeber vorsichtig, das heißt zunächst in Maßen und verdünnt, servieren lassen. Zu vorgerückter Stunde scheint man allerdings bereits die Devise des Whiskytrinkers Churchill vorweggenommen zu haben: „nach dem sechsten Glas etwas kürzer zu treten und das Sodawasser wegzulassen". Wein gab es in vielen Rebsorten und kalt musste er sein: „Niemand wär wohl einverstanden, / wollte man ihm seinen Wein / lau kredenzen. Nein, er fordert / vielmehr ganz im



**dionysisch/apollinisch:**
ursprünglich von Friedrich W. J. Schelling eingeführtes und von Friedrich Nietzsche popularisiertes Gegensatzpaar. Apollinisch (in Anlehnung an den Gott der sittlichen Reinheit und Mäßigung Apoll) steht dabei für das klar Geistige, Geordnete und Maßvolle. Dem entgegengesetzt ist das Dionysische (in Anlehnung an den Gott des Weines und der Ekstase Dionysos) als Inbegriff des Leidenschaftlichen, Rauschhaften, Heroischen. Schelling sah in der Gleichzeitigkeit von Nüchternheit und Trunkenheit die wahre Form der Poesie, Nietzsche zufolge finden diese gegensätzlichen Prinzipien des menschlichen Daseins eine Synthese in der griechischen Tragödie.

Gegenteil / Wein gekühlt in tiefem Brunnen, und dazu mit Schnee gemischt“ (Strattis), der mühevoll aus den Bergen herangeschafft werden musste.

Zum vollendeten Wohl der Teilnehmer gehörten neben Essen und Trinken auch Farben und Gerüche. Die Räume waren mit mythologischen und lasziven Motiven und Statuen der jeweils tonangebenden Künstler geschmückt, „Anleitungen zur Wollust“, deren Realismus bald die Bilderstürmer des frühen Mittelalters auf den Plan rief – nicht auszudenken, was an Kunstwerken dem christlichen Fundamentalismus zum Opfer fiel! Noch viele Jahrhunderte später wurden pompejanische Fresken zerstört oder ins „Geheimkabinett“ des Museums von Neapel verbannt. Hier, im Hause unseres imaginären Gastgebers, entfalten sie noch ihren silbrigen Glanz, im Schein von Ampeln und unzähligen, flackernden Öllämpchen in Phallusform, die ihre Details unaufdringlich aus dem Dunkel heben. Schüsseln, Kannen und Tafelaufsätze prangen auf Tischen mit Bocksbeinen. Offene Flakons mit kostspieligen, manchmal aufdringlichen Parfüms durchwirken die Nacht, aber noch mehr der Duft von Blütenblättern, die den Marmorfußboden in Schichten bedecken, bei Kleopatra am vierten Tag ihres Banketts für Antonius „von mit ungeheurem Kostenaufwand beschafften Rosen in Höhe einer Elle“ (Athenaios).

Vor solcher Kulisse spielte sich das sorgfältig choreografierte Programm ab. Die „tief verschlungene Kunst der Musik“ (Eupolis) gehörte selbstverständlich dazu: „Bei Gott, Musik ist ganz wie Afrika / das jedes Jahr ein neues Tier gebiert“ (Anaxilas). Sänger und Sängerinnen, zu besonderen Anlässen, etwa Hochzeiten, Chöre von bis zu hundert Stimmen, Zitherspielerinnen, Harfenmädchen, Flötenbläserinnen, viele unterschiedliche Schlagzeuger, rhodische Sambyke-Spielerinnen (ein hellklingendes, viersaitiges Instrument) sorgten für einen melodischen Klangteppich, der sich immer wieder zu ekstatisch-rhythmischen Tänzen steigerte, an denen oft auch die Gastgeber teilnahmen. Von diesen Tänzen waren besonders der *Cordax* und die *Sicinnis* berühmt-berüchtigt, bei denen man sich wie bei einem Striptease der Kleider entledigte und in aufreizenden Posen bewegte. Dies musste jedoch zugleich „untadelig“ (Lucian von Samosata), anmutig und elegant geschehen, es gab strenge Regeln für die Schritte und Gesten, und es kam vor, dass sich ein allzu berauschter Zecher, der beim Tanz auf despektierliche Weise die Selbstkontrolle verlor, ins gesellschaftliche Abseits beförderte.

Unter anderen erwähnt Theopompos, dass die hübschesten Musikerinnen und Tänzerinnen auch für Liebesdienste zur Verfügung standen, natürlich nicht umsonst, sondern meist auf Kosten des Gastgebers. „Die Tänzerinnen“, schreibt Hippolochus, „waren als Nereiden und Nymphen verkleidet ... Danach kamen Phallosträger und Clowns und nackte Artistinnen, die zwischen Schwertern ihre Künste zeigten und Feuer aus dem Munde strömen ließen ... nun nimmt uns wieder ein fast unverdünntes Getränk gefangen ... Als das Trinken weiterging und es allmählich dämmrig wurde, wurden die Vorhänge aus weißem Leinen, mit denen der Raum rings umkleidet gewesen war, aufgezogen. Da sie verschwanden und die Wände sich durch eine verborgene Mechanik öffneten, wurden Fackeln sichtbar. Man erblickte Eroten und viele Figuren in der Gestalt von Artemis, Hermes und ähnlichen, die die Fackeln in silbernen Händen hielten. Während wir noch die raffinierte Erfindung bestaunten, wurden Wildschweine, wahrhaft von der Größe des erymanthischen Ebers, auf goldgeränderten viereckigen Tabletts, von silbernen Spießen durchbohrt, aufgetragen ...“

## Tödlicher Überfluss

Athenaios berichtet vom „süßen und verlockenden, zarten Klang“ von Wasserorgeln (*hydraulis*), „wie Rundaltäre gebaut“, die auch bei den Zirkusspielen zum Einsatz kamen. Die beliebtesten Instrumente aber waren neben den beiden Leiern, der Lyra und der Kithara, offenbar Flöten in den verschiedensten Formen und Materialien, aus Knochen, Holz, Elfenbein oder Metall, darunter auch die Syrinx aus Schilfrohr. Aristoteles erzählt, dass man „in Etrurien noch zu seiner Zeit die Sklaven unter Flötenklängen zu peitschen pflegte“ (Pollux).

Eine Variante von Eros und Thanatos (siehe Erläuterung zu „Libido“), deren Zusammenspiel fast immer mitschwang, ist auch folgende Überlieferung: Als Dionysius der Jüngere, der Tyrann von Sizilien, nach langen Kämpfen seinen Geburtsort Locris einnahm, ließ er das größte Haus der Stadt mit Rosen und wildem Thymian anfüllen, um sich mit den jungen Frauen der Stadt, einer nach der anderen, auf die schändlichste Weise zu vergnügen. Strabo berichtet, dass man Tauben mit geschlitzten Flügeln in der Halle habe kreisen lassen, und „dass die armen Mädchen zur Belustigung des Tyrannen nach den Vögeln haschen mussten, mit sehr verschieden hohen Absätzen ihrer Sandalen. Bald darauf aber, nachdem die Gatten und Väter der missbrauchten Mädchen die Oberhand zurückgewonnen und Frau und Töchter des Dionysius in ihre Gewalt gebracht hatten, ließen sie diese vor aller Augen die obszönsten Handlungen begehen, bevor sie ihnen Nadeln unter die Fingernägel trieben und schließlich umbrachten."

Im ersten Jahrhundert nach Christus in Rom zu leben und prominent oder sehr reich zu sein oder ein hohes Amt zu bekleiden, konnte lebensgefährlich werden. Als Caligula einmal während eines Gastmahls in einen unkontrollierten Lachkrampf ausbrach und die anwesenden Konsuln sich höflich nach dem Grund seiner Heiterkeit erkundigten, sagte er: „Weil es nur eines Kopfnickens von mir bedarf, euch allen die Kehlen durchschneiden zu lassen."

Der Senator Petron, der die Nacht gern zum Tage machte und dem wir die Schilderung des Gastmahls des Trimalchio (in seinem satirischen Roman *Satyricon*) verdanken, wurde von Nero wegen seines Talents zum Müßiggang und seinem verfeinerten Geschmack zum *arbiter elegantiae* ernannt, das heißt, er war fortan als Organisator für die Lustbarkeiten des Kaisers zuständig. Wie schon Caligula liebte es Nero, ausschweifende Gelage auf seinen *deceres liburnicae* zu feiern, gigantischen, mit Gold und Elfenbein ausgelegten Palastschiffen mit Bädern, Säulenhallen und *triclinia*, den Speisesofas. Man konnte diese Luxusjachten schon von Weitem an der Musik erkennen, die von ihnen zur campanischen Küste hallte oder zum Golf von Bajä, in deren Nähe sie stets entlanggerudert wurden – nicht selten auch an Neros eigener „himmlischer Stimme", die allerdings, Sueton zufolge, eher „schwach und dumpf" geklungen haben soll. Die Ruderer waren Favoriten des Kaisers, „eingeteilt nach Alter und Erfahrung in der Unzucht." Nach Petrons ausgeklügelter Dramaturgie kam irgendwann ein „Lustgestade" in Sicht, das man anlief. Dort stieß man auf kunstvoll gestaltete mythologische Landschaften voller Grotten und kleiner Tempel, wo bereits Hunderte von Nymphen und Najaden – sowohl ausgesuchte Dirnen wie römische Damen der besten Gesellschaft – in Gewändern aus Kos, Satyrn, Silene und Muschelhörner blasende Tritonen der Ankunft der Gäste harrten. Nach Einbruch der Dämmerung waren diese Gärten raffiniert illuminiert; gewiss nicht von brennenden Christen, obwohl Nero zu anderer Gelegenheit seine Parkanlagen in Rom für ein solches öffentliches Schauspiel hergab, so Tacitus.

*Iß, trink und vergnüge dich, denn alles andere ist bedeutungslos.*

Herakleides Pontikos

Ähnlich makaber berichtet Cassius Dio über Domitian: „Er hatte in einem Zimmer Decke, Wände und Fußboden ganz schwarz ausschlagen und mit Bänken von gleicher Farbe und ohne Polster versehen lassen. Jetzt wurden die Ersten vom Senat und vom Ritterstand bei Nacht ganz allein, ohne alles Gefolge hereingeführt. Dann wurden neben jedem eine Säule, wie bei Gräbern, auf der eines jeden Name stand, mit einer kleinen Lampe hingestellt, wie man dergleichen in Grüften aufzuhängen pflegt. Hieraus erschienen wohlgestaltete nackte Knaben, auch schwarz angestrichen, wie Gespenster, umzogen dieselben in schauerlichem Tanz und stellten sich dann zu den Füßen der Einzelnen auf. Nun wurde alles, wie es bei Totenmählern gebräuchlich ist, gleichfalls schwarz in schwarzen Gefäßen aufgetragen. Alle zitterten und bebten und erwarteten jeden Augenblick den Todesstreich; zumal da Totenstille herrschte und Domitian allein und auch nur von Dingen sprach, die auf Mord und Totschlag Beziehung hatten. Endlich entließ er sie zwar, hatte aber vorher ihre Diener, die im Vorhof standen, weggeschickt und ließ sie von ganz unbekannten Menschen im Wagen fortfahren oder in Sänften davontragen, wodurch ihre Furcht noch gesteigert wurde. Endlich war jeder zu Hause angekommen und fing an, sich von seinem Schrecken zu erholen, da meldete man Botschaft vom Kaiser an. Nun dachte jeder wieder, es schlüge seine Todesstunde; da brachte einer eine silberne Säule, ein anderer dies oder jenes, ein Dritter eines der beim Gastmahl aufgestellten Geschirre, von hohem Wert und mit feinstem Geschmack gearbeitet, herein, und zuletzt noch den Knaben, der als Genius fungiert hatte, säuberlich gewaschen und geputzt. So bekamen sie denn Geschenke für die Todesangst, die sie die ganze Nacht über ausgestanden hatten."

Der Scherz funktionierte natürlich nur, weil Domitian immer wieder gerne Männer von Stand willkürlich hatte hinrichten und ihr Vermögen einziehen lassen. Wer zu einem Gastmahl, einem Gelage, einer Orgie oder, leicht möglich, zu allen dreien eingeladen wird, sollte also möglichst darüber Bescheid wissen, welche Art von Humor sein Gastgeber hat.

Frank T. Zumbach lebt als freier Schriftsteller und Übersetzer in der Nähe von München.



**Anmerkung:**

Die Nachweise der einzelnen Textstellen finden Sie im Internet auf www.derblauereiter.de (siehe dort unter Ausgabe 36).

Elena Esposito

# Kann der Luxus „in“ sein?

## Geschmack und Vergänglichkeit in Mode und Gesellschaft

**Luxus, Mode und Gesellschaft sind zweifellos miteinander verbunden, und sei es nur, weil ohne einen Bezug auf die Gesellschaft weder der Luxus noch die Mode einen Sinn haben. Aber die Beziehungen sind komplex: Mode ist nicht unbedingt Luxus und Luxus ist fast nie modisch, oft ist er sogar die Negation der Mode, ihrer Mehrdeutigkeiten und Paradoxien. Obwohl Mode die Gesellschaft braucht, gilt: Nicht jede Gesellschaft braucht die Mode.**

Luxus hat immer eine soziale Komponente. Ein Objekt ist ein Luxusobjekt nicht einfach, weil es von guter Qualität ist (die Zuschreibung Luxus ist keine Garantie für die Qualität eines Guts) – es braucht weitaus mehr. Der Luxus bezieht sich einerseits auf den Preis, der wiederum auf Knappheit rekurriert, das heißt auf die Verfügbarkeit für die anderen. Neben der Exklusivität des Zugangs ist vor allem der Eindruck entscheidend, den das Objekt auf uns selbst und auf andere macht. Luxusartikel genießt man für das, was sie an Annehmlichkeiten anbieten. Man genießt sie aber auch, weil man bei ihrem Genuss beobachten kann, wie man von den anderen beobachtet wird. Andernfalls wären es nur Güter, keine Luxusgüter. Gerade deshalb wird Luxus mitunter auch gemieden – das Risiko des schlechten Geschmacks ist mit dem Luxus aus genau den gleichen Gründen verbunden, die ihn faszinierend machen. Und nicht immer wollen wir beobachtet werden.

der blaue reiter

Auch die Mode hat eine grundlegende soziale Komponente. Wie außer durch die Tatsache, dass sich auch die anderen an die Vorgaben der Mode gebunden fühlen, sollte man auch erklären, dass wir uns an etwas orientieren, an das wir nicht glauben und auf dessen Entwicklung die meisten keinen Einfluss haben? Wir folgen der Mode nicht, weil wir denken, dass sie schön ist. Oft wird sogar das explizit Hässliche modisch; man denke nur an Teenager-Moden wie zum Beispiel die Kleidung und Accessoires der Punker aus den 1970er-Jahren. Unzählige „modische“ Elemente dieser vormals viel geschmähten Protestkultur sind heute unverzichtbarer Bestandteil der Mainstream-Mode. Wir orientieren uns auch nicht an der Mode, weil wir denken, dass sie bequem, rational oder in sonst einer Art und Weise günstig ist. Würden wir vernünftigen und plausiblen Kriterien folgen, könnten wir erwarten, dass die Kriterien, an denen sich die Mode orientiert, dauerhaft stabil bleiben. Genauso, wie sich die Kriterien für Wahrheit und Gerechtigkeit nicht von Tag zu Tag ändern, und wenn doch, dann nur aus guten Gründen. Aber die Mode ändert sich ohne Grund – genau das ist ihre Natur und der Grund, weshalb wir ihr folgen. Wir wissen sehr gut, dass das, was uns heute fasziniert, weil es modisch ist, uns letztes Jahr gar nicht gefiel und in einem Jahr nicht mehr gefallen wird (oder in drei Monaten oder in drei Wochen, nach dem sich beschleunigenden Tempo einer Mode, die genau in dem Moment „out“ wird, in dem sie „in“ geworden ist). Wir folgen der Mode nicht nur obwohl wir wissen, dass sie sich ändern wird, wir folgen ihr gerade weil sie sich beständig ändert. Die Vergänglichkeit ist die Hauptattraktion der Mode. Daher ist sie weder mit einem klassischen noch mit einem funktionalen Stil vereinbar. Das dauerhaft Schöne ist nie modisch – außer in einer hyperbolischen, das heißt bewusst übertreibenden Herausforderung ihrer Paradoxie. So wurden Tattoos gerade aufgrund deren Verweigerung der Vergänglichkeit, sprich deren Dauerhaftigkeit modisch und kommen, den Gesetzen der Mode entsprechend, gerade wieder aus der Mode.

*Mode ignoriert souverän den schlechten Geschmack.*

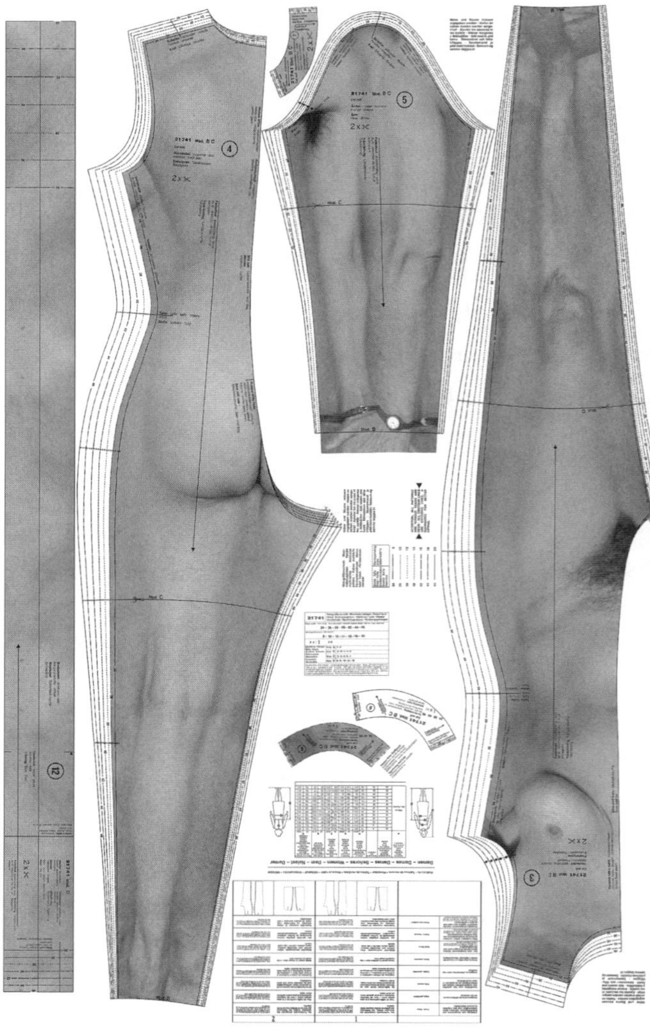

Abbildung:
**Umbruch**
Alba D'Urbano,
Diasec, 150x100 cm,
1994–1997

In ihrer Unvernünftigkeit signalisiert die Mode in indirekter und sehr komplizierter Weise unsere Teilhabe an der Gesellschaft. Gäbe es Gründe der Mode zu folgen, würde die Ausrichtung an ihren jeweiligen Vorgaben etwas über die Person und ihre in Anschlag gebrachten Kriterien verraten. Aber die Mode ändert sich ständig und sie ändert sich für alle. Über jeden von uns sagt sie nur, dass wir zur selben Gesellschaft gehören und das auch anerkennen.[1]

Mode interessiert uns, weil sie uns in Kontakt mit den anderen bringt – auch und gerade, wenn wir unsere Autonomie aufbauen wollen. Wir kennen und erkennen, wer wir sind, nur wenn wir uns selbst in den Augen der anderen sehen – wenn wir (aus unserer Sicht) sehen, wie die anderen uns beobachten. Aber dann sind wir nicht mehr wirklich autonom. Die Faszination der Mode, von Georg Simmel schon Anfang des letzten Jahrhunderts (Simmel 1905) beschrieben, liegt in ihrer Fähigkeit, die Grundparadoxie der Gesellschaft produktiv zu machen: sich auf andere zu beziehen, um sich selbst zu finden. Indem wir der Mode folgen, folgen wir Modellen und Vorgaben, die von allen anderen in der selben Gesellschaft auch befolgt werden und die eben in dieser gemeinsamen Orientierung ihre Zugehörigkeit erkennen.[2] Wir folgen alle den selben Modellen – nicht um den anderen gleich zu sein, sondern, um anders zu sein und unsere Andersartigkeit zum Ausdruck zu bringen.

Die modernen, überaus komplexen Gesellschaften treiben sowohl den Luxus als auch die Mode auf die Spitze, was sehr aufschlussreich für deren Selbstverständnis ist. Jeder moderne Mensch will unverwechselbar sein, will seine einzigartige Perspektive auf die Welt erkennen und entwickeln. Entsprechend folgt jeder der Mode auf seine Weise, indem er zum Beispiel ein Detail oder eine Kombination ändert – immer aber im Rahmen dessen, was zur Zeit gerade „in" ist. Denn jeder will von den anderen in seinem Anspruch auf Originalität anerkannt werden, will nicht einfach „seltsam" sein. Die Mode bietet jene Bezüge, die das ermöglichen.[3] Jeder möchte unverwechselbar sein und billigt den anderen den selben Anspruch und das selbe Recht zu – aber damit gleicht jeder just in diesem Anspruch den anderen: Jeder will anders sein, genau wie alle anderen auch.

Die Mode erlaubt es uns, diese Paradoxie zu leben, ohne auf die Absurdität dieses Anspruchs zu stoßen und ohne uns mit ihr auseinandersetzen zu müssen. Denn wir sind uns bewusst, dass die Mode sich beständig ändert. Bevor wir gezwungen sind zu erkennen, dass unsere Andersartigkeit derjenigen aller anderen gleich ist, ändern sich wieder die Vorgaben und wir wenden uns etwas anderem zu. Die zeitliche Veränderung überlappt die soziale Andersartigkeit und zwingt uns zu einer neuen Suche nach Differenzen, mit denen wir wiederum unserer (sehr flexiblen) Identität Ausdruck verleihen.

Diese Konstruktion mag absurd klingen, aber in der Tat drückt die Komplexität der Mode die Komplexität der modernen Gesellschaft aus. So wie die Mode eine soziale Referenz braucht, braucht die Gesellschaft

Abbildung:
**Display: Box**
Alba D'Urbano, Installationsfoto Messe Frankfurt, 1998
© VG Bild-Kunst

die Mode oder etwas Ähnliches, um mit den Paradoxien der persönlichen Identität und der Vergänglichkeit der Bezüge umzugehen. Unsere Gesellschaft beruht seit einigen Jahrhunderten auf einer schwierigen Verwaltung der Unterscheidung zwischen „öffentlich" und „privat", deren beide Seiten sich nicht negieren, sondern gegenseitig unterstützen. Es kann keine plausible Öffentlichkeit ohne überzeugende Autonomie der Individuen geben, die sich ihrerseits in der öffentlichen Debatte ausbildet und anerkennt (ein klassisches Thema der Frankfurter Schule: Habermas 1962). Die Stärkung der Dimension des Privaten verstärkt die Dimension des Öffentlichen und umgekehrt, auch und gerade, weil sie getrennt bleiben.

Etwas Ähnliches gilt für die heikle Beziehung zwischen Stabilität und Vergänglichkeit. Anders als alle vorherigen Gesellschaften sucht die moderne (*neu*zeitliche) Gesellschaft das Neue und wertet es auf, nicht so sehr als Negation dessen, was es zuvor gab (welches somit als „alt" abgewertet wird), sondern als Offenheit gegenüber der Zukunft und als Suche nach anderen Möglichkeiten. Wie aber können wir das sich Verändernde verstehen und Innovationen überhaupt erkennen? Eine absolute Neuheit, radikal anders als alles, was vorher da war, wäre völlig unverständlich und könnte nicht einmal wahrgenommen werden. Um geschätzt zu werden, muss das Neue auch „ein wenig" alt sein – oder mit anderen Worten: Die Vergänglichkeit muss irgendeine Form von Stabilität enthalten, muss ein Teil des „Alten" bewahren. Und genau das bietet die Mode: Sie ist ein Bezugspunkt in einer Welt, in der sich alles verändert außer der Tatsache, dass alles sich ändert. Die Veränderung ist die einzige stabile Referenz. Wir können uns auf die Veränderung verlassen und, wie in jeder Saison, fest damit rechnen, dass es für die kommende Saison wieder eine neue Mode geben wird.

In der Verwaltung dieser Paradoxien können wir die grundlegende Beziehung der modernen Gesellschaft zur Mode erkennen. Was sie gegenüber anderen Gesellschaftsformationen kennzeichnet, was den Grund ihrer Faszination und ihre Komplexität ausmacht, ist die Rolle der *Kontingenz* (von lateinisch *contingentia* für „Möglichkeit, Zufall") (Luhmann 1992). Nicht, dass Kontingenz eine moderne Entdeckung wäre: schon Aristoteles sprach darüber, und seit der Antike ist sie als eine der modalen Kategorien in der Logik untersucht worden – besonders schwer zu fassen und zu formalisieren. (In der Modallogik werden Aussagen und Schlüsse bezüglich der Möglichkeit und Notwendigkeit behandelt.) Kontingent ist alles, was weder unmöglich noch notwendig ist, von dem also nicht gesagt werden kann, dass es nie oder immer gilt. Kontingenz variiert je nach dem Kontext und den Umständen. Oder, operativ gesehen: Kontingent ist das, was ist, aber auch nicht sein oder anders sein könnte.

Während das Notwendige und das Unmögliche ein für alle Mal beschrieben und untersucht werden können, und das, was darüber gesagt wird, immer gültig ist, muss das Kontingente jedes Mal mit den Umständen abgeglichen werden – es gilt in einigen Fällen und in anderen nicht. Man kann nichts Endgültiges darüber aussagen. In der modernen Gesellschaft ist jede Referenz kontingent. Und genau das unterscheidet sie von der notwendigen Welt der traditionellen Gesellschaften, in denen eine Referenz, um gültig zu sein, für jeden immer und in jeder Situation gültig sein musste. Wie die scholastische Maxime sagt: *„ens et unum et verum ad bonum convertuntur"* (lateinisch für „Sein und Einheit und Wahrheit vereinigen sich im Guten"). Das heißt, es gibt nur eine einzige Ordnung, in der die Referenzen koordiniert sind und sich gegenseitig bestätigen, in allen Zeiten und unter allen Umständen. Wenn etwas gut oder richtig oder wahr ist, ist es immer und für alle gut oder richtig oder wahr. Diejenigen, die dies nicht erkennen, heucheln oder irren sich.

Unsere Welt ist radikal anders – mit allen Lasten und Vorteilen, die damit verbunden sind. Die Referenzen, auf denen unsere Gesellschaft in allen Bereichen beruht, von der Wissenschaft über das Recht bis zur Ästhetik, sind kontingent und gelten als solche. Sie könnten immer auch anders sein, wir wissen es, und gerade deshalb akzeptieren wir sie und folgen ihnen. Wissenschaftliche Wahrheiten werden als streng kontrollierte, aber vorläufige Aussagen präsentiert, die gerade deshalb gelten, weil sie durch den Fortschritt der Forschung bald überholt sein werden. Sie gelten heute, wissend, dass sie künftig aufgrund der Entwicklung des Wissens, das sie ermöglichte, nicht mehr gelten werden. Das Recht, die Grundlage aller unserer Regulierungssysteme, gilt nicht, weil es eine natürliche Gerechtigkeit spiegelt, die niemand kennt, sondern weil es Ergebnis einer Entscheidung, weil es positives Recht ist (positiv im Sinne von *positum;* von lateinisch *positum esse* für „beruhen auf"; im Zusammenhang: Positives, geltendes Recht beruht auf einer (zufälligen) Setzung, einer Entscheidung). Es hätte anders sein können und kann künftig geändert werden, aber bis dahin muss es respektiert werden. Unsere Gesetze sind nicht weniger gültig, weil sie hätten anders sein können, im Gegenteil, sie gelten gerade wegen ihrer Flexibilität. Weder ein unveränderliches Recht noch eine endgültige Wahrheit wären in unserer komplexen und unruhigen Gesellschaft plausibel.

Unsere Gesellschaft kann keine stabilen Referenzen akzeptieren, weil sie sich mit einer offenen Zukunft konfrontiert – einer Offenheit, auf die wir schwer verzichten könnten. Unsere Zukunft ist nicht im Voraus bestimmt, sondern hängt davon ab, was wir heute tun und wie wir sie gestalten. Dies führt zu Freiheit und Unsicherheit – und zur Volatilität (Unbeständigkeit) all unserer Referenzen. Wenn wir noch nicht einmal wissen, was morgen passieren wird, wie sollten wir in diesem Fall wissen können, was wir dann als wahr akzeptieren werden oder an welche Normen und Wertvorstellungen wir uns dann binden wollen? Wir brauchen flexible Referenzen, die sich mit der Zeit verändern können und auch dann noch gelten, wenn die Verhältnisse andere geworden sind: Das positive, das gesetzte Recht gilt immer, auch wenn sich die Gesetze ändern.

*Die Komplexität der Mode ist Ausdruck der Komplexität der modernen Gesellschaften.*

Die Mode drückt diese Bedingung der verbindlichen Vergänglichkeit in den individuellen Orientierungen aus – in der Kleidung, aber auch in allen anderen Bereichen, in denen es uns weniger bewusst ist. Wie La Bruyère schon im 17. Jahrhundert beklagte, entscheidet die Mode, wie wir uns kleiden und frisieren, aber auch was wir essen, wie wir miteinander umgehen, was wir lesen. Sie bestimmt sogar unsere philosophischen, moralischen und religiösen Entscheidungen. Alles könnte anders sein, aber die Mode gibt uns eine Orientierung.

Es ist nicht verwunderlich, dass La Bruyère, und mit ihm alle Denker seiner Zeit, die Mode als Wahn-

Abbildung:
**Display: Collection**
Alba D'Urbano,
Installationsfoto,
Stadtgalerie Kiel,
2004
© VG Bild-Kunst

sinn betrachteten, der nur durch seine Ausbreitung gemildert wird: Wenn alle verrückt sind, ist es besser „ein Narr in der Mode als ein Narr außer der Mode zu sein" (Kant 1798, §68). Und in der Tat ist die von der Mode angebotene Orientierung äußerst fragwürdig und bedarf einer komplexen Gesellschaft wie eben der Moderne. Selbst heute nach einigen Jahrhunderten finden wir es immer noch schwer, all die Nuancen und die Beweglichkeit der Haltung zu erfassen, welche die Mode impliziert.

Im Gegensatz zum Luxus gibt es so etwas wie Mode nicht in allen Gesellschaften. Vor der Moderne gab es nicht einmal das entsprechende Wort.[4] Erst zu Beginn des 17. Jahrhunderts beginnt man, im Französischen zum männlichen Begriff *le mode* den weiblichen *la mode* zu verwenden. Der Begriff *fashion* (französisch für „angesagt, trendy"; englisch für „Mode") überlagert den alten Begriff der „Machart". Es stimmt also nicht, dass jede Gesellschaft die Mode braucht. Für viele Gesellschaften wäre eine Orientierung an einer sich beständig wandelnden Mode nicht nur inakzeptabel – sie wäre völlig unverständlich. Alle Gesellschaften kennen aber den Luxus – eine Art, bestimmte Gegenstände und Praktiken über den gängigen Alltag zu erhöhen und auf einen begrenzten Kreis von Personen einzuschränken – aufgrund des Status, der Verfügbarkeit von Geld, der Abstammung oder anderer nicht generalisierbarer Faktoren. Während die Mode Kontingenz und Wandel ausdrückt, manifestiert der Luxus Stabilität und Uniformität. Ein Luxusartikel existiert in seiner Art für alle, unabhängig davon, ob er gefällt oder nicht, ob Menschen ihn wollen oder andere beneiden, die ihn besitzen. Ein Luxusartikel bleibt im Wandel der Zeiten ein Luxusartikel, jenseits aller Änderungen der Moden. Er verleiht seinem Besitzer einen klaren und erkennbaren Status – obwohl möglicherweise nicht jeder ihn will.

Nicht zufällig ist Luxus in der Regel durch einen eindeutigen Indikator gekennzeichnet: einen hohen Preis. Ein Luxusartikel ist nicht nur schön oder von guter Qualität (immer fragliche Eigenschaften) – er ist vor allem teuer. Auch darin unterscheidet sich der Luxus von der Mode, die sich von Anfang an der sozialen Hierarchisierung entgegengestellt hat: Die Mode entwickelt sich nicht von oben nach unten, sondern eher von unten nach oben. Die verbreitetsten Moden kommen von der Straße, aus dem Fischer-, Matrosen- und Holzfällermilieu oder aus der Kultur großstädtischer Gangs – wie es schon im 17. Jahrhundert Bäuerinnen- oder Wäscherinnen-Moden gab. Einmal in den Kreislauf des Konsums gebracht, können Modeobjekte auch sehr teuer werden, aber das ist nicht der Grund, der sie attraktiv macht.

Aus dieser Sicht ist Luxus keine Form und kein Aspekt der Mode – er ist eher ihre Negation. Ein modischer Gegenstand kann Ausdruck von Luxus sein, aber Luxus selbst ist nicht modisch. Mit ihrem Zwang nach Vergänglichkeit und Kontingenz kann Mode nicht an die festen und eindeutigen Kriterien des Luxus gebunden werden. Und in der Tat straft sie diese Kriterien mit der Erbsünde des Luxus, die diesen in all seinen Formen bedroht: dem Vorwurf des schlechten Geschmacks, welchen die Mode souverän ignoriert. Auch wenn die Mode vulgäre Formen annimmt, was sie oft tut, sublimiert sie diese sofort in ihrem höheren Selbstbewusstsein – sie ist nicht ernst, es ist nur Mode. Die Mode leugnet und bestätigt sich zugleich. Sie überlässt dabei dem Luxus die Last der Ernsthaftigkeit – was die teure Uhr oder das elegante Hotel zu vermeiden suchen, aber nie vollständig neutralisieren können. Luxus funktioniert nur, wenn er sich selbst verschleiert, wenn er sich hinter der Exklusivität des Ortes oder der

**Moderne/Postmoderne**
Mit Moderne wird zumeist der Zeitraum des 18. und 19. Jahrhunderts bezeichnet, in dem grundsätzliche Umwälzungen in allen Bereichen des Lebens stattfanden. Geistesgeschichtlich gehören dazu die Aufklärung, politisch die Französische Revolution, ökonomisch die Industrialisierung. Der Begriff Postmoderne verleiht der Annahme Ausdruck, dass die als modern bezeichnete Periode abgelaufen sei. Die Postmoderne wird vor allem als Abschiedserklärung an die alle Lebensbereiche umfassenden Großtheorien wie Christentum, Marxismus, Feminismus... verstanden, welche für eine letztlich nicht erklärbare Erfahrungswirklichkeit vereinheitlichende Erklärungsmuster bereitstellen.

Ausgewähltheit seiner Materialien versteckt. Dann funktioniert er gut, wie seine immer schwerfälligere Präsenz selbst in unserer postmodernen Gesellschaft zeigt (siehe Erläuterung). Wenn aber der Luxus sich als Luxus präsentiert, ist der Vorwurf des schlechten Geschmacks unvermeidlich – derjenigen Strafe, mit der die Gesellschaft den Versuch sanktioniert, das grundlegende Prinzip der Kontingenz zurückzuweisen (oder noch schlimmer, zu ignorieren).

Elena Esposito ist Professorin für Soziologie an der Universität Modena und Reggio Emilia. Unter anderem studierte sie bei Umberto Eco und Niklas Luhmann.

### Anmerkungen:

1. Auch die Ablehnung der Mode, wie Jean de La Bruyère (1645–1696) bereits beobachtete, ist eine indirekte Anerkennung ihrer Macht. Wer der Mode nicht folgen will, verwendet viel Energie und Aufmerksamkeit darauf und ist in seinen Entscheidungen stark eingeschränkt. Jeder, der einmal versucht hat, ein Kleidungsstück jemand „Unmodischem" zu schenken, weiß, dass es fast immer nicht getragen wird. Die Ablehnung der Mode bedeutet nicht Indifferenz, sondern extreme Aufmerksamkeit – in umgekehrter Richtung.
2. Um zu verstehen, wie stark die Bindung ist, reicht es aus zu beobachten, wie sehr man zum Beispiel Italiener im Ausland erkennt.
3. Viele modische Slogans sind Variationen des Mottos: „Entdecke, wer du bist."
4. Natürlich gibt es in allen Gesellschaften Kleidung und diesbezügliche Aufmerksamkeit. Die Mode impliziert aber das Bewusstsein der Kontingenz – der Tatsache, dass etwas gefällt, einfach deshalb, weil es „in" ist und solange es „in" ist, was viel unwahrscheinlicher ist.

### Zur Vertiefung empfohlen:

– Esposito, Elena: Die Verbindlichkeit des Vorübergehenden. Paradoxien der Mode. Suhrkamp, Frankfurt am Main 2004

### Literatur:

– Balzac, Honoré de: Pathologie de la vie sociale: Traité de la vie élégante, Théorie de la démarche, Traité des excitants modernes. Deutsch: Pathologie des Soziallebens. Herausgegeben von Edgar Pankow, aus dem Französischen übertragen von Christiana Goldmann. Reclam, Leipzig 2002
– Habermas, Jürgen: Strukturwandel der Öffentlichkeit. Luchterhand, Neuwied 1962
– Kant, Immanuel: Anthropologie in pragmatischer Hinsicht. In: Werkausgabe, Band XII. Suhrkamp, Frankfurt am Main 1988
– La Bruyère, Jean de: Les Caractères ou les moeurs de ce siècle. 1688b. In: Lafond, Jean (Hrsg.): Moralistes du XVIIe Siècle. Laffont, Paris 1992, Seite 693–968
– Luhmann, Niklas: Kontingenz als Eigenwert der modernen Gesellschaft. In: Beobachtungen der Moderne. Westdeutscher Verlag, Opladen 1992, Seite 93–128
– Simmel, Georg: Die Mode. In: Philosophische Kultur. Gesammelte Essays. Klinkhardt, Leipzig 1911

Kristian Köchy, Martin Böhnert

# Das eierlegende Wollschwein und der Pfau

## Nützlichkeit versus Selbstdarstellung in der Natur

**In einem dem Schriftsteller Ludwig Renn zum 70. Geburtstag gewidmeten Gedicht wird die vielleicht bekannteste aller Züchterfantasien thematisiert, das eierlegende Wollschwein: „Was wir brauchen, ist ein Schwein, / Das Merinowolle trägt / Und dazu noch Eier legt. / Das soll Ihre Züchtung sein!"[1] Dieses Hybrid-Nutztier hat sich als Redewendung für etwas, das „nur Vorteile bringt, alle Bedürfnisse befriedigt, allen Ansprüchen genügt" etabliert und steht für das Ideal einer effizienten Überflussproduktion. Interessant ist, dass wir dem Gedicht folgend ein solches Tier nicht in der Natur finden, sondern sein überfließender Luxus gezüchtet werden muss. Während die menschliche Kunst mit dem eierlegenden Wollschwein auf ein Produkt des Überflusses zielt, bleibt die Natur sparsam. Sie verteilt die erwünschten Eigenschaften auf drei Tiere.**

Das eierlegende Wollschwein ist ein Beispiel für die Übertragung ökonomischer Größen wie Sparsamkeit und Verschwendungssucht auf die Natur. Es steht auch für deren Rückübertragung aus der Natur als Richtmaß für unser Handeln und verdeutlicht zugleich, dass bei solchen Übertragungen Vorsicht zu walten hat, weil menschliche Kunst – und Wirtschaften gehört dazu – möglicherweise anderen Regeln folgt als die Natur. Dennoch gehören die gegensätzlichen Überzeugungen, die Natur folge Regeln der Sparsamkeit oder sie ergösse ihre unerschöpflichen Güter wie ein Füllhorn über uns, zum Kulturbestand unserer Naturvorstellungen. Doch folgt die Natur wirklich einem Sparsamkeitsprinzip? Ist die Fülle der Lebensformen eines Korallenriffs, das natürliche Mannigfaltigkeitswunder, etwa nicht Ausdruck dafür, dass auch die Natur dem Luxus frönt? Können Verweise auf eine natürliche Überflussproduktion oder ihr sparsamer Umgang mit Ressourcen als Vorgabe für menschliches Handeln dienen? Ist die Natur dieser Art von Beurteilung entzogen?

### Die Sparsamkeit der Natur

Aristoteles (384–322 v. Chr.) ist nicht nur ein einflussreicher Philosoph, er stammt auch aus einer Dynastie von Medizinern. Aufgewachsen in einer kleinen Stadtrepublik an der nordöstlichen Küste Griechenlands, soll er sich von Jugend an leidenschaftlich für Meereslebewesen interessiert haben. Zurecht gilt er noch heute als Gründervater der Biologie. In seiner zoologischen Schrift über die Teile der Tiere (*De partibus animalium*) beschäftigt er sich systematisch mit den Aufgaben der Gliedmaßen und Organe. An einer Schlüsselstelle, in der es um die Ausstattung der Tiere mit Zähnen oder Hörnern geht, wird das für Aristoteles geltende Sparsamkeitsprinzip erkennbar. Für ihn bevorzugt die Natur stets den Weg des geringsten Aufwandes bei größtem Nutzen. Sie erschafft nichts, was entbehrlich wäre.

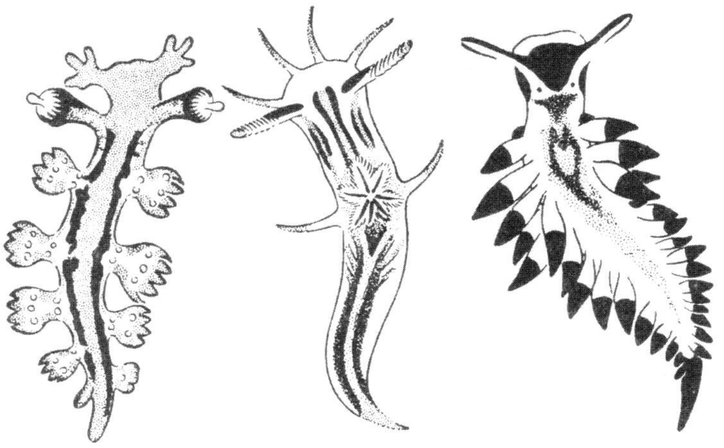

Abbildung: **Die Wunderschnecken** Zeichnung von Sabine Bousani-Baur nach Skizzen von Adolf Portmann. Entnommen aus: Illies, Joachim: Das Geheimnis des Lebendigen. Leben und Werk des Biologen Adolf Portmann. Copyright © 1976 Kindler Verlag, München. Mit freundlicher Genehmigung der Nachlassverwalter von Adolf Portmann.

Zähne können bekanntermaßen der Nahrungszerkleinerung oder dem Angriff und Schutz dienen. Je nach Aufgabe besitzen sie ganz verschiedene Formen, die Aristoteles genau betrachtet und beschreibt: Reißzähne dienen zum Beißen und Hauer zum Stoßen. Nach Aristoteles existiert kein Tier, das beide Zahntypen besitzt, „weil die Natur nichts umsonst und überflüssig macht"[2].

Wieso wird hier von „umsonst" und „überflüssig" gesprochen? Warum wäre ein Gebiss, das sowohl Reißzähne als auch Hauer hätte, ein Produkt des Überflusses? Aristoteles' Ausführungen zum Gebiss sind das Ergebnis genauer Beobachtung und systematischen Vergleichs. Er berücksichtigt die Lebensweisen der Tiere und kennt die verschiedenen Abhängigkeiten zwischen Körperform und -funktion. Vergleiche man fleischfressende und nichtfleischfressende Fische miteinander, dann sähe man, dass erstere einen großen, weit aufsperrbaren Mund haben, um besser mit ihren Zähnen beißen zu können. Letztere hingegen hätten einen spitz zulaufenden Mund: „Ein solcher nämlich ist für sie nützlich, jener andere aber unbrauchbar."[2] Das Kriterium, nach dem Aristoteles Bildungen als überflüssig beurteilt, ist also deren Nutzen *für das jeweilige Tier*, orientiert an dessen Lebensumständen und den verschiedenen Möglichkeiten des Gebrauchs.

Je nachdem, welche Funktion im Vordergrund steht, fällt die Form der Zähne unterschiedlich aus. Hier setzt nun die Überlegung zur Sparsamkeit an. Offensichtlich ist für Aristoteles der Nutzen von Zähnen zum Schutz bereits erfüllt, wenn dieser durch Reißzähne möglich ist. Der zusätzliche Besitz von Hauern ergäbe keinen gesteigerten Nutzen. Wäre es aber nicht denkbar, dass eine Kombination beider Zahntypen einen gesteigerten Nutzen verspräche?

Will man Nutzen und Gewinn abwägen, dann müssen die Kriterien zu deren Feststellung vollständig sein. Für Aristoteles ist klar: Man muss das gesamte Tier und seine gesamte Lebensweise beachten, um beurteilen zu können, ob ein Merkmal zweckmäßig ist oder nicht. In einer Fabel des Dichters Aesop wird am Stier bemängelt, dass dieser seine Hörner nicht an den Schultern trage, von wo aus er doch die kräftigsten Stöße austeilen könnte. Stattdessen säßen die Hörner am Kopf, der schwächsten Stelle des Körpers. Aristoteles kritisiert diesen Vorwurf eines unüberlegten Handelns der Natur als wenig scharfsichtig. Zur Begründung führt er das Verhalten des Stiers an. Säßen die Hörner an seinen Schultern, dann würde die Natur nicht sinnvoll handeln, denn dies würde die Bewegungsfähigkeit des Stiers einschränken und ihn behindern. Hörner am Kopf hingegen würden nicht stören. Vielmehr erlaube dieser Ansatzort sowie die hohle Beschaffenheit der Hörner bei geringem Gewicht und geringster Behinderung die größte Wirkung. Die so gestaltete Waffe sei äußerst nützlich und im Hinblick auf die übrige Lebensführung am wenigsten lästig.[2]

*Natur ist bestimmt durch überschießende Produktivität und eine jenseits aller Nützlichkeit stehende Gestaltungsfreude.*

Adolf Portmann

Auch diese Überlegung ist noch nicht vollständig. Könnten wir uns im Fall der Zahnarten nicht immer noch vorstellen, dass gerade bei Berücksichtigung der gesamten Lebensweise – Ernährung und Schutz eingeschlossen – der Besitz beider größeren Vorteil verspräche? Offensichtlich geht Aristoteles anders vor. Nicht diese theoretische Möglichkeit steht für ihn am Anfang, sondern die in der Beobachtung gemachte Erfahrung, dass bei keinem Tier beide Zahntypen gleichzeitig vorhanden sind. Es geht darum, diesen immer (oder in den meisten Fällen) auftretenden Befund zu erklären. Wieso wird der doch denkbare höhere Gewinn durch Ausbildung zweier Zahnarten nicht von der Natur realisiert? Hier kommt die Überzeugung des Aristoteles ins Spiel, die Natur arbeite stets unter den Bedingungen begrenzter Kapazitäten, einem grundsätzlichen Mangel also.

Aristoteles versucht diese Annahme durch Beobachtung zu bekräftigen. Er stellt fest, dass es keine gehörnten Tiere gibt, die gleichzeitig ein volles Gebiss besitzen, also sämtliche Vorderzähne in Ober- und Unterkiefer. Auch für diesen Befund wird die Sparsamkeit angeführt. Material, das die Natur für Schutz und Nutzen von Lebewesen aufwenden muss, wird entweder in Zähne oder aber in Hörner investiert, weil nicht unbegrenzt Material zu Verfügung steht. Aus diesem Grund fehlen hörnertragenden Tieren Zähne im Kiefer: „Das, was die Natur von dort weggenommen hat, hat sie den Hörnern zugeteilt, und die für diese Zähne bestimmte Nahrung verwendet sie für die Vergrößerung der Hörner."[2] Auch diese Überlegung zeigt: Nur wenn man das Tier in seiner Gesamtheit im Blick hat, kann man korrekt beurteilen, ob die Natur bei Bildung körperlicher Merkmale zweckmäßig handelt.

Für die Frage nach Reißzähnen und Hauern heißt das: Auch wenn sich Tiere denken lassen, die durch den Besitz beider Zahntypen besonders profitierten, wird durch die Behauptung des Mangels die Beschränkung auf nur einen Zahntyp plausibel.

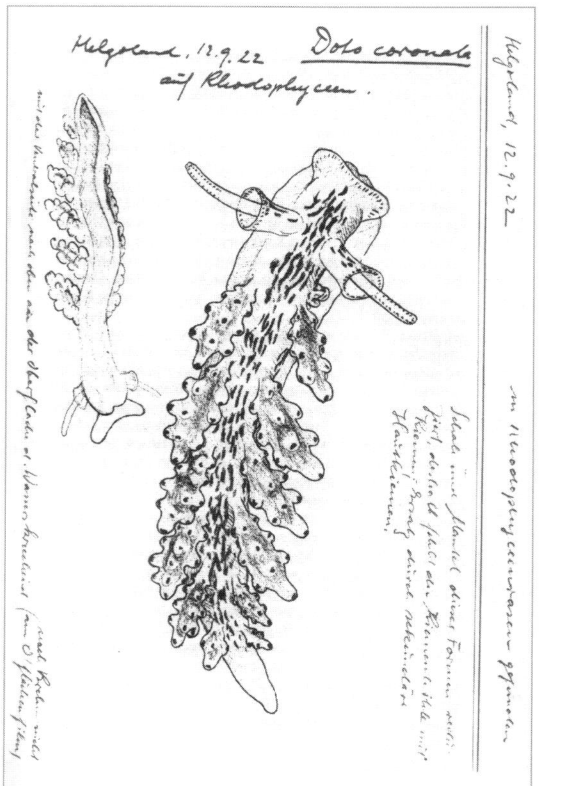


Abbildung: **Portmanns erste Begegnung mit der „Wunderschnecke"** Adolf Portmann, Skizze aus dem Zoologischen Tagebuch in Helgoland 1922. Entnommen aus: Illies, Joachim: Das Geheimnis des Lebendigen. Leben und Werk des Biologen Adolf Portmann. Copyright © 1976 Kindler Verlag, München. Mit freundlicher Genehmigung der Nachlassverwalter von Adolf Portmann.

Fassen wir zusammen: Für Aristoteles sind die Bildungen der belebten Natur zweckmäßig. Beobachtet man diese und fragt nach deren Gesetzmäßigkeiten, dann erkennt man eine nützliche Struktur und Anordnung von Eigenschaften, die den verschiedenen Lebensweisen am besten entsprechen. Jedoch ist diese zweckvolle Gestaltung nur unter den Bedingungen eines prinzipiellen Mangels realisierbar. Zur Umsetzung zweckmäßiger Formen steht immer nur eine begrenzte Menge an Material zur Verfügung. Um ein optimales Ergebnis zu erzielen, bevorzugt die Natur wie eine gute Haushälterin den Weg, der bei geringstmöglichem Aufwand größtmöglichen Nutzen verspricht.

Diese Annahme scheint uns heute als eine Vermenschlichung der Natur. Und wenn Aristoteles mit seiner Annahme recht hätte, wieso sind dann etwa die Federn eines männlichen Pfaus so prächtig, wo diese ihn doch am Fliegen hindern? Weshalb haben manche Hirsche ein derart großes Geweih, das ihr Leben behindert oder gar gefährdet? Ist das aristotelische Naturbild falsch oder zumindest überholt? Die meisten heutigen Biologen würden dem zustimmen. Sie würden auf die revolutionäre neue Perspektive verweisen,

Nord ist wichtig für Süd, wie West für Ost.
Der Gegensatz ist eine Fürbitte.

Widersprüche sind das Zuckersalz des Lebens.

Das Gemeinsame verbindet.
Der Einzelne ist eine Wunde.

Er bricht ein – und wird verurteilt.
Er bricht aus – und wird verurteilt.
Er bricht die Gesetze – um an ihr Inneres zu gelangen.

*Toni Huber*

die mit den Theorien von Charles Darwin eingetreten ist. Dessen Absicht war ein Verzicht auf jede Vermenschlichung der Natur. Statt die Gestalt von Lebewesen wie Aristoteles durch Zweckmäßigkeit zu erklären, soll nur naturgesetzliche Notwendigkeit gelten. Für die Evolutionstheorie Darwins herrscht in der Biologie das Gesetz des Überlebenskampfs (*struggle for existence*), bei dem nur die am besten angepassten Arten überleben (*survival of the fittest*). Die Ausbildung von Merkmalen erklärt sich dann durch ihren Nutzen *für das Überleben der Art*. Auch scheinbar luxuriöse Bildungen wie schöne Pfauenfedern oder überproportionierte Hirschgeweihe besitzen diesen Nutzen, weil sie für den Fortpflanzungspartner eine Kraft signalisieren, die das Überleben der Nachkommen wahrscheinlicher macht.

Genau betrachtet folgt jedoch auch die Evolutionstheorie dem Gedanken der Nützlichkeit. Hier bedeutet Nutzen jedoch Vorteil im Kampf ums Überleben. Ebenso hält man am Gedanken der Sparsamkeit fest: Ein Kampf um das Überleben wird notwendig, weil nur begrenzte Mittel für stets zu viele Lebensformen und Lebewesen existieren, die um diese Mittel konkurrieren. Es geht darum, bei begrenzten Ressourcen die meisten Nachkommen zu erzeugen. Bei diesem Gedanken war Darwin nachweislich von dem britischen Nationalökonomen Thomas Robert Malthus beeinflusst, der seine bevölkerungspolitischen Forderungen damit begründet, dass die Zunahme an Nahrungsmitteln mit der Vermehrungsrate der Bevölkerung nicht standhalten könne. Erneut werden also ökonomische und gesellschaftliche Gesetze in die Natur übertragen. Aber ist das zulässig? Ist die Natur wirklich sparsam? Beeindruckt und überrascht sie uns nicht immer wieder durch die Fülle ihrer Bildungen und durch opulente Gestalten?

## Die Selbstdarstellung der Natur

Sowohl gegen den Gedanken der Zweckmäßigkeit der Natur als auch gegen seinen Ersatz durch Darwins Gesetz der Nützlichkeit im Überlebenskampf als einzige Erklärungsmuster der Entwicklung hat sich immer wieder ein Biologe ausgesprochen, der heute als Sonderling erscheint, jedoch zu Lebzeiten eine durchaus prominente Rolle in Fachwissenschaft und Öffentlichkeit spielte. Die Rede ist von Adolf Portmann (1897–1982). Wie bei Aristoteles kommen bei ihm philosophische Interessen und naturwissenschaftliche Leidenschaft zusammen. Bei Portmann sind sie – nicht ungewöhnlich – ergänzt durch künstlerische Fertigkeiten, die durchaus professionelles Niveau erreichen. Eben diese künstlerische Seite führt Portmann zur frühen Einsicht, dass viele Bildungen der lebendigen Natur zu Mustern ohne Wert werden, wenn der Blick auf sie durch die Brille von Zweckmäßigkeit oder biologischer Notwendigkeit fällt. Die bunte Gestaltenfülle der Natur und deren zweckfreie Schönheit sind Portmann jedoch Hinweis darauf, dass die Natur noch anderen Bedingungen unterliegt.

Was die Evolutionstheorie als Sonderfälle deutet, die über das Ziel bloßer Überlebenssicherung hinausschießen – in der Fachsprache „Luxurieren“ oder „Hypertelie“ genannt –, unterliegt für Portmann anderen Regeln:[3] Für ihn ist es schwierig, mit biologischen Theorien der Nützlichkeit als auch ökonomischen Erklärungsansätzen solche Luxusfunktionen zu würdigen, weshalb er in einer biophilosophischen Betrachtung über die evolutionären Ansätze hinausgeht. Er verlässt in bestimmter Hinsicht die biologische Befundlage in Richtung einer philosophischen Deutung. Dennoch bleibt er trotz dieser Öffnung bemüht, dem wissenschaftlichen Anspruch gerecht zu werden und sucht als typischer Grenzgänger immer den Kontaktschluss zu anderen Disziplinen und Denkweisen.

Für Portmann ist die farbenprächtige und reiche Gestaltenfülle Ausdruck der Selbstdarstellung des Lebendigen. Lebewesen sind für ihn nicht bloß verstoffwechselnde Maschinen, die so funktionieren, dass die eigene Existenz und die ihrer Nachkommen gesichert ist. Ihre Eigenart erschließt sich vielmehr durch ihr Bestreben nach Selbstdarstellung: „Selbstdarstellung als Ausdruck einer spezifischen Seinsform und als Manifestation von unbekannter Innerlichkeit ist ein Grundphänomen des Lebendigen.“[3] Selbstdarstellung ist ein zentrales Moment in der Tätigkeit jedes Lebewesens. Der Gedanke ist, dass nicht jede Einzelheit der Gestalt oder der Verhaltensweisen eines Organismus unter den Aspekt der Nützlichkeit für den Überlebenskampf fällt, also bloß Erhaltungswert oder *survival value* besitzt.[3] Nicht jedes Detail in Form und Farbe einer Blüte etwa lässt sich als Anpassung an die Bestäubung durch Insekten erklären. Wo aus der Perspektive des Überlebenswerts der Gesang von Vögeln in Zeiten jenseits von Brut- und Revierphase entweder zum funktionslosen Geschehen oder zum Ausdruck eines unmotivierten inneren Erregungsstaus wird, erkennt Portmann eine spielerische Selbstdarstellung: „Die Merkmale der Selbstdarstellung sind zunächst Eigenschaften, die über jede Erhaltungsfunktion, jeden Selektionswert, jede Nützlichkeit hinaus bestehen und die als eine erste Gegebenheit des Lebendigen vor uns sind."[3] Für Portmann ist die Selbstdarstellung die wichtigste und oberste aller Lebenseigenschaften, aus der sich alle anderen Kennzeichen des Lebens ableiten. Wird die lebendige Natur in der nutzenorientierten Weise der Techniker betrachtet, dann verschwinden diese Qualitäten. Ihr Sinn erschließt sich aber dem Blick des Künstlers. Portmann nennt diesen Sinn den Darstellungswert der Gestalten.[4]

Dass hier vor allem der Künstler das Wort führt, zeigen am deutlichsten die sogenannten Wunderschnecken oder Aeolidier: marine Schnecken, die Portmann seit seiner frühen Forschung fasziniert haben und deren Farbmuster er immer wieder zeichnete.[5] Diese bunte Vielfalt hat keinerlei erkennbaren Auslesewert, haben die Tiere doch weder natürliche Feinde, die ihre Färbung abschrecken könnte, noch Augen, sodass Artgenossen die Farbmuster wahrnehmen könnten. Ein solcher Reichtum an Gestalt und Farbe darf jedoch nicht allein im „Sinn-System des puren Stoffwechsels eingeordnet werden, wo sie als funktionslose Prozesse erscheinen und darum als belanglos aufgefaßt werden"[5]. Vielmehr haben diese Bildungen den Sinn der Selbstdarstellung der Art. Hier gilt: „Wir blicken als fremde Zuschauer auf das Schauspiel von Formen und Farben lebender Wesen, von Gebilden, die mehr sind, als zur puren Lebenserhaltung notwendig wäre."[5]

*Die Natur erschafft nichts, was entbehrlich wäre.*

Aristoteles

Diese Überlegung fußt auf der Grundannahme, Lebewesen stünden immer in einer Beziehung zur Welt.[3] Auch die biologisch anerkannten und beobachtbaren Merkmale des Lebens wie Reizbarkeit, Sinnesfunktion oder Bewegung zeigen dies. Die Totalität der Weltbezogenheit führt Portmann allerdings in einer Größe zusammen, die sich dem wissenschaftlichen Zugriff der Biologie entzieht. Er nennt sie „Innerlichkeit" und meint damit nicht innere Organe, sondern eine unräumliche Wirklichkeit. Wie es der Philosoph Helmuth Plessner ausdrückt, sind alle Lebewesen durch eine von ihnen selbst erstellte Grenze ausgezeichnet, die nicht nur deren innere Organe gegen die Umwelt abgrenzt, sondern die im übertragenen Sinne auch den Übergang von der Welt der ausgedehnten Dinge zum inneren unräumlichen Erleben markiert. Dem Biologen, dessen Methoden auf die Erfassung von materiellen Dingen und räumlichem Geschehen eingeschränkt sind, muss sich diese Dimension entziehen, obwohl er sie als lebendes Wesen an sich selbst erlebt. Ihm bleibt deshalb nur die für Portmann essenzielle Einsicht in die Grenzen der eigenen Wissenschaft und Methodik:[4] Er ist der fremde Zuschauer. Lebewesen und ihr lebendiges Sein sind und bleiben stets befremdlich, besitzen ein Geheimnis.

Auf der anderen Seite jedoch offenbart sich dieses Geheimnis. Der Biologe kann die genannte Seite der Innerlichkeit nicht nur an sich selbst erleben, er kann sie auch aus der Selbstdarstellung anderer Lebewesen erschließen, wechselt dabei aber möglicherweise in die Haltung des Künstlers über. Dennoch ist diese Qualität der lebenden Natur auch naturwissenschaftlich zugänglich. So läuft man zwar stets Gefahr, unwissenschaftlich zu werden, sobald man auf die schönen Gestalten der Lebewesen und deren „demonstrativen Seinswert" (F. F. J. Buytendijk) verweist. Nach Portmann jedoch führt auch die nüchterne wissenschaftliche Analyse dazu, die „Besonderheiten der tierischen Gestalt als eine gewaltige Äußerung schöpferischer Macht hinzunehmen, deren Wirkungen ... weit über das für die bloße Erhaltung des Daseins notwendige Maß hinausgehen."[6]

## Das bestimmende Prinzip der Natur: Überfluss oder Sparsamkeit?

Betrachten wir abschließend die beiden gegenläufigen Vorstellungen von der (lebendigen) Natur: Wo Aristoteles und auch Darwin ein sparsames Geschehen am Werke sehen, das stets unter dem Druck einer Mittelknappheit steht, erkennt Portmann eine überschießende Produktivität, eine jenseits aller Nützlichkeit stehende Gestaltungsfreude. Ist in der einen Vorstellung die Natur unter dem strengen Regime der Not zu Einsparungen gezwungen und setzt damit feste Grenzen des Wachstums, verschenkt sie sich in der anderen

Vorstellung aus reiner schöpferischer Lust in einer opulenten Fülle von Gestalten, Formen und Farben. Doch greifen solche aus der Wirtschaft oder der Kunst übernommenen Vorstellungen nicht zu kurz, wenn wir sie auf die Natur übertragen? Aktuelle Debatten um die biologische Vielfalt zeigen, dass eine ökonomische Betrachtung des Artenschwindens – etwa als Verlust an Naturkapital – nur bestimmte Aspekte erfasst. Je nachdem, ob Ökonomen oder Ökologen auf die biologische Vielfalt blicken, ändern sich die Kriterien erheblich.[7] Wo das Interesse der einen vor allem darin besteht, die Menge und die Wahlmöglichkeit von Produktalternativen zu erhöhen, besteht das Interesse der anderen im Erhalt der Integrität und Funktionsfähigkeit von Ökosystemen. Lebensformen verhalten sich zudem anders als übliche Waren. Nicht nur lassen sie sich nicht im gängigen Sinne „produzieren", ihre „Produktion" unterliegt auch komplexen Wechselbeziehungen mit bereits vorhandenen Individuen und Arten in Ökosystemen und nicht lediglich Ansprüchen einer Kundennachfrage.

Vergleicht man das Geschehen der Natur mit menschlichem Handeln, droht eine Vermenschlichung der Natur. Wenn Menschen sparsam sind und ihre Mittel zusammenhalten oder wenn sie dem Luxus frönen und ihre Güter verschleudern, dann treffen sie bewusste Entscheidungen, die auch anders hätten ausfallen können. Sollten wir dieses auch der Natur zusprechen? Noch schwieriger wird es, wenn wir diese vermeintlichen Eigenschaften der Natur, sparsam im Umgang mit Ressourcen umzugehen oder aber in der Fülle von Formen zu schwelgen, wieder auf den Menschen zurück übertragen und zum Richtwert für unser Handeln erklären. Wird hier nicht in einem Zirkelschluss erst die Natur mit menschlichen Eigenschaften aufgeladen, um dann aus der vermenschlichten Natur eine objektive Orientierungsgröße für unsere Entscheidungsnöte zu machen?

Natürlich, so kann man gegen solche Zweifel einwenden, ist auch der Mensch Teil der Natur. Dass er ein Naturwesen ist, darüber sind sich Aristoteles, Darwin und Portmann einig. Darüber, dass er zudem auch ein Kulturwesen ist, aber möglicherweise ebenso. Die Spekulation von Portmann jedoch zeigt uns am deutlichsten, dass beim Übergang von Natur zu Kultur neue Bedingungen und Regeln gelten. Mit diesen neuen Bedingungen ändert sich aber auch die Anforderung an eine angemessene Darstellung und Erklärung. Wie die darwinsche Annahme des evolutionären Kontinuums der Arten, so ist zunächst auch Portmanns Überlegung zur Selbstdarstellung alles Lebendigen ein Hinweis auf die Einbindung des Menschen in die lebendige Natur. In Darwins Modell führt dieses jedoch dazu, dass man glaubt, alles Leben sei unter dem Gesichtspunkt einer Ökonomie des Überlebens zu erfassen. Es wird unterstellt, die Natur erschließe sich vollständig dem Zugriff von Naturwissenschaft und Ökonomie. Bei Portmann hingegen kommen neue Aspekte zum Tragen. Auch er nimmt eine grundsätzliche Verwandtschaft aller Lebensformen an. Diese äußert sich im Besitz einer Innerlichkeit, welche die Tendenz hat, sich darzustellen. Das „Wie" des Ausdrucks ist zwar auch naturwissenschaftlich feststellbar, „was" sich hier ausdrückt, fällt hingegen eher in die Zuständigkeit der Kulturwissenschaft, öffnet sich dem Verstehen von Künstlern. Immer jedoch bleibt ein Moment des Unerschlossenen, des Geheimnisvollen. Wir bleiben fremde Zuschauer.

Wenn also etwas aus Portmanns Überlegungen für die Richtlinien menschlichen Handelns gegenüber der Natur zu lernen ist, dann nicht, dass deren Überfluss uns zu luxuriösem Umgang mit ihr veranlassen sollte. Vielmehr spricht aus Portmanns Büchern eine vorsichtige Mahnung:[8] Während die von uns selbst hergestellte Welt der Technik etwas völlig Durchschautes zu sein scheint, bleiben die von uns nicht gemachten lebendigen Gestalten doch immer fremd und fern.[3] Die jenseits unserer Schaffensmacht liegende Selbstdarstellung der lebendigen Natur ist deshalb Hinweis auf deren Unabhängigkeit. Die Erhaltung des außermenschlichen Lebens – so Portmann – „sollte ein Akt der Ehrfurcht sein."[3] Man kann Portmanns Warnungen vor den Fehlentwicklungen der zu seiner Zeit gemachten ersten Schritte in Richtung einer Biotechnik so verstehen, dass sie auch Manipulationen einschließen würde, die eierlegende Wollschweine zum Ziel haben.

Prof. Dr. Dr. Kristian Köchy ist Biologe und Professor für Theoretische Philosophie an der Universität Kassel. Martin Böhnert ist wissenschaftlicher Mitarbeiter im Fachgebiet Theoretische Philosophie an der Universität Kassel.

**Anmerkungen:**

1. Abgedruckt in: Ludwig Renn zum 70. Geburtstag. Aufbau-Verlag, Berlin 1959, Seite 135
2. Aristoteles: Über die Teile der Lebewesen. Übersetzt und erläutert von Wolfgang Kullmann. Wissenschaftliche Buchgesellschaft, Darmstadt 2007, Seite 61 (PA III 661b), 63 (PA III 662a), 65 (PA III 663b20), 65 (PA III 664a1)
3. Portmann, Adolf: Aufbruch der Lebensforschung. Rhein-Verlag, Zürich 1965, Seite 52f., 221, 47, 28, 28f., 210, 222
4. Portmann, Adolf: Biologie und Geist. Rhein-Verlag, Zürich 1956, Seite 22, 25
5. Portmann, Adolf: Die Tiergestalt. Herder Verlag, Freiburg 1965, Seite 110ff., 232, 234
6. Portmann, Adolf: Aus meinem Tierbuch. Reinhardt-Verlag, Basel 1942, Seite 44
7. Vergleiche dazu Baumgärtner, Stefan: Warum Messung und Bewertung biologischer Vielfalt nicht unabhängig voneinander möglich sind. In: Weimann, Joachim et al. (Hrsg.): Messung und ökonomische Bewertung von Biodiversität. Mission impossible? Metropolis Verlag, Marburg 2003, Seite 43–66, vor allem Seite 58ff.
8. Vergleiche Portmann, Adolf: An den Grenzen des Wissens. Vom Beitrag der Biologie zu einem neuen Weltbild. Fischer Taschenbuch, Frankfurt am Main 1976, Seite 138ff. und Portmann, Adolf: Entläßt die Natur den Menschen? Piper Verlag, München 1971, Seite 372ff.

**Zur Vertiefung empfohlen:**

– Worster, Donald: Nature's Economy. A History of Ecological Ideas. Cambridge University Press, Cambridge 1995
– Illies, Joachim: Das Geheimnis des Lebendigen. Leben und Werk des Biologen Adolf Portmann. Kindler Verlag, München 1976

Annette Vowinckel

# Vom überflüssigen Luxus der Arbeit

## Hannah Arendts *Vita activa*

**In der Antike war Arbeit Sache der Sklaven. Wer etwas auf sich hielt, lebte als Müßiggänger und widmete sich bestenfalls den schönen Künsten. Politik war eine Aufgabe der Vornehmen, und politische Tätigkeit ein Luxus, den man sich leisten können musste. Mit Beginn der Industrialisierung im 19. Jahrhundert rückte die Erwerbsarbeit immer mehr in den Lebensmittelpunkt der meisten Menschen, wurden die vormals landwirtschaftlich geprägten Ständegesellschaften zu Arbeitsgesellschaften. Doch offensichtlich scheint unserer sich im Dauerwettbewerb befindenden Leistungsgesellschaft, die bei Weitem mehr produziert als sie sinnvollerweise konsumieren kann, die Arbeit auszugehen. Arbeit zu haben ist in Umkehrung zur Antike heute Luxus; arbeitslos zu sein, gilt weithin als soziales Stigma.**

Schon in Grundschulen ist berufliche Karriere heutzutage ein wichtiges Thema, selbst im Kindergarten wird englisch und chinesisch für den globalen Markt gelehrt. Wir leben in einer Konkurrenzgesellschaft, in der der Kampf um Anerkennung zunehmend auf dem Feld der Lohnarbeit ausgetragen wird. Soziales und symbolisches Kapital sind wesentlich daran gebunden, welchen Beruf man ausübt, wie viel man dabei verdient und welchen Grad von Selbstverwirklichung diese Arbeit möglich macht. Man definiert sich über seinen Beruf, *ist* Schreiner, Schriftsteller, Soziologe usw., sowie über sein Einkommen. Doch was genau ist Arbeit? Wann wird eine Tätigkeit zur Arbeit?

Im Marxismus-Leninismus beispielsweise ist Arbeit das, was die Natur des Menschen bestimmt und die Ge-

sellschaft im Inneren zusammenhält (der Begriff des Arbeiter- und Bauernstaats, als welchen sich die DDR bezeichnete, trifft die Sache im Kern). Vollbeschäftigung wird deshalb auch dann garantiert, wenn sie zum Verlustgeschäft wird. Zudem sichert die industrielle Produktion die Versorgung und den Wohlstand der Bevölkerung und muss deshalb möglichst effizient organisiert werden. In einer kapitalistisch organisierten Wirtschaft dient die Arbeit dagegen nicht der allgemeinen Wohlstandssicherung, sondern dem Gewinnstreben derer, die die Produktivkräfte besitzen. Arbeit soll demnach möglichst billig sein und kann durch Rationalisierung und Automatisierung auch überflüssig gemacht werden, wenn dies den Gewinn maximiert. Sowohl der marxistische als auch der kapitalistische Arbeitsbegriff kreisen allerdings um die industrielle Lohnarbeit und beziehen andere Formen von Arbeit kaum ein. Eine ganz andere Perspektive entwickelt der Soziologe Max Weber, der unter der Signatur „Beruf als Berufung" auch die ideellen, kulturellen und religiösen Anteile von Arbeit in den Blick nimmt.[1] Andere Theoretiker wiederum, wie der französische Sozialist Paul Lafargue, beharren darauf, dass der Notwendigkeit der Arbeit ein Recht auf Faulheit entgegenstehe.

Einen besonderen Ansatz wählt die Philosophin Hannah Arendt. Zunächst macht sie nicht politische oder normative Aspekte stark, sondern teilt sämtliche Tätigkeiten in drei Kategorien ein und beleuchtet davon ausgehend die Geschichte der Menschheit neu. Mit starkem Bezug zur Philosophie der alten Griechen entwickelt sie in dem 1958 veröffentlichten Buch *Vita activa oder Vom tätigen Leben* drei Kategorien, denen sie alles menschliche Tätigsein unterordnet: Arbeit, Herstellen und Handeln.[2] Arbeit definiert sie als zyklische Wiederholung lebensnotwendiger Tätigkeiten, zu denen vor allem die im Haushalt anstehenden Reproduktionsarbeiten gehören: das Zubereiten von Nahrung, der Erhalt von Ordnung und Sauberkeit, aber auch der Anbau von Getreide, die Viehzucht, das Instandhalten von Gerät. Diese Tätigkeiten galten den Griechen der Antike als niedere Tätigkeiten, für die im Prinzip Sklaven und Frauen, aber keine Vollbürger zuständig waren. Vielmehr war es ein Vorrecht der Bürger, diese Tätigkeiten, die naturgemäß niemals zu Ende gebracht werden können, *nicht* ausüben zu müssen.[2]

Im Unterschied zur zyklisch verlaufenden Arbeit hat das Herstellen von Dingen eine lineare Zeitstruktur. Ein einfaches Beispiel ist die Herstellung eines Tischs oder Stuhls: Zuerst gibt es einen Plan, dann wird Material besorgt und bearbeitet, und wenn der Tisch fertig ist, ist der Prozess abgeschlossen. Der Tisch wird in Gebrauch genommen und bleibt dauerhaft Teil der Dingwelt, die uns umgibt. Die Realität ist gleichwohl komplexer: Grenzfälle sind zum Beispiel die Produktion von Getreide, die als Arbeit zu definieren wäre, weil sie zyklisch erfolgt, der Aufrechterhaltung des Lebens dient, und weil es sich beim Getreide um ein Produkt handelt, das verbraucht wird, statt dauerhaft in der Welt zu bleiben. In der Moderne ist Getreideproduktion aber auch ein industrieller Herstellungsprozess, an dessen Ende das verkaufte Produkt

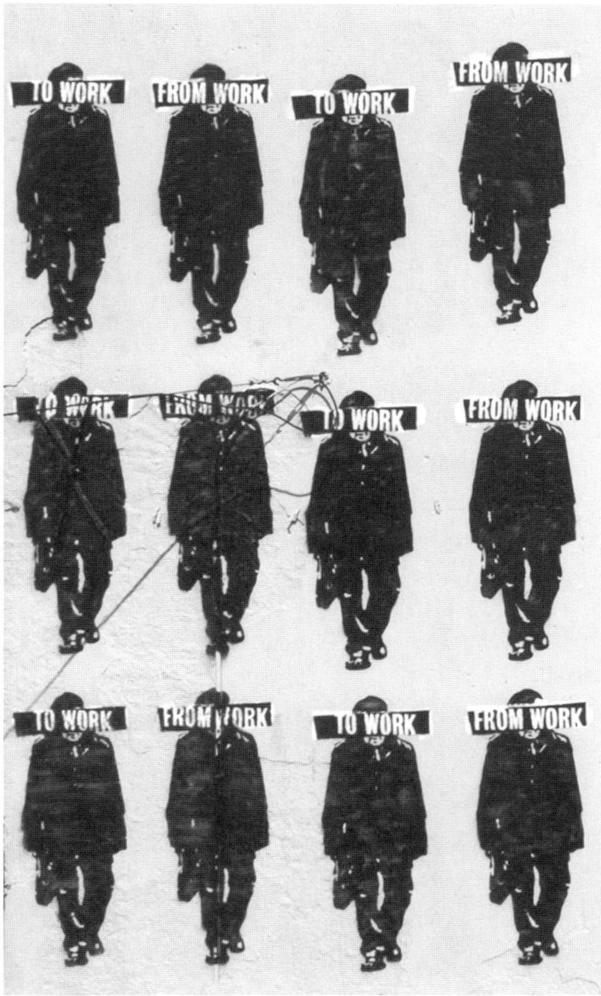


Abbildung:
**Dont think**
(Ausschnitt)
Peter Fuss
www.peterfuss.com



steht.[2] Ein anderes Beispiel dafür, dass hier Grenzfälle entstehen, ist der Bereich der Kunst. Nach Arendts Definition ist die Anfertigung eines Kunstwerks das Ergebnis eines Herstellungsprozesses. Diese Kategorisierung widerspricht aber zum einen der heute üblichen Differenzierung zwischen Kunst und Handwerk (auch wenn diese historisch recht neu ist), und sie negiert zudem die intellektuelle Leistung des Künstlers, die zum Beispiel in der Konzeptkunst so stark gemacht wird, dass das materielle Objekt in Relation zur abstrakten Idee an Bedeutung verliert.[2]

Ähnlich verhält es sich mit der dritten Kategorie von Tätigkeiten. Das Handeln ist Arendt zufolge diejenige Tätigkeit, die allein im Medium der Sprache und immer zwischen Menschen stattfindet. Das heißt, dass ein Mensch allein nicht handeln kann, sondern dafür immer andere Menschen braucht – als Mitstreiter, als Gegner, als Adressaten. Daraus folgt, dass der Mensch immer nur im Plural gedacht werden kann oder, anders formuliert, dass die Pluralität eine der Grundbedingungen menschlicher Existenz ist.[2] Gleichwohl stellt sich auch hier die Frage, wo die Grenze zwischen einer (politischen) Handlung und bloßem (unpolitischem) „Geschwätz" verläuft, denn nicht jedes Flurgespräch unter Nachbarn oder Kollegen ist eine Handlung im arendtschen Sinn. Eine mögliche Unterscheidung wäre die zwischen privatem und öffentlichem Sprechen beziehungsweise Handeln. Aber auch hier begeben wir uns insofern auf Glatteis, als auch politisch hoch rele-

Abbildung
linke Seite:
**Dont think**
Peter Fuss
www.peterfuss.com

Abbildungen: Aus der Serie **Every day I am.** Peter Fuss, www.peterfuss.com

vante diplomatische Gespräche unter Ausschluss der Öffentlichkeit stattfinden können, während Privatgespräche am Küchentisch durchaus politische Prozesse in Gang zu setzen vermögen, wenn sie eine kritische Masse erreichen (die DDR-Opposition der 1980er-Jahre ist hierfür ein gutes Beispiel).

Parallel zu ihrer systematischen Betrachtung der Tätigkeiten entwickelt Arendt in *Vita activa* auch deren historische Interpretation, welche die griechische Antike zum Ausgangspunkt nimmt und bis in die Gegenwart (das heißt: Arendts Gegenwart in den 1950er-Jahren) reicht. Für die Antike hebt sie positiv hervor, dass das Handeln eine besondere Wertschätzung genoss und für wichtiger erachtet wurde als die den Sklaven und Frauen überlassene Reproduktionsarbeit. Das Mittelalter – genauer: das christliche Mittelalter – beschreibt Arendt als eine Zeit, in der die Menschen sich in eine Welt der Innerlichkeit zurückzogen und in der im Grunde keine der drei Tätigkeiten eine rechte Wertschätzung erfuhr. Vielmehr sei in dieser Zeit die *vita contemplativa* – also das geistige Leben, das Arendt in ihrem Spätwerk *Vom Leben des Geistes* behandelt[3] – in den Vordergrund und an die Spitze der Werthierarchie getreten. Die Neuzeit schließlich habe diese Entwicklung wieder umgekehrt, dabei aber die Chance verpasst, das Handeln und damit das Zwischenmenschliche wieder aufzuwerten. Die Moderne habe den Faktor Arbeit überbewertet, der zwar für den Aufbau von Industriegesellschaften zentral war, nicht aber für die Konstitution demokratischer Öffentlichkeit und politischer Freiheit.

Diese Entwicklung verurteilt Arendt aufs Schärfste: „In ihrem letzten Stadium verwandelt sich die Arbeitsgesellschaft in eine Gesellschaft von Jobholders, und diese verlangt von denen, die ihr zugehören, kaum mehr als ein automatisches Funktionieren, als sei das Leben des Einzelnen bereits völlig untergetaucht in den Strom des Lebensprozesses, der die Gattung beherrscht ... Es ist durchaus denkbar, daß die Neuzeit, die mit einer so unerhörten und unerhört vielversprechenden Aktivierung aller menschlichen Vermögen und Tätigkeiten begonnen hat, schließlich in der tödlichsten, sterilsten Passivität enden wird, die die Geschichte je gekannt hat.“[2]

Obwohl Arendt durchaus mit der Arbeiterbewegung sympathisierte, hielt sie jede marxistische oder pseudomarxistische Reduktion von Politik auf die Gestaltung von Produktionsprozessen für überaus gefährlich. Die Gefahr bestehe dabei nämlich darin, dass ein Staat (oder ein Gemeinwesen) schließlich selbst als das Ergebnis eines Herstellungsprozesses verstanden werde, und nicht als ein von Handlungsfreiheit geprägter öffentlicher Raum. Anders als Arbeiten und Herstellen unterliegt das Handeln nämlich keiner Notwendigkeit und keinem Plan, sondern kann spontan immer wieder neu und auch gegen die eigenen Interessen gestaltet werden. So sei die Arbeiterbewegung ja nicht nur von Arbeitern, sondern auch von reichen Personen unterstützt worden, die nicht die private Gewinnmaximierung, sondern die Sicherung sozialer Gerechtigkeit zu ihrem politischen Ziel erklärten.

## Die 1950er-Jahre und das Ende des Booms

Das 20. Jahrhundert hatte bezüglich der Gestaltung von Arbeitsprozessen bereits schwerwiegende Krisen durchlaufen: Die Weltwirtschaftskrise der späten 1920er-Jahre hatte eine Welle von Massenarbeitslosigkeit mit sich gebracht, die in Europa und Nordamerika sehr unterschiedliche politische Gegenmaßnahmen auslöste. Adolf Hitlers zentrale Maßnahme gegen die Arbeitslosigkeit war bekanntlich der Aufbau der Rüstungsindustrie und die Vorbereitung der deutschen Gesellschaft auf einen Angriffskrieg. Diese Strategie ging einher mit der Abschaffung der Demokratie, der Gleichschaltung der Medien und dem Ausschluss von Juden, Kommunisten, Behinderten und zahlreichen anderen Minderheiten, während die US-amerikanische Wirtschaftspolitik gerade auf eine Stabilisierung der Demokratie statt auf deren Demontage abzielte.

*Arbeit zu haben ist symbolisches Kapital.*

In den USA erwies sich Franklin D. Roosevelts *New Deal* – eine Kombination von Hilfsmaßnahmen für die Armen mit Sozial- und Wirtschaftsreformen und dem Aufbau eines Sozialversicherungssystems – als probates Mittel, die Folgen der Wirtschaftskrise zumindest zu lindern. Vollbeschäftigung indes wurde auch hier erst wieder im Jahr des Kriegseintritts der USA erreicht, und sie verdankte sich nicht allein dem Wiederaufbau der zivilen Wirtschaft, sondern auch den Kriegsvorbereitungen.

Arbeit im Sinne von Erwerbsarbeit (also einschließlich solcher Tätigkeiten, die Arendt eher dem Herstellen zuordnet) war sowohl in Deutschland als auch in den Vereinigten Staaten der 1930er-Jahre also nicht lediglich ein Mittel zur Aufrechterhaltung des Lebens, sondern ein politischer Faktor allererster Güte. Wer die Menschen in Lohn und Brot brachte, hatte deutlich bessere Aussichten, auch seine sonstigen politischen und ideologischen Vorstellungen realisieren zu können als jemand, der Massenarbeitslosigkeit und Wirtschaftskrisen mit Untätigkeit begegnete.

Die auf das Ende des Zweiten Weltkriegs folgenden Dekaden waren indes von kontinuierlichem Wirtschaftswachstum in allen westlichen Industriegesellschaften geprägt. Die wirtschaftliche Prosperität ging einher mit einer relativen Stabilität der Staaten und Gesellschaften, die erst mit dem Ende des Booms zu bröckeln begann.[4] Die 1980er-Jahre brachten den westlichen Gesellschaften eine neue Welle von Massenarbeitslosigkeit, deren Folgen durch Zweifel an den Grenzen des Wachstums noch verschärft wurden.

Diese neue Entwicklung hat Hannah Arendt indes nicht mehr erlebt. Sie starb 1975, als das Ende des Booms zwar mehr oder weniger eine Tatsache, in seinem Ausmaß und seiner Nachhaltigkeit aber noch nicht erkennbar war. Für Arendt blieb die Weltwirtschaftskrise der 1920er- und frühen 1930er-Jahre also die Ausnahme von der Regel der Vollbeschäftigung. Arbeit (und damit ist jetzt vor allem die Lohnarbeit gemeint) konnte ihr deshalb in der historischen Situation,

Abbildungen: Aus der Serie **Every day I am.** Peter Fuss, www.peterfuss.com

in der sie 1958 *Vita activa* verfasste, kaum als Luxus erscheinen – ganz gleich, ob wir unter Arbeit das verstehen, was Arendt als zyklische Reproduktionsarbeit definiert, oder ob unter den Begriff Arbeit – wie im heutigen Sprachgebrauch üblich – alle Formen der Erwerbstätigkeit gefasst werden, einschließlich der Produktion von Autos oder des Schreibens von Büchern.

Arbeit im Sinn von niederer Reproduktionsarbeit blieb für Arendt selbst jedenfalls ein notwendiges Übel. Hatte sie zu Beginn ihres Flüchtlingsdaseins in den USA 1942 noch als Hausmädchen im Sinne ihrer eigenen Definition *arbeiten* müssen, konnte sie später ihren Lebensunterhalt als Professorin und Autorin bestreiten. Luxus war es für sie nicht, Arbeit zu haben, sondern nicht arbeiten zu müssen und deshalb anderen Tätigkeiten nachgehen zu können, bei denen es sich durchaus um bezahlte Tätigkeiten wie die universitäre Lehre oder das Schreiben von Büchern handeln konnte.

## Kritik der Begriffe

Arendts Definitionen beziehen sich überwiegend auf antike Begriffe und Bedingungen, die heute nicht mehr gültig sind. Vor allem seit Beginn der Industrialisierung hat sich eine Situation ergeben, in der eine klare Unterscheidung zwischen Arbeit und Herstellung nicht mehr möglich ist. Am Beispiel der industriellen Produktion von Nahrungsmitteln lässt sich dies besonders gut zeigen: War in der Antike die Herstellung von Brot Teil der Arbeit eines Bauern, ist sie heute häufig eine im marxistischen Sprachgebrauch entfremdete Fließbandtätigkeit (die Renaissance von Bäckereien, die damit werben, dass ihr Brot nach „traditioneller Methode" von Hand gebacken wird, bestätigt eine solche Entwicklung im Umkehrschluss). Gleichzeitig ist jemand, der ein Auto herstellt, für uns ein Arbeiter, nämlich ein Fabrikarbeiter. Die Arbeiterbewegung vertritt nicht die Interessen der Bauern und Hausfrauen, die in Arendts Gedankengebäude die eigentlichen Arbeiter sind, sondern die Hersteller im Produktionsprozess. Die Arbeiterbewegung müsste nach Arendt also eigentlich Herstellerbewegung heißen.

*Politik, zumal demokratische, ist ein Luxus.*

Arendt unterschätzt auch die soziale Bedeutung von Erwerbstätigkeit egal welcher Natur. Ein Arbeitsloser wird den entscheidenden Unterschied nicht darin sehen, ob er als Putzkraft, in der Produktion oder im Kulturbetrieb Arbeit findet, sondern darin, ob er (oder sie) mit der jeweiligen Tätigkeit den eigenen Lebensunterhalt bestreiten oder eine Familie ernähren kann. Aus dieser Perspektive ist eine Unterscheidung zwischen Arbeiten und Herstellen wenig gewinnbringend; möglicherweise gilt dies auch für die Unterscheidung zwischen *vita activa* und *vita contemplativa*, sofern die ausgeübte Erwerbstätigkeit auch die eines Priesters, Anwalts oder Professors sein kann. Ihre Tätigkeiten nämlich zeichnen sich dadurch aus, dass sie Denken und Handeln untrennbar miteinander verbinden.

## Die Gesellschaft der Jobholder

Arendt beschreibt die *society of jobholders* als Ansammlung abgestumpfter Individuen, die in steriler Passivität nur noch die Aufrechterhaltung des Lebensprozesses im Sinn haben. Sie stellte diese Diagnose in einer Zeit der Vollbeschäftigung, in der (vor allem in den Vereinigten Staaten, wo sie zu dieser Zeit lebte) der *nine-to-five-Job* in einer Fabrik, einem Dienstleistungsunternehmen oder im Büro der Normalfall war. Dabei konnte sie noch nicht absehen, dass die Veränderung moderner Lebenswelten – im Guten wie im Schlechten – eine nachhaltige Veränderung gerade dieser „Normaljobs" mit sich bringen würde. Prozesse der wirtschaftlichen Globalisierung und der Flexibilisierung von Arbeitsprozessen haben eine Arbeitswelt geschaffen, in der manchem der bis zur Rente sichere Bürojob als unerreichbarer Luxus erscheint.

Arendts Kritik an der Jobholdergesellschaft ist zudem keineswegs identisch mit der aktuellen Kritik am Neoliberalismus, die den Arbeitgebern und Kapitalgesellschaften eine Tendenz zur immer weiter verschärften Ausbeutung von Arbeitskraft in allen Bereichen vorwirft; vielmehr richtet sich ihre Kritik an die Adresse derer, die ihre Jobs „nur" als Mittel zum Lebenserhalt betrachten. Heutige Arbeitswelten mögen von Konkurrenzdenken, der Angst vor dem Herausfallen aus der (Arbeits-)Gesellschaft und einer Zunahme an psychischen Erkrankungen geprägt sein; die Ursache dafür liegt aber sicher nicht in der ideologischen Aufwertung der Arbeit (im arendtschen Sinn) gegenüber anderen Tätigkeiten oder in einem Bedeutungsverlust der Öffentlichkeit, sondern vielmehr darin, dass in Zeiten der Massenarbeitslosigkeit der Konkurrenzdruck deutlich zugenommen hat – nicht nur zwischen Individuen, sondern auch zwischen sozialen Gruppen, Unternehmen und ganzen Wirtschaftsräumen. Manch ein Angestellter würde unter diesen Bedingungen vielleicht gern mit einem griechischen Bauern tauschen, der seinen eigenen Acker bearbeitet und fürs Grobe noch Skaven zur Verfügung hat. Die Vollbeschäftigung der 1950er-Jahre erscheint rückblickend sicher nicht als Auswuchs einer Überbewertung der Arbeit, sondern als ein Zustand, um dessen Wiederherstellung sich Politiker aller Länder und Parteien intensiv und mehr oder weniger vergeblich bemühen (Deutschland ist mit seiner relativ niedrigen Arbeitslosenrate derzeit eher die Ausnahme als der Normalfall).

Gleichwohl sind Arendts Beobachtungen heute noch aktuell. Dies gilt zum Beispiel für ihre Überlegungen zur Natur des politischen Handelns. Es mag etwas altmodisch klingen, den Schutz von Freiheit und Öffentlichkeit als Kern des Politischen zu definieren; gleichwohl leben wir in einer Zeit, in der sich Politik in erster Linie mit der Verteilung von Ressourcen beschäftigt und dabei allzu oft einem Verwaltungsakt gleichkommt. Die Frage, was die Aufgabe der Politik

Die Sonne wirft ihre Schatten voraus.
Das ist die Zukunft.

Er hält die Zeit an.
Er bittet, einsteigen und mitfahren zu dürfen.

Vergangenheit, das ist der Ort,
wo die Luft versteinert ist.
Hier kann man sich nur kurz aufhalten.

Jede Sekunde verwandelt sich in die nächste.

Die Zukunft beginnt nie.
Wie könnte sie?

Die Brücke zwischen den Zeiten ist ein Fluss.

Die Menschen schmieden Pläne
gegen die Zukunft.

*Toni Huber*



jenseits der Verwaltung von Steuergeldern, des Schutzes der inneren Sicherheit und des Erlasses von Durchführungsverordnungen eigentlich sei, wird nur selten gestellt. Politikern wird routinemäßig unterstellt, sie sicherten nur ihren eigenen Status und ihre Privilegien, statt Werte zu vermitteln oder Ideale zu verfolgen. Arendts Überzeugung, dass Politik, demokratische zumal, ein Luxus ist und wirklichen Gestaltungsraum bietet, wirkt antiquiert, ist aber vielleicht dennoch weniger destruktiv als die gängige Annahme, dass Politiker nur Geld verteilen und ihre Machtstellung missbrauchen.

## Konsum als Selbstzweck

Eine zweite Überlegung, die heute noch bedenkenswert erscheint, ist die zur Natur der Konsumgesellschaft, in der die Produkte nicht mehr Ergebnis eines sinnvollen Herstellungsprozesses sind, sondern Konsumgüter, in denen der Verbrauch zum Selbstzweck wird: „Die Endlosigkeit des maschinell betriebenen Arbeitsprozesses", so Arendt, „kann durch nichts anderes garantiert werden als durch das immer wiederkehrende Konsumbedürfnis, und das heißt, daß die von ihm erzeugten Produkte ihren Gebrauchscharakter verlieren und zu Konsumgütern werden müssen."[2]

Für moderne Erwerbsarbeitsprozesse heißt dies, dass sie ohne Unterlass die Konsumgüter produzieren, die dann schnellstmöglich weggeschmissen werden – mit der Folge, dass Arbeit beziehungsweise Herstellung nicht mehr als sinnvoll und notwendig, sondern als überflüssig und umweltschädigend erscheinen. Von den Folgen des Massenkonsums für Umwelt und Klima ist bei Arendt noch gar nicht die Rede, doch ist es von hier aus nur noch ein kleiner Schritt hin zu einer Kritik am Umgang mit der Natur, wie sie ab den 1970er-Jahren verstärkt geäußert wurde.

Wir leben in einer Zeit, in der die meisten Menschen entweder zu viel oder zu wenig Arbeit haben. Wer mehr als 40 Stunden pro Woche arbeitet und davon seinen Lebensunterhalt nicht bestreiten kann, gehört zu den Verlierern der Gesellschaft. Wer den beruflichen Aufstieg geschafft hat, klagt über zu viel Arbeit, wird aber nicht nur mit mehr Geld, sondern auch mit der Aufstockung des symbolischen Kapitals belohnt. Zum Politikum wird Arbeit aber vor allem dann, wenn es um die Verteilung von Geld geht: um Mindestlöhne, um die Beschränkung von Managerboni, um die Frühverrentung (die aus den Rentenkassen finanziert werden muss) oder um eine Grundsicherung, die auch in Zeiten struktureller Massenarbeitslosigkeit nicht als vernünftige Option, sondern als Belastung für alle erscheint (man könnte ja auch denen, die auf Arbeit verzichten, dankbar dafür sein, dass sie aus der Konkurrenz um die Arbeitsplätze freiwillig aussteigen).

Gleichwohl wird sich Arbeit in absehbarer Zeit deutlich verändern. Es zeichnet sich ab, dass angesichts sinkender Geburtenzahlen in Deutschland bald ein struktureller Arbeitskräftemangel herrschen könnte, vor allem dort, wo hoch qualifizierte Kräfte gesucht werden. Der klassische Präsenzarbeitsplatz ist ein Auslaufmodell, Kernarbeitszeiten werden stetig aufgeweicht. Was die einen als Folge neoliberaler Wirtschaftspolitik verdammen, schafft den anderen Freiräume für eine familienfreundlichere Zeiteinteilung. In jedem Fall aber könnte Arbeitslosigkeit im 21. Jahrhundert ein Privileg der Reichen werden – wie in der Antike.

Annette Vowinckel leitet die Abteilung „Zeitgeschichte der Medien- und Informationsgesellschaft" am Zentrum für Zeithistorische Forschung Potsdam und lehrt Geschichte an der Humboldt-Universität zu Berlin.

**Anmerkungen:**

1. Zum Beispiel: Weber, Max: Politik als Beruf. In: Weber, Max: Gesammelte Politische Schriften. Herausgegeben von Johannes Winckelmann. Tübingen 1988, Seite 505–560; Weber, Max: Wissenschaft als Beruf. In: Weber, Max: Schriften 1894–1922. Ausgewählt und herausgegeben von Dirk Kaesler. Kröner, Stuttgart 2002, Seite 474–511
2. Arendt, Hannah: Vita activa oder Vom tätigen Leben. Piper, München 1981; Seite 31–38, 124–131, 154–163, 164–180 und 229 f., 315, 114
3. Arendt, Hannah: Vom Leben des Geistes. Band 1: Das Denken. Piper, München 1989; Band 2: Das Wollen. Piper, München 1989
4. Vergleiche dazu: Doering-Manteuffel, Anselm; Raphael, Lutz: Nach dem Boom. Perspektiven auf die Zeitgeschichte seit 1970. Vandenhoeck & Ruprecht, Göttingen 2010

**Raji C. Steineck, Tomoe Steineck**

# Japonia luxurians

## Zwischen reichhaltiger Oberfläche und bedeutungsvoller Schlichtheit

**Wer Japan aus den reichlich vorhandenen Büchern und Bildbänden kennt, die seine „Kultur der Stille" präsentieren, wird es kaum für ein Land halten, in dem die Ästhetik des Luxus zu Hause ist. Zumindest wird er einen Widerspruch darin sehen, dass das gleiche Land auch Quelle von Genres wie den hierzulande beim jüngeren Publikum heimisch gewordenen Comics (Manga) und Animationsfilmen (Anime) ist, die sich durch ihre Lust am überbordend Spielerischen bis Grotesken auszeichnen. Doch der Sinn für das Schlichte wie jener für das luxuriös Überschießende sind in der japanischen Kultur schon lange verankert.**

Schon die ersten längeren schriftlichen Dokumente aus dem Japan des 8. Jahrhunderts, mit denen nach der Schaffung eines bürokratisch geführten Zentralstaats am monarchischen Hof die Herrschaft der jungen Dynastie mythisch gerechtfertigt und verklärt wird, bestimmen Reichtum und Fülle geradewegs als Grundeigenschaften des Landes, das von den göttlichen Vorfahren des Herrscherhauses gezeugt worden sei: Als „mittleres Land der reichen Schilffelder" oder „Land der reichen Schilffelder und voll gefüllten Ähren" wird das Inselreich bezeichnet, das nach ihrer Darstellung zur Beherrschung durch die Abkömmlinge der Himmelsgötter ausersehen ist. In der offiziellen Reichschronik *Nihon shoki* (*Dokumente zur Chronik von Japan*; 720), die das japanische Reich als örtlichen Vertreter einer universalen Zivilisation präsentiert, wird diese Vorstellung dadurch untermauert, dass die Götter, die das Land erzeugt haben sollen, selbst mit Verkörperungen der polaren kosmischen Urkräfte Yin und Yang gleichgesetzt werden. Deren harmonisches Zusammenspiel bringt nach Vorstellung der chinesischen Klassiker alles Seiende hervor. Die *Aufzeichnungen alter Angelegenheiten* (*Kojiki*; circa 712), die demgegenüber in Form und Inhalt die Unabhängigkeit der einheimischen Überlieferung markieren, stellen dagegen die schöpferische Lebenskraft (*musuhi*) ins Zentrum, die sich in den erwähnten Göttern verdichtet. Diese bringen das Land und alles, was dort lebt und webt, hervor, das von der göttlichen Lebenskraft durchdrungen bleibt. Die Weltanschauungen beider Texte kommen in ihrer grundsätzlich positiven Sicht auf den Reichtum und die Formenfülle der Welt überein; beide akzentuieren in je eigener Weise aber auch, dass diese Fülle zu ihrem Erhalt einer guten Ordnung bedarf, zu deren Garant sie eben die Herrscher ausersehen. Im Hintergrund dieser Ansichten steht das erfolgreiche Projekt der Zentralisierung politischer und wirtschaftlicher Macht in einer kleinen Schicht von Adelshäusern unter Führung der herrschenden Dynastie, das die Konzentration von wirtschaftlichen Gütern sowie die Verfügung über eine bis dato unbekannte, ausgedehnte Produktion von Luxusgütern ermöglichte. Es wurde entscheidend von der Fähigkeit getragen, die landwirtschaftliche Produktion durch den Bau aufwendiger Bewässerungsanlagen auszuweiten und die Umsetzung fortschrittlicher Technologien in der Metall- und Lederverarbeitung zu organisieren. Das neue imperiale und zivilisatorische Selbstbewusstsein äußerte sich unter anderem in den Hervorbringungen der höfischen Poesie, die nach chinesischem Vorbild regelmäßig für zeremonielle Anlässe produziert und vorgetragen wurde. Die folgenden Anfangszeilen aus einem Langgedicht des Kakinomoto no Hitomaro[1] (um 660–vor 710) repräsentieren in Wortwahl wie in den zum Ausdruck gebrachten mythologischen Vorstellungen die Selbstbejahung einer Herrschaftsschicht, die sich als Vertreter wie Garant kosmischer Fülle versteht:

*Zu Anfang von*
*Himmel und Erde*
*versammelten sich*
*in göttlicher Versammlung*
*im fernabgelegenen*
*Himmelsflussfeld*
*die achthundert Myriaden,*
*tausend Myriaden von Göttern,*
*und als sie mit göttlichem Teilen*
*(die Welt unter sich) teilten, (legten sie fest, dass)*
*die über den Himmel strahlende*
*Sonnenfrau, die Erhabene*
*den Himmel*
*beherrschen solle*
*und dass die Göttlich-Erhabenen*
*das Schilffeldland*
*der vollen Ähren*
*bis zum Ende der Verbindung*
*von Himmel und Erde*
*beherrschen sollten;*
*sie teilten den achtfachen Zaun*
*der Wolken am Himmel*
*und sandten ihn herab*
*und ließen ihn Wohnstatt nehmen,*
*den hochauf strahlenden*
*erhabenen Sonnensohn,*
*und als ein Gott*
*herrschte er herrlich*
*im Palast von Kiyomi*
*wo der Vogel fliegt,*
*und er öffnete die felsgleichen Tore*

*des Himmelsfeldes,*
*als dem Herrensitz*
*der erhabenen Herrscher*
*und göttlich aufsteigend*
*weilt er nun dort.*[2]

Im späteren Verlauf des Altertums kam mit dem sogenannten Esoterischen Buddhismus (sanskrit *vajrayana*, japanisch *mikkyo*) eine weitere Lehre hinzu, die eine positive Sicht auf die Vielfalt der sinnlichen Formen begünstigte. Zwar bringt man den Buddhismus traditionell auf der Grundlage seiner früheren kanonischen Schriften eher mit Askese und Weltentsagung in Verbindung. Doch entwickelten spätere Schulen des sogenannten „Großen Fahrzeugs" (sanskrit *mahayana*) eine Interpretation, die das Leben in der Welt bejahte und, wenn es den eigenen Idealen gemäß gelebt wurde, sogar mit dem Nirwana gleichsetzte. Der Esoterische Buddhismus stand am Höhepunkt dieser Entwicklung. Seine Vertreter begründeten die Identifikation der gegenwärtigen Welt mit der idealen durch eine Kosmologie, der die gesamte Erscheinungswelt als Körper des „Großen Sonnenbuddha" (sanskrit *Mahavairocana*, japanisch *Dainichi nyorai*) galt. Seine Lehre von religiöser Praxis versprach, dass die Menschen mit den Buddhas eins werden könnten, wenn sie sich durch Verwendung bestimmter verbaler Formeln, Körper- und Handhaltungen sowie meditativer Vorstellungen in Übereinstimmung mit ihnen versetzten. Dies führte zu einem ausgedehnten Ritualwesen, da man nun prachtvoll ausgestatteten Zeremonien, in denen die idealen Reiche der Buddhas anschaulich vorgestellt wurden, mehr Heilswirkung zutraute als etwa handfesten karitativen Tätigkeiten wie dem Verteilen von Nahrung, der Pflege von Alten und Kranken oder der Bereitstellung von Medizinalgärten. Buddhismus und einheimischer Götterkult verbanden sich darüber hinaus zu einem sich wechselseitig befruchtenden System von religiösen Vorstellungen und rituellen Praktiken, das weite Aspekte des gesellschaftlich-kulturellen Lebens insbesondere der Elite prägte. Die um das Jahr 1000 entstandenen *Erzählungen vom Prinzen Genji* (*Genji monogatari*) der Hofdame Murasaki Shikibu, das wohl bekannteste literarische Produkt aus der Blütezeit des japanischen Altertums, geben eine anschauliche Schilderung von einem festlichen Umzug anlässlich der Einsetzung einer hohen Schreinpriesterin aus dem Herrscherhaus: „Am Tag der Reinigung pflegte immer eine bestimmte Zahl von höchsten Würdenträgern die Priesterin zu begleiten, doch diesmal wählte der Exkaiser selbst die angesehensten und schönsten seines Hofes hierfür aus. Jede Kleinigkeit, sogar die Farben der Untergewänder, die Muster auf den Hakama-Rockhosen sowie die Art der Pferde und Sättel ordnete der Kaiser selbst an ... Die in vielfältigem Geschmack sorgfältig geschmückten Tribünen, die man da und dort aufgestellt hatte, wie auch die aus den Wagen hängenden prächtigen Ärmel der Damen schufen ein unbeschreiblich glanzvolles Bild ... Selbst unter fühllosen Wesen wie Bäumen und Gräsern gab es wohl nichts auf Erden, was sich Genjis unvergleichlicher Schönheit nicht ehrfürchtig zugewandt hätte ... Komische alte Weiber mit zahnlosem, eingefallenem Munde, die Haare schlampig unter das Obergewand gestopft, hielten die gefalteten Hände zur Stirn erhoben und starrten Genji verzückt an. Roh dreinschauende Männer niedrigen Standes lächelten bei seinem Anblick selig vor sich hin, ohne daß sie auch nur ahnten, wie grauenvoll sie selber wirkten."[3]

Die hier nur in kurzen Auszügen wiedergegebene Schilderung zeigt, wie bei solchen Anlässen der luxuriöse Glanz der Hofgesellschaft auch einmal bis zu jenen strahlte, die ihn durch ihre Abgaben und Fronarbeit ermöglichten, aber in der Regel von ihm ausgeschlossen blieben. Der höfische Alltag, der vom Ideal der vornehmen Eleganz (*miyabi*) geprägt war, verlangte nämlich geradezu danach, dass die direkte Begegnung mit allem Groben und Unschönen ferngehalten wurde. Alles, die Dinge wie das Handeln, sollte Geschmack beweisen und möglichst vollkommen auf die Umstände der Jahres- und Tageszeiten sowie der höfischen Anlässe abgestimmt sein. Zu diesen zählten nicht zuletzt die sozusagen ostentativ geheimen amourösen Begegnungen zwischen den jüngeren Mitgliedern der Adelshäuser, die durch den Austausch von Briefen und Geschenken eingeleitet wurden. Die Wahl des Papiers hinsichtlich Farbe, Muster und taktiler Beschaffenheit, seine Parfümierung, die kalligrafische Handschrift, lyrischer Ausdruck und poetische Technik sowie der treffsichere Bezug zur Jahreszeit zum Ausdruck der Gefühle gaben Auskunft über die Attraktivität des Gegenübers. Diese musste dann selbstredend durch das Aussehen, die richtige Wahl der Kleider und Schmuckstücke sowie durch die Fähigkeit, spontan in Gespräch, Gedichtaustausch und musikalischer Unterhaltung angenehm und interessant aufzutreten, bestätigt werden. All das setzte, zusätzlich zu persönlichen Talenten und Fähigkeiten, eine selbstverständliche Verfügung über Luxusgüter sowie eine umfassende Bildung und deren rechte Verwendung voraus, die nur wenige besitzen konnten.

*Wahrer Luxus ist die Fähigkeit zur kunstvollen Andeutung tiefer Gefühle.*

Als ästhetisches Ideal vornehmer Eleganz begünstigte *miyabi* aber bei allem Einbezug des Luxuriösen auch einen Zug zur Zurückhaltung, der wiederum an einer Stelle aus den *Erzählungen vom Prinzen Genji* deutlich wird, die ein Gespräch zwischen ihm und seinen Freunden wiedergibt; dort äußert sich ein erfahrener Höfling über die Malerei: „Im kaiserlichen Malamt gibt es viele tüchtige Maler; doch ... ist es schwer zu sagen, wer sich von ihnen am besten darauf versteht. Handelt es sich um Gebilde gesteigerter Phantasie, wie etwa ... um einen in stürmischen Wogen tobenden Fisch, ein wildes chinesisches Tier oder ein Dämonengesicht, das wachen Augen noch nie erschienen ist, so findet dies, obgleich es mit der Wirklichkeit nichts zu tun hat, gerade dann viel Beifall, wenn sich der Maler ganz seiner Phantasie überließ und die Augen aller verblüfft. Stellt man aber einen gewöhnlichen Berg dieser Welt, einen Wasserlauf, ein alltägliches Haus so dar, wie man sie von der Erfahrung her kennt, und malt dann mit sanftem Pinsel eine vertraut aussehende, wohlgefällige Landschaft dazu, so entfaltet ein Meister dann, wenn mehrere dichtbewaldete, fern aller Welt ruhende Berge und die Bäume und Pflanzen eines nahen Gartens sorgfältig im Bild angeordnet und getreu den Regeln der Malkunst dargestellt werden, sein besonderes, alle anderen überragendes Können. Beim Schreiben ist es ähnlich. Zieht einer, der im Grunde nicht viel davon versteht, in anspruchsvoller Art die Schriftzeichen schwungvoll und flüssig aus, so wirkt dies auf den ersten Blick talentiert und geschmackvoll, und ein anderer, der mit echter Kunst den Pinsel in aller Sorgfalt führt, tritt hinter ihn zurück. Vergleicht man aber diese beiden Schriften miteinander, fühlt man sofort, wie überlegen schön die letztere ist."[3]

Von hier aus lässt sich eine Linie ziehen zu einer Ästhetik, die anstelle der auffälligen und verschwenderisch gestalteten Oberfläche sozusagen einen Luxus

der Tiefe pflegt. Dass es dabei tatsächlich darum geht, einen Überschuss – nämlich an Bedeutung oder Gefühl – vorzustellen und sinnlich spürbar zu machen, verdeutlichen Überlegungen des Dichter-Aristokraten Fujiwara no Teika (1162–1241) zum „herausragenden Stil", um den sich die Dichter seiner Ansicht nach vor allem bemühen sollten: Ein Gedicht in herausragendem Stil „transzendiert alle Erscheinungen und bleibt keiner verhaftet; es scheint zu keinem der zehn Stile zu gehören und doch jedes ihrer Merkmale zu enthalten; es ruft ein über die Worte hinausgehendes Gefühl hervor, und man hat die Empfindung, als ob man einen Menschen vor sich hätte, dessen Gesinnung aufrichtig und dessen Kleidung untadelig ist."[4]

Man muss den funktionalen Aspekt der Verbindung zu einer Persönlichkeit, die in Gesinnung wie Erscheinung für ein hohes Amt bei Hofe taugt, nicht gering ansetzen, um die hier gemeinte ästhetische Qualität zu würdigen. Es handelt sich um eine besondere Form des stilistischen Reichtums: Indem derartige Gedichte alle gebräuchlichen „Tonarten" anklingen lassen, erscheinen sie vollendeter als solche, die sich auf einen einzigen der herkömmlichen Stile festlegen. Das gilt umso mehr, als sie zugleich noch signalisieren, dass die Kunst der Worte von Gefühlen getragen wird, die nochmals über das Gesagte hinausgehen – und geeignet ist, eben solche Gefühle auch in den Lesern hervorzurufen.

Diese Tradition, den wahren Luxus in der Fähigkeit zur kunstvollen Andeutung tiefer Gefühle zu sehen, ist eng mit der Kultur des Hofadels verbunden und wird dort über Jahrhunderte bewahrt. Sie bleibt aber nicht ohne Konkurrenz, da im ausgehenden Altertum mit dem Kriegeradel eine neue politische Elite an Bedeutung gewinnt, die ihrer Herkunft und Lebensweise nach in direkterem Kontakt zu den Dingen steht. Ästhetisch stellt diese neue herrschende Schicht, die noch um ihre Anerkennung kämpft und zugleich aufgrund ihrer Verwicklung in militärische Auseinandersetzungen sich stets vom Tod bedroht sieht, dem verfeinerten Stil des Hofes den augenblicklichen Genuss von Schönheit und Reichtum entgegen. Eine Stelle aus den berühmten *Aufzeichnungen aus Mußestunden* (*Tsurezuregusa*) des Hofadligen Yoshida Kenko spiegelt diesen Gegensatz aus der Sicht des alten Adels wider. Er schreibt zur Frage, was die besten Umstände für die seit dem Altertum gepflegte Bewunderung des Mondes oder der Kirschblüten seien: „Ein Mann von Geschmack läßt nicht erkennen, wenn er Gefallen findet, und er ist zurückhaltend schlicht, wenn ihn etwas tief berührt. Derbe Leute vom Land aber sind bei ihrer Begeisterung gleich grob und laut. Sie stoßen und drängeln sich bis ganz nahe zu den Blüten hin, stehen dort und starren sie an, ohne den Blick zur Seite zu wenden, schlürfen Sake (Reiswein) und schmieden Gedichte und brechen schließlich einen großen Blütenzweig erbarmungslos ab ... So ist es mit allem: nichts können sie aus der Ferne sehen."[5]

Solch vornehmes Stirnrunzeln der alten Eliten über das Verhalten des neuen Kriegeradels ist aber durchaus ein von diesem gewollter Effekt. *Basara*, die zur Schau gestellte Freude an Luxus im unmittelbaren Genuss des Augenblicks, sollte gerade herausfordern und provozieren.

Ein klassisches Beispiel ist ein von dem Fürsten Sasaki Doyo veranstaltetes Bankett zur Kirschblütenschau, die das Epos *Taiheiki* anschaulich und in geradezu hymnischen Worten schildert. Doyo plant das Bankett in einem Tempel nördlich der Haupstadt in Konkurrenz zu einem Rivalen bei Hofe und übersteigert dabei alle traditionellen Elemente der Gestaltung in bis dato nie gesehenem Maß: So lässt er, anstatt Blumengestecke in Vasen zu stellen, monumentale Blumenvasen um je zwei Kirschbäume eines Tempelgartens bauen, benutzt Mengen von seltenem Räucherwerk aus Indien, damit der Garten von exotischen



Abbildung:
**Kosode Gewand**
mit großen Chrysanthemen aus weißem *rinzu*-Stoff (Satindamast aus Seide) aus der Edo-Zeit (1603–1868), Japan. Höhe 150 cm, Breite 124 cm. Objektnummer I-3971, Nationalmuseum Tokio

Düften durchzogen ist, und vergoldet und versilbert eine Pagode eigens für diesen Anlass. Das Epos vermerkt, dass die Besucher sich wie in eine ideale Bilderlandschaft versetzt fühlten. Die Party war Stadtgespräch und Doyos Rivale entsprechend düpiert.

Nicht zuletzt wegen der mit ihm verbundenen Provokation wird *basara* in einem Erlass aus dem 14. Jahrhundert gemaßregelt: „In letzter Zeit ist es Mode geworden, unter dem Namen *basara* übertriebenen Luxus zu pflegen. Aufwendige Brokatstoffe, fein ziselierte Silberschwerter und eleganter Schmuck versetzen das Auge in Erstaunen. Das ist als äußerste Verrücktheit zu bezeichnen. Die Reichen brüsten sich damit, die Armen schämen sich, weil sie es sich nicht leisten können. Das verstärkt den gesellschaftlichen Verfall. Dem ist strikt Einhalt zu gebieten."[2]

*Prachtvoll ausgestatteten Zeremonien wurde mehr Heilswirkung zugetraut als karitativen Tätigkeiten.*

Moden ließen sich aber schon damals schwer verbieten. Trotz der Ermahnungen zu tugendhafter Zurückhaltung folgten auch die Schogune dem Geschmack an der Zurschaustellung seltener und erlesener Reichtümer, der durch *basara* eine neue Dimension erhalten hatte. Weltberühmt ist der von Ashikaga Yoshimitsu erbaute Goldene Pavillon (Kinkaku-Tempel, eigentlich: Rokuon-Tempel). Nach Yoshimitsus Tod wurde die Anlage seinem Wunsch gemäß in einen Zen-Tempel umgewandelt. Das mag aus heutiger Sicht geradezu pikant wirken, doch wirkten die Zen-Mönche im Mittelalter wegen ihrer engen Beziehungen zu den Tempeln in China als Hauptvermittler zeitgenössischer Kunst und Kultur vom Kontinent sowie als wichtige Vermittler in Handel und Diplomatie. Und da die *basara*-Ästhetik stark auf die Verwendung seltener Luxusgüter aus fernen Ländern setzte, hatten sie auch in dieser Hinsicht eine Schlüsselstellung inne.

In den nächsten Generationen wiederholte sich allerdings an der Spitze der Hierarchie die Wendung zu äußerlich schlichteren Formen der Eleganz. Sie wurde begünstigt durch den Geschmack an importierten Luxusgütern, der auch neue chinesische Kunstrichtungen wie die Tuschmalerei oder die sogenannten „trockenen Landschaftsgärten" (*kare sansui*) aus Stein, Kies und Moos bekannt machte, die zunächst als exklusiv-exotische Moden aufgegriffen wurden. Daraus entwickelte sich dann jener Stil, der heute die Vorstellungen von japanischer Ästhetik prägt, und für den besonders die Steingärten, die Architektur, das Kunsthandwerk der Teezeremonie sowie die Tuschmalerei und die Kalligrafie stehen. Man kann allerdings sagen, dass dabei der Luxus des offensichtlich Seltenen und Wertvollen durch den aristokratischeren der Herkunft abgelöst wurde: Wieder galt nicht die prächtige Oberfläche als entscheidend, sondern die von ihr angedeutete Tiefe; diese wurde nun durch das Geschmacksurteil wichtiger Meister bestätigt und abgesichert, deren Urteil im Extremfall noch die armseligsten Gegenstände aus der ästhetischen Bedeutungslosigkeit herauslösen und sie zu Objekten höchster Wertschätzung machen konnte. Der Teemeister Sen no Rikyu (1522–1591), der diese Form des Luxus zu einem neuen Höhepunkt trieb, war durchaus kein Freund der nüchternen Bescheidenheit, sondern zelebrierte neue architektonische Elemente der koreanischen Kultur in seinen Tee-Häusern. Er demonstrierte plakativ bahnbrechende Eigenwilligkeit, indem er alte Tonschalen vom Markt als Inbegriff des Ästhetischen propagierte und mit dem entsprechenden Preis an den kunsteifrig gewordenen Kriegeradel weitergab, oder indem er den Dachziegelbrenner Raku Chojiro dazu brachte, ohne Töpferscheibe gefertigte, bewusst „grobe" Tee-Schalen anzufertigen, die Rikyu dann als Embleme eines neuen Stils zelebrierte. Der Luxus, den dieser *wabi* genannte Stil der Teezeremonie vermittelte, war jener friedvoller Gelassenheit und aufmerksamer Gastfreundschaft inmitten der unruhigen Welt des 16. Jahrhunderts, in der jeder gegen jeden kämpfte und, so das Schlagwort der Zeit, „die Unteren die Oberen stürzten", um sich selbst an deren Stelle zu setzen. So legt das *Nanporoku*, ein Klassiker unter den Schriften zur Teekunst, Sen no Rikyu folgende Worte in den Mund: „*Roji* (Gartenweg; Teegarten; aber auch: Sphäre der Erlösung), das ist der Inbegriff für eine Atmosphäre entrückter Stille, die eine Teeklause ... umgibt ... Die Entrücktheit von weltlichem Staub und Schmutz, die Klarheit und Stille eines von materiellem Verhaftetsein völlig befreiten Herzens ... nennt man behelfsmäßig umschreibend *byaku roji* (weißer Gartenweg). Wenn dies dem ursprünglichen inneren Seelenzustand entspräche, müßte seine äußere Erscheinung ein natürlicher Garten mit Bäumen und Steinen sein, eine stille, wunderbare Welt wolkenumhüllter alter Bäume ... Obgleich es um Wohnhäuser in den Städten eine solche Naturlandschaft kaum geben kann, pflanzt man doch Bäume an, läßt Bambus sprießen, erfreut sich an Abend- und Morgentau, wandelt bei Mondschein und Schnee und erlebt auch in einem nur kleinen Garten selbst solche Freuden wie beim Anblick schönster Landschaften ..."[6]

Beide Pole des Luxus, der Kult der reichhaltigen Oberfläche wie jener bedeutungsvoller Schlichtheit, wurden vom Kriegeradel und der langsam wachsenden Kaufmannsschicht in den großen Städten kultiviert. Seit dem 17. Jahrhundert ebnete eine politisch stabilere und mit besseren Infrastrukturen ausgestattete Gesellschaft den Weg zum Wachstum einer neuen künstlerischen Blüte, die sie miteinander versöhnte. Beispielhaft hierfür steht der Poet, Kalligraf, Verleger, Töpfer und Maler Hon'ami Koetsu (1558–1637). Er agierte als Patron für unbekannte und arme Künstler und legte in Zusammenarbeit mit dem Maler Tawaraya Sotatsu (Lebensdaten unbekannt) die Grundlagen für die sogenannte Rinpa-Schule. Diese wendet sich zurück zu den Werken und Idealen des Altertums. Sie zelebriert Poesie und Kalligrafie als elegante Ausdrucksformen, verwendet diese aber auch zum Schmuck von Gewändern und Dekorartikeln wie etwa Lackschatullen für Pinsel oder Weihrauch. Der Glanz der Oberfläche verbindet sich mit ruhigen und ausgeglichenen, weich fließenden Formen. Das Explosive der *basara*-Ästhetik hat hier keinen Ort – verschwindet deswegen aber auch nicht aus dem Blickfeld, sondern kehrt wieder in der bewusst „schrägen" Kunstform des Kabuki-Theaters, an dem sich der Zyklus von Provokation, Verbot und Verfeinerung der Ästhetik der reichen, sinnenfreudigen Oberfläche wiederholt.

Wie kam es angesichts dieser reichhaltigen Geschichte von Luxusästhetiken zu dem heute populären Bild einer japanischen „Zen"-Ästhetik der Einfachheit? Entscheidend hierfür war die Modernisierung des Zen-Buddhismus durch Suzuki Daisetz, der unter dem Eindruck des angloamerikanischen Protestantismus Zen als sozusagen „nicht-religiöse Religion" für Orientierung suchende Intellektuelle neu erfand. Dazu löste er die Schulungs- und Übungspraxis des Zen aus ihrem monastischen und rituellen Zusammenhang und betonte die zentrale Rolle einer Einsicht jenseits aller begrifflichen und dogmatischen Festlegungen. Das bereitete den Weg für die selektive Wahrnehmung jener Bestandteile der klösterlichen Architektur und Kunst, die sich dem modernen Interesse am Schlichten und Funktionalen fügten. Den auf moderne Interessen zugeschnittenen „Zen" (ohne Schule, Klerus, Klöster und Dogmatik) setzte Suzuki dann auch mit dem Wesen der japanischen Kultur gleich, die somit in die Stellung einer kulturellen Avantgarde rückte. Das so imaginierte Japan – letztlich ein Fantasieprodukt – fand begeisterte Aufnahme auch im Westen, wo Künstler und Intellektuelle von Bruno Taut bis Roland Barthes es als Gegenbild zu allem feierten, was ihnen am eigenen (übervoll luxuriösen) Umfeld nicht gefiel.

Raji C. Steineck ist Professor für Japanologie an der Universität Zürich. Tomoe I. M. Steineck studierte Ostasiatische Kunstgeschichte an der Universität Heidelberg und der School of Oriental and African Studies London. Unter anderem bearbeitete sie als Gastkuratorin die Sammlung Wilfried Spinner (1854–1918) für die Ausstellung *WegZeichen – Japanische Kult- und Pilgerbilder*, die im Völkerkundemuseum der Universität Zürich bis zum 17. Mai 2015 zu sehen ist.

**Anmerkungen:**

1. Japanische Namen werden in diesem Beitrag so wiedergegeben wie in Japan üblich, das heißt der Familien- oder Geschlechtername steht zuerst und der persönliche Name danach.
2. Übersetzung von Raji Steineck
3. Leicht verändert wiedergegeben nach: Murasaki Shikibu: Genji-Monogatari. Die Geschichte vom Prinzen Genji. Altjapanischer Liebesroman aus dem 11. Jahrhundert. Vollständige Ausgabe, aus dem Original übersetzt von Oscar Benl. Manesse Verlag, Zürich 1966, Seite 265–266, 269, 40
4. Fujiwara Teika: „Maigetsusho". In: Izutsu, Toshihiko; Izutsu, Toyo (Hrsg.): Die Theorie des Schönen in Japan. Beiträge zur klassischen japanischen Ästhetik. Übersetzt von Franziska Ehmcke. DuMont, Köln 1988, Seite 112–130, hier: Seite 120
5. Yoshida Kenko: Tsurezuregusa. Aufzeichnungen in Mußestunden. Band Nr. 35/37. Übersetzt von Oscar Benl. Müller & Kiepenheuer, Bergen 1948, Seite 56–57
6. Hennemann, Horst Siegfried: Chasho. Geist und Geschichte der Theorien japanischer Teekunst. Veröffentlichungen des Ostasien-Instituts der Ruhr-Universität Bochum, Band 40. Harrassowitz, Wiesbaden 1994, Seite 224–225

# Was ist Luxus?

## Eine Umfrage unter Schülern der Helene-Lange-Schule in Hannover

Luxus sind die Dinge, die man nicht zum Leben braucht, die es einem aber verschönern.

Wenn in der Zukunft das Notwendige nicht mehr da ist, wird das Luxus sein.

Eine Form von Freiheit. Man kann mit Geld machen was man will!

Luxus ist viel Geld, Gesundheit, Familie, Freunde, keine Sorgen und eine gute technische Ausstattung.

Luxus macht glücklich.

Luxus ist was man nicht hat, aber gerne hätte.

Mein Vater muss sehr viel arbeiten, um genug Geld für unsere Familie zu verdienen. Mein kleiner Bruder hat neulich zu ihm gesagt: „Papa, du musst dein ganzes Geld mit uns teilen, dabei hast du selbst so wenig davon." Da hat er nur gelacht und geantwortet: „Ich habe vier Kinder. Ich bin reich, egal wie viel Geld ich habe.

Guckt alle! Ich bin reich! Das ist Luxus.



Luxus ist nicht definierbar, weil Luxus für jeden etwas anderes bedeutet.

Luxus ist Ansichtssache. Für einen Jungen in Afrika ist ein Stück Käse ein großer Luxus, für uns ist es normal, drei, vier Sorten Käse im Kühlschrank zu haben.

Luxus ist immer das, was selten da ist.

Wer glaubt, er müsste in Luxus leben, ist ziemlich arm.

Abbildung: **„Sparmenü mit Luxus"** Ausriss aus einem Werbeprospekt von Rewe Stuttgart. Gefunden von Uta Kaune.

Jeder möchte in Erinnerung bleiben.
Viel Geld kann dabei helfen.

Luxus wird schnell normal.

Für Luxus muss man einen hohen Preis zahlen.

Luxus ist etwas ganz Individuelles
und für kein Geld der Welt zu kaufen!

Luxus geht immer auf Kosten anderer.
Was der eine besitzt, kann der andere
zur gleichen Zeit nicht besitzen.

Luxus ist zeitlich begrenzt. Wenn wir uns etwas Neues gönnen, zwei, drei Wochen später haben wir es vergessen.

Luxus ist eine Sucht. Wenn man einmal davon gekostet hat, möchte man nicht mehr aufhören.

Genügend Zeit für die Dinge, die wirklich Spaß machen.

Ich bin jetzt 15 Jahre alt und habe schon mehr Luxus gehabt, als viele Menschen in Entwicklungsländern in ihrem ganzen Leben jemals erleben werden. Da kann ich nichts mehr erwarten.

Ich habe alles, was ich brauche. Das ist Luxus.

Je mehr Leute etwas besitzen,
desto mehr verliert es an Wert.

Gesundheit, Zeit und Freunde, das ist Luxus.



Für manche ist ein Dach über dem Kopf ein großer Luxus. Für andere ist gerade kein Dach über dem Kopf zu haben Luxus. Diese Menschen fühlen sich nur dann frei.

Durch Luxus entsteht Neid. Man will immer nach oben, also schaut man auch eher dort hin.

Luxus definiert sich durch das eigene Umfeld.

Etwas ist luxuriös, wenn der Durchschnitt es nicht hat.

Luxus ist nötig, um die Gesellschaft zu erhalten.
Der Luxus der Reichen gibt den Armen Arbeit.

Es gehört nicht zu der Natur des Menschen, einfach Dinge zu verschwenden. Luxus ist dumm.

Man muss sich den Luxus verdienen, dann kann man ihn mit gutem Gewissen leben.

Mit dem Mikrofon unterwegs waren Schüler der 10. Klasse der Helene-Lange-Schule in Hannover unter Leitung von Elena Kuss und Stefan Helge Kern.

Friedrich Dieckmann

# Das Notwendige und das Überflüssige

## Askese ist kein Ausweg

I

Luxus, von lateinisch *luxari*, schwelgen, und *luxus*, Üppigkeit, Ausschweifung, Schwelgerei – mit diesem Wort betreten wir ein Reich der Ambivalenz. Die deutsche Übersetzung klingt moralisch pejorativ, allein: der Luxus, also das Überflüssige, nicht unmittelbar Lebenszweckmäßige, gehört substanziell wenn nicht zur menschlichen Existenz (man könnte den Menschen das luxurierende Tier nennen), so doch zur kulturmenschlichen Existenz. Schmuck ist, von der Lebensnotwendigkeit her gesehen (früher sprach man von Notdurft), das Überflüssige, ist Luxus, aber was wäre der Mensch ohne sein vom Bedürfnis erzeugtes Vermögen, sich selbst und die Dinge seines Gebrauchs, seines Wohnens, Werkens und Verzehrens schmückend zu überhöhen? Der ästhetische Luxus ist Triebkraft und Basis kultureller Entwicklung, er führt von der Bandkeramik steinzeitlicher Töpferwaren und den Goldspangen bronzezeitlicher Fürstinnen bis zu dem Punkt, da das Bauhaus das Ornament abschaffte und die moderne Bautechnik diesen Akt eines exzessiven Rationalismus technologisch verifizierte. Aber das war nicht das Ende des Luxus, es markierte nur dessen Übergang aus der ästhetischen in die technische Sphäre. Wenn wir heute in Bahnen und Bussen jedermann und jedefrau magisch leuchtende Glasplättchen in der Hand halten sehen, auf deren Oberfläche sie Bilder und Texte aller Art und aller Zonen herbeizaubern, so bewegen wir uns ersichtlich auf dem Feld eines buchstäblich grenzenlosen Luxus – eines, der nicht, wie einstmals das Wasserklosett, die Fernheizung und das Automobil, einen langen Weg von den vermögenden zu den vermögenslosen Schichten des Volkes zurückgelegt hat, sondern binnen eines Jahrzehnts zur Massenware geworden ist.

Gibt es auch geistigen Luxus? Die geistige Sphäre als eine der reinen, zweckfreien Interpretation ist, aus der Perspektive elementarer Lebenspraktikabilität gesehen (und oft auch aus dem Blickwinkel der reinen Handarbeiter), schlechthin ein Luxus, aber auch dies: ein existenznotwendiger, von gesellschaftlichen Bedürfnissen gespeister. Ist auch er im Begriff, zu verschwinden, aufgesogen von einer Technizität des Lebensbegriffs, die eine Verlagerung des Luxus in jene Sphäre bedeutet, die man „das Machbare" nennt? Es ist plausibel, dass in Zeiten stürmischer, ja rasender Entwicklung auf dem Feld technischer Naturbeherrschung die ästhetischen wie die geistigen Kompetenzen des Menschen (sie hängen eng zusammen) zurücktreten und gleichsam aufgesogen werden, so dass, was vormals Lebenselement war, nun als Luxus zurückgewiesen wird; umgekehrt wird der Luxus von einst, so das Reisen in ferne Länder, das Depeschieren über Ozeane hinweg, zum gesellschaftlich Gängigen. Doch gibt sich im Blick über die Zeitalter eine prinzipielle Differenz der ästhetisch-geistigen gegenüber der technisch-effizienten Sphäre zu erkennen: Die Errungenschaften der letzteren akkumulieren, sie nehmen mehr oder minder stetig zu, ohne wirkliche Einbußen zu erleiden, während die kulturellen Gebilde, seien es Baustile, Staatswesen oder Denkgebäude, einem Auf und Ab unterliegen, das uns im Bild der Glockenkurve erscheint. So droht technische Effizienz die Sphäre der geistigen und ästhetischen Selbstinterpretation des Menschen nicht nur phasenweise, sondern dauerhaft zu überwuchern. Eine Zeit dämmert auf, in der ein Äußerstes an Luxus – die Auswanderung des Menschen auf ferne Himmelskörper – nicht mehr als Science-Fiction, sondern als Realprojekt zur Rettung der Menschheit erwogen wird. Da der Mensch nicht mehr in sich zu gehen vermag, ohne sich unheimlich berührt zu finden, versucht er, aus sich heraus zu gehen – ins Leere, das das Geist- und Lieblose ist.

II

Mit dem Luxus verbindet sich die soziale Frage. Das zeigt sich auch an der redensartlichen Verwendung des Wortes, die etwas als Luxus bezeichnet, das notwendig gebraucht wird, aber schwer zu bekommen ist, wie Stille oder gesunde Luft. Immanuel Kant ist der Zusammenhang zwischen Luxus und Ausbeutung vollkommen deutlich. „Die Geschicklichkeit", schreibt er 1790, im zweiten Jahr der Französischen Revolution, „kann in der Menschengattung nicht wohl entwickelt werden als vermittelst der Ungleichheit unter Menschen". Luxus sei, „wenn der Hang zum Entbehrlichen schon dem Unentbehrlichen Abbruch zu tun" anfange (ahnte er die Luftverschmutzung?). Aber das „glänzende Elend" eines Zustands, der durch „fremde Gewalttätigkeit und innere Ungenügsamkeit" befördert werde, sei „doch mit der Entwickelung der Naturanlagen in der Menschengattung verbunden"[1].

Dreißig Jahre später fügt G. W. F. Hegel in seine Rechtsphilosophie „ein System der Bedürfnisse" ein und widerspricht der rousseauistischen Vorstellung, dass „der Mensch in einem sogenannten Naturzustande ... in Freiheit" lebe. Dieser sei vielmehr ein Zustand der Rohheit und Unfreiheit, aus dem er, heraustretend, aber keineswegs in einen Zustand der Freiheit gelange, denn: „Die Richtung des gesellschaftlichen Zustandes auf die unbestimmte Vervielfältigung und Spezifizierung der Bedürfnisse, Mittel und Genüsse, welche ... keine Grenzen hat, – der *Luxus* – ist eine ebenso unendliche Vermehrung der Abhängigkeit und Not."[2] Diogenes, merkt der Philosoph an, sei „selbst ein unartiges Produkt des Luxus" gewesen – kein Vorbild, sondern die Kehrseite verwerflicher Verfeinerung.

Askese, zeigt sich, ist kein gesellschaftlicher Ausweg; statt ihrer herrscht eine „ins Unendliche fortgehende Vervielfältigung" der „partikularisierten Bedürfnisse". Sie wird durch Profitinteressen immer neu entfacht. „Das, was die Engländer *comfortable* nennen", merkt der Autor an, „ist etwas durchaus Unerschöpfliches und ins Unendliche Fortgehendes, denn jede Bequemlichkeit zeigt wieder ihre Unbequemlichkeit, und diese Erfindungen nehmen kein Ende. Es wird ein Bedürfnis daher nicht sowohl von denen, welche es auf unmittelbare Weise haben, als vielmehr durch solche hervorgebracht, welche durch sein Entstehen einen Gewinn suchen."[2]

Kant wie Hegel behandeln das Phänomen des Luxus, das ihnen in Gestalt der verschwenderischen Lebensführung der höfisch-fürstlich-aristokratischen Klasse sinnfällig vor Augen lag, mit sozialem Bewusstsein, aber nur am Rande. Anders ein Theaterautor von satirisch durchdringender Scharfsicht, Johann Nestroy, der im Wien des Jahres 1836 mit einer *Posse mit Gesang* hervortrat, die die Luxusfrage im Titel führte; sie hieß *Die beiden Nachtwandler oder Das Notwendige und das Überflüssige.* Darin rettet ein schlafwandelnder Seiler durch sein geistergleiches Erscheinen einen britischen Lord vor einem nächtlichen Raubüberfall und rührt den Geretteten durch seine nachtwandelnd geäußerten Träume von Familiengründung und Meerschaumpfeife so sehr, dass dieser beschließt, ihn glücklich zu machen, gegen den Rat eines Freundes, der ihm vorhält: „So versuchen Sie's, öffnen Sie der Begierde eines Menschen das Tor der Erfüllung, und Sie werden sehen, welch unabsehbares Heer von Wünschen er hineinsendet! Und dann ist es erst noch die Frage, ob er sich dabei glücklich fühlt."[3]

*Luxus ist kulturnotwendig.*

Es kommt zu einer Abmachung, die wie eine Variante der Faustschen Wette anmutet: Der Seiler darf alles verlangen, was er braucht, um glücklich zu sein, nicht aber das Überflüssige, sonst verliert er auch das Notwendige und sinkt in seine vorherige Armut zurück. Der Seiler braucht Tabak und bekommt ihn, er braucht eine menschenwürdige Behausung und bekommt ein Häuschen am Rande des Schlosses, das dem Lord gehört. Nun kann er heiraten und wirft ein Auge auf die modisch herausgeputzte Tochter eines Spekulanten, die es mit dem Häuschen nicht genug sein lässt: Sie braucht zu ihrem Glück das Schloss und macht es zur Heiratsbedingung. Da der Seiler das Mädchen zu seinem Glück braucht, muss der Lord das Schloss herausrücken. So schraubt sich „das System der Bedürfnisse“ hegelisch in die Höhe, bis auf den Punkt, da der neue Hausherr mit seiner Braut, dem Fräulein von Brauchengeld, in seinem Schloss ein großes Fest gibt, in dessen Verlauf er sich durch die Frisur eines älteren Gastes gestört findet, der einen altmodischen Haarzopf trägt. „Herunter mit dem Haarzopfen, ich will's, es is notwendig!“[3] verfügt er – da fahren Blitz und Donner durch den Saal: Er hat das Überflüssige verlangt und all seinen Wohlstand verwirkt. Das ist das Märchen *Von dem Fischer un syner Fru* in komödischer Gestalt, und anders als im Märchen geht die Sache gut aus: Der Seiler nimmt sich die Lehre zu Herzen, verabschiedet seine Parvenü-Braut und fällt in die Arme seiner früheren Geliebten; mit ihr bekommt er das Häuschen wieder, das er *wirklich* braucht.

### III

Nestroys Posse ist wie ein Lehrstück darüber, wie unterdrückte Klassen, wenn sie die Macht ergreifen, den Luxus, nicht aber die Kultur der gestürzten übernehmen. Zugleich deutet es auf ein Verhältnis, das Werner Sombart Anfang des 20. Jahrhunderts exponiert hat: auf den Zusammenhang von Luxus und Liebe. Der bedeutende Soziologe leitet die Entstehung kapitalistischer Produktions- und Verteilungsformen von den Luxusbedürfnissen her, wie sie sich im späten Mittelalter an den Papsthöfen in Avignon und Rom und dann gesteigert in Renaissance und Barock durch eine Mätressenwirtschaft entwickeln, die sich in der Ausstattung von Gewändern, Bauwerken und Festen ständig überbot. Es ist die zur außerehelichen Liebe freigesetzte Frau, die zu ihrer Selbstbestätigung und der ihrer Liebhaber den Luxus erfindet und die Menschheit damit nicht nur auf den Weg wachsender sinnlicher Verfeinerung, sondern zugleich auf den konträr, nämlich profit- und effizienzorientierten des Kapitalismus führt, der in Produktion und Handel allein in der Lage ist, die gewünschten Waren bereitzustellen. Die Kultur des Sinnlichen als Treibstoff für die Erzeugung des rationalistischen Profitbetriebs – eine Paradoxie von weltgeschichtlicher Dimension.

Ehe Sombart diesen wahrhaft dialektischen Zusammenhang entwickelt, macht er sich an eine Definition des Luxus, die die schon bei Kant erscheinende Unterscheidung zwischen quantitativem und qualitativem Luxus verfeinert: „Luxus in quantitativem Sinne ist gleichbedeutend mit ‚Vergeudung‘ von Gütern ..., Luxus in qualitativem Sinne heißt Verwendung besserer Güter.“ Der Autor spricht in der Folge von Feingütern und Feinbedarf und konstatiert, dass „aller persönliche Luxus zunächst aus einer rein sinnlichen Freude am Genuß“ entspringe: „Was Auge, Ohr, Nase, Gaumen und Tastsinn reizt, wird in immer vollkommenerer Weise in Gebrauchsdingen irgendwelcher Art vergegenständlicht.“[4] Auch der „Trieb, es dem andern zuvorzutun“, spiele eine Rolle bei der Entfaltung von Luxusbedürfnissen, an deren Quelle aber stehe ein sinnliches, erotisches Element, das von der als Kurtisane aus herkömmlichen Bindungen heraustretenden Frau ausgeht. Was folgt, ist eine Auflistung des gigantischen Luxuswesens, wie es etwa die französischen Könige des 17. und 18. Jahrhunderts an der Hand ihrer offiziellen Mätressen entfalteten.

Luxus = Ausbeutung = Entwicklungsstimulus, schon Kant stellt diese Gleichung auf. „Die Üppigkeit“, schrieb er in seiner *Anthropologie* von 1800, dürfe „schwerlich mit Aufwandsverboten belästigt werden ..., weil sie doch den Vorteil schafft, die Künste zu beleben und so dem gemeinen Wesen die Kosten wieder erstattet, welche ihm ein solcher Aufwand verursacht haben möchte.“[5] Das zielt auf das Festwesen der feudalen Monarchen, aber es gilt auch im weiteren Sinne. Mit einem Berliner Taxifahrer geriet ich vor zehn Jahren einmal in eine Diskussion über die Wiedergeburt des großen Maybach bei Mercedes-Benz, eines Luxusautos für 400 000 Euro, das, so hielt ich dem Kritiker entgegen, für den Besitzer als Gebrauchsgegenstand so gut wie überflüssig, für die Gesellschaft – die bestehende kapitalistische Gesellschaft – aber nicht nur technisch, sondern auch sozial nützlich sei, indem seine Entwicklung und Produktion viele fähige Menschen in Lohn und Brot setze – ein Flaggschiff des Luxus, aber auch des technischen Fortschritts. Kann man mit Taxifahrern besonders gut über Luxus sprechen? Ein älterer Dresdner Taxifahrer (eine Kölnerin versicherte mir unlängst, Luxus sei, wenn man einmal einen deutschen Taxifahrer bekäme) erzählte mir einmal, dass er in den Ferien nach Norwegen reisen werde: zum Hochseeangeln. Das war seine Liebhaberei, seine Nische, ein in der schönen neuen Welt erfüllbar gewordener Lebenstraum: Angeln auf hoher See! War es notwendig oder überflüssig? Es verschönte sein Leben.

In Brechts *Tagen der Kommune* gibt es eine das Stück zentrierende Festszene: Pariser Arbeiter und Arbeiterinnen feiern auf dem Montmartre den Sieg des Aufstands über Bürgertum und Adel. „Papa", ein älterer Kommunarde, singt ihnen dazu das *Lied vom Extra*, danach hält er eine kleine Rede: „Denn wozu lebt man? Der Curé (Pfarrer) von Sainte-Héloise hat meiner Schwester zufolge die Frage beantwortet mit: für die Vervollkommnung seiner selbst. Nun wohl: was brauchte er dazu? Er brauchte dazu Wachteln zum Frühstück. *Zu dem Kind*: Mein Sohn, man lebt für das Extra. Es muß her, und wenn man Kanonen dazu benötigt. Denn wofür leistet man etwas? Dafür, daß man sich etwas leistet!"[6] Keine Kanonen, sondern nur einen friedlichen Aufstand benötigten die Arbeiter der sozialistischen deutschen Republik, um jene Extras zu gewinnen, die die einheimische Ökonomie ihnen vorenthielt. Dass sie auf diesem Weg ihre Arbeit verloren, erwies sich als eine nicht vorgesehene Dialektik.

Auf dem Weg, den man die Vergesellschaftung des Extras nennen könnte, ist die gegenwärtige Gesellschaft weit fortgeschritten – ist sie eine Luxusgesellschaft? Der quantitative Luxus, den sie sich leistet, ist exzentrisch. Von Wegwerfgesellschaft ist nicht nur im Blick auf Modeartikel und Gebrauchsgegenstände die Rede, sondern auch auf Lebensmittel, und behördliche Bestimmungen leisten der Vergeudung Vorschub: sie gebieten das Wegwerfen unverdorbener Lebensmittel und nutzbarer Gebrauchsgegenstände. Auch qualitativer Luxus – der technische Höchststand vom Auto bis zum Smartphone – ist der Massengesellschaft einverleibt und, sieht man von bestimmten Spitzenerzeugnissen ab, kein gesellschaftlich exklusiver mehr. Die besitzende Klasse mauert sich ein – Luxus, hörte ich kürzlich einen erfolgreichen Manager sagen, sei es, Luxus zeigen zu können. Fast nur in den Jachthäfen des Mittelmeers wird Reichtum noch augenfällig, in Gestalt schwimmfähiger Superboote, die, wie die für zig Millionen ersteigerten Bildwerke der malerischen Avantgarde, von Geschichtslosigkeit gezeichnet sind: der Unfähigkeit, zu überdauern. Die vermögende Klasse ist heute nicht weniger parasitär als in feudalabsolutistischen Zeiten, aber sie ist nicht mehr kulturschöpferisch. Luxus, kein Zweifel, ist kulturnotwendig. Aber es kommt auf den richtigen Luxus an.

Friedrich Dieckmann lebt als Schriftsteller in Berlin-Treptow.



**Anmerkungen:**

1. Kant, Immanuel: Kritik der Urteilskraft, §83. Werke Band X, herausgegeben von Wilhelm Weischedel. Frankfurt am Main 1974, Seite 390f.
2. Hegel, G. W. F.: Grundlinien der Philosophie des Rechts. Werke Band 7, herausgegeben von Eva Moldenhauer und Karl Markus Michel. Frankfurt am Main 1970, §195, Seite 350f.; §191, Seite 349
3. Nestroys Werke. Herausgegeben von Paul Reimann, Band 1. Berlin und Weimar 1966, Seite 146, 198
4. Sombart, Werner: Liebe, Luxus und Kapitalismus. München 1967, Seite 86ff.
5. Kant, Immanuel: Anthropologie, §69. Werke Band XII, herausgegeben von Wilhelm Weischedel. Frankfurt am Main 1974, Seite 579
6. Brecht, Bertolt: Werke Band 8, herausgegeben von Werner Hecht, Jan Knopf, Werner Mittenzwei und Klaus-Detlef Müller. Frankfurt am Main, Berlin und Weimar 1992, Seite 278

# Luxus ist das Gefühl der Freiheit

Abbildung:
**Selbstporträt**
Wolfgang Joop, Zeichnung, Ausschnitt aus einer Collage. Entnommen aus: Joop, Wolfgang: Eternal Love. Ausstellungskatalog, Edition Edwin Lemberg, Potsdam 2009. Der Abdruck erfolgt mit freundlicher Genehmigung von Edwin Lemberg.

**Wolfgang Joop,**
geboren 1944, ist einer der bekanntesten und erfolgreichsten deutschen Modemacher und Designer. Nach dem Verkauf seiner Marke JOOP! 1998, die mit Kleidermode sowie mit Parfüms, Accessoires, Schmuck und Brillen überaus erfolgreich war und ist, gründete Joop 2003 zusammen mit Edwin Lemberg das Mode-Label WUNDERKIND, welches er seit zehn Jahren auf der Pariser *Fashion Week* präsentiert. Neben seiner Lehrtätigkeit an der Berliner Hochschule der Künste betätigt er sich unter anderem auch als Schriftsteller, Essayist sowie bildender Künstler und engagiert sich für soziale Projekte. Unter anderem zählt er zu den Gründern des Vereins *Dunkelziffer – Hilfe für sexuell missbrauchte Kinder.*

**Herr Joop, Sie gehören zu den weltweit bekanntesten Modemachern und Designkünstlern. Neuerdings ist Ihr Name sogar zum Standortanzeiger für Luxus geworden. In der *ZEIT* war vor Kurzem zu lesen: Dort wo einst Wolfgang Joop wohnte, parkt jetzt der Internetmillionär Lars Hinrichs sein Luxus-Elektroauto.**

Das finde ich amüsant. Luxus könnte ich überhaupt nicht topografisch festlegen. Luxus ist für mich immer das, was knapp ist, ein Gegenstand der Sehnsucht, vielleicht sogar eine Fata Morgana. Auf jeden Fall bezeichnet Luxus eher eine Befindlichkeit als eine Ware. Denn je näher man dem „Luxus" kommt, umso selbstverständlicher wird er und je selbstverständlicher er ist, umso weniger ist er da. Das ist ähnlich wie mit der Freiheit. Klar, Menschen leben im Luxus, wenn sie viel Geld haben oder wenn sie teure Waren um sich herum versammeln. Aber dadurch, dass ich das Privileg habe, mir teure Dinge leisten zu können, bin ich von diesen Produkten auch gefangen genommen. Das heißt, meine Freiheit schwindet. Meine Freiheit dann wiederzuerlangen, empfinde ich als Luxus.

**Eine Dialektik zwischen Luxus und Freiheit, die Sie selbst erlebt haben?**

Luxus kann einem die Freiheit geben, sich nicht mit den sogenannten Notwendigkeiten des alltäglichen Lebens auseinandersetzen zu müssen. Aber meistens entsteht dadurch eine Situation, die man *splendid isolation* nennt. Diese Isolation kann als Einsamkeit oder Exklusivität empfunden werden. Ich schwanke immer zwischen dem Gefühl, das zu genießen und dem Wunsch, mich aus dieser Situation wieder zu befreien.

Weil Fortuna auf der goldenen Kugel neben mir still hielt und nicht weiterrollte, kam ich des Öfteren in eine unerwartete Situation, die sehr luxuriös aussah und mich zum Staunen brachte. Ich hatte sozusagen ein situatives Gefühl von Luxus, den ich nicht erworben, der sich einfach so ergeben hatte. Aber dann fühlte ich, dass es mich von den Weggefährten wegriss, die ich bis dahin hatte.

Ich hätte mein Leben auch als einen anderen Entwurf begreifen können. Zum Beispiel als den vom Hans im Glück, der mit dem Rucksack durch die Welt zieht, der alles, was er hatte, den Goldklumpen, die Gans, gegen das Nichts, gegen die Freiheit eintauscht. Am Nichts kann man sich nicht überfressen. Am Nichts wird man nicht festgenagelt.

Ich bin nach vielen Exkursionen – in die Schriftstellerei, in die Filmerei, in die Schauspielerei, in die

Malerei, in die Bildhauerei – immer wieder zurückgekehrt in das flüchtige und sehr heimtückische Metier der Mode.

Das, was ich gestern entworfen habe, gilt schon in dem Moment, in dem ich es entwerfe, nicht mehr viel. Ich sehe es einmal als 8-Minuten-Inszenierung auf dem Laufsteg und schon ist es verschwunden. Das ist sehr unvernünftig, es kostet unendlich viel Geld und es kann auch jedes Mal schiefgehen; plötzlich bist du nicht mehr mit dem Zeitgeist befreundet und das ganze Publikum macht sich über dich lustig. Es ist ein Reisen zwischen Luxus und Freiheit. Meine Lebensreise, meine Exkursionen und Rückkehren erscheinen mir manchmal so, als ob mich jemand rufen und schieben würde. Nichtstun, das was andere Leute als Luxus empfinden, steht mir nicht zur Verfügung. Das habe ich verlernt.

**Besteht das Luxuriöse am Luxus darin, frei wählen zu können? Ich muss nicht fragen: Wie finanziere ich das, sondern nur: Was will ich?**

Ja, ich verstehe Luxus nicht als Konsumware. Luxus kann man nicht konsumieren. Luxus ist überhaupt nichts Dingliches. Luxus existiert, wenn ich ihn als solchen empfinde.

Ich kann mich im Luxus fühlen, indem ich meiner Launenhaftigkeit fröne, meine Launen auslebe. Im Unterschied zu Menschen, die in ihrer Lebensweise eingeengt sind, finde ich meine Art zu leben sehr luxuriös. Hier sitze ich vor Ihnen in einem schmutzigen Pullover, orangen Söckchen und einer alten Hose der Nationalen Volksarmee, nicht in einer „Luxushose". Das finde ich amüsant, zumal es im Widerspruch zu dem steht, wie mein Leben verlaufen ist. Ich war nicht in der NVA und ich musste auch nicht zur Bundeswehr. Ich fühlte mich überhaupt zu keiner Gruppe zugehörig, weder zu den sogenannten Modemachern noch zu den Potsdamern oder Preußen. Gruppenzwang erzeugte bei mir sofort kontroverses Verhalten. Sich nicht in eine Gruppe einordnen zu müssen, ist ein Geschenk. Wenn Leute komische ästhetische Regeln aufstellen, muss ich mich auf der Stelle schlecht benehmen. Das Ungezogene ist mein Luxus. Dieses Spiel zeigt mir meine Freiheit, solange ich es spielen kann.

**Wann ist Luxus langweilig?**

Luxus ist nie langweilig. Ein sogenanntes Luxusleben kann dagegen sehr langweilig sein. Luxus ist wie der Begriff Freiheit eine persönlich-philosophische Angelegenheit. Es kann ja Luxus sein, noch einmal richtig tief zu atmen, wenn einem die Luft knapp wird. Es kann auch Luxus sein, sich mitten im Winter keine warmen Socken anzuziehen, nicht wahr? Luxus hat etwas Widersprüchliches. Er widerspricht dem Mainstream. Wenn etwas den Mainstream erreicht, dann ist es kein Luxus mehr, sondern Konsumware.

**Für Sie gibt es keine Demokratisierung des Luxus?**

Luxus ist nicht demokratisch, definitiv nicht. In der Modebranche der 80er-Jahre kam das Konzept des demokratischen Luxus auf, auch das Management von JOOP! orientierte sich an diesem Begriff. Es sollten Produkte kreiert werden, die demokratischen Luxus bedeuten. Das geht einfach nicht, Luxus ist nicht demokratisierbar. Luxus beschreibt etwas Ungerechtes, so wie die Mode etwas Unmoralisches beschreibt. Wir erfüllen Wünsche, die vorher gar keiner hatte. Wer also Moral in der Mode sucht, sollte sich lieber woanders aufhalten. Und wer von Demokratie im Luxus schwärmt, ist einfach schief gewickelt. Luxus ist die Kirsche auf dem Kuchen, nicht der Kuchen.

**Ist Luxus aristokratisch?**

Luxus ist philosophisch. Den philosophischen Wert von Luxus zu begreifen, kann man elitär nennen. Repräsentiert eine elitäre Gemeinschaft die Aristokratie von heute oder sind es die wildgewordenen Sekretärinnen, die sich in die Yellow Press drängen? An einer adretten Kate Middleton sehe ich nichts Aristokratisches. Für mich hat sie den Charme einer Flugbegleiterin. Auch Lady Di hat sich schon sehr unaristokratisch verhalten. Sie teilte sich nonstop mit. So etwas tut die Aristokratie nicht. Aristokraten wahren Distanz. Man sieht hier, wie sich die Zeit verändert hat: Während eine Lady Di oder Madonna den Mitteilungsflirt mit den Medien aufnahmen, agieren heute stumme Leute, aristokratische oder Pop-Größen wie Lady Gaga, die nur noch Bilder sind. Sie kommunizieren nicht mehr direkt mit uns. Je mehr multilaterale Kommunikationstechnologien, umso weniger Kommunikation.

**Macht Luxus einsam?**

Der Midas-Touch ist das Problem, dass alles, was man anfasst, zu Geld wird oder mit Geld in Verbindung gebracht wird. Ich kenne von den sogenannten reichen Leuten keinen, mit dem ich auch nur mehr als eine Stunde verbringen möchte. Sie sind frustriert, sie sind sexuell enttäuscht, erotisch vielleicht verdorben. Denn das Schlimmste ist doch wohl, dass eine Frau reich ist. Sie wird niemals mehr glauben, dass man sie ohne ihr Geld wollte. Und die krampfhafte Verneinung des Themas Geld macht das Thema Geld erst recht dauernd sichtbar.

**Nachdem Sie Ihre Marke JOOP! verkauft hatten, lebten Sie kurze Zeit in New York. Warum sind Sie wieder zurückgekehrt? Ist Heimat, das Gefühl daheim zu sein, auch eine Form von Luxus?**

So schön es einerseits war, in die Heimat zurückzukehren, umso deutlicher musste ich erfahren, dass Heimat als geografischer Ort so wenig existiert wie Luxus ein geografischer Ort sein kann. Heimat ist etwas rein Emotionales, ein fantastischer Ort. Je näher ich dieser Heimat rückte, umso weniger war sie da. Umso mehr war es Alltag und nicht der Sonntag, den mir die Familie, die Eltern oder die Freunde bescherten. Den Alltag empfinde ich nicht als Heimat oder als Luxus. Der Alltag ist der Tag, an dem ich die Dämonen bewältigen muss, die nachts kommen. Morgens sitzen sie noch alle auf dem Kopfkissen. Um sie loszuwerden, muss ich mich bewegen. Ich stehe auf, um den Alptraum im Bett zu lassen. Ich gehe in die Senkrechte. Die Waagerechte ist eine gefährliche Position, das spürt man im Alter immer deutlicher. Und dann suche ich mir eine Beschäftigung, um nicht Gedanken nachhängen zu müssen, über die man automatisch nachdenken würde, wenn man nichts tut.

*Luxus an sich ist nie langweilig.*

Man glaubt, dass man in der Mitte des Lebens eine ganze Menge Zeit hat. Als Kind hat man nicht viel Zeit, man sehnt ja immerzu den Tag herbei, an dem man endlich frei ist von jedweder Bevormundung. Aber kaum bist du erwachsen, macht dich das Leben wieder abhängig. Man muss so viel erwerben, um existieren zu dürfen. Ich habe sehr früh versucht, unabhängig zu sein. Das, was ich in der Schule mühsam gelernt hatte, konnte ich später nicht anwenden. Aber ich erwischte eine Zeit, in der vieles möglich war. Heute könnte ich nicht mehr der werden, der ich geworden bin. Heute herrschen andere Mechanismen. Seit wir in den Apfel hier gebissen haben (zeigt auf seine zwei iPhones), kein Wunder, dass der auch angebissen ist, sind wir aus dem alten Paradies rausgeflogen. Das Handy ist ein gutes Beispiel. Für viele ist es Luxus, so ein Ding in der Hand zu halten, es kostet ja auch wesentlich mehr, als es wert ist. Aber ich kenne nur Leute, die durch diese Geräte unfrei geworden sind. Heute muss man junge Menschen auf der Straße ja schon an der Schulter packen, damit sie einen überhaupt wahrnehmen. Ich rede jetzt aber nicht von der Sucht, das Smartphone anzuglotzen. Ich will auch nicht über die Sucht sprechen, damit ständig die banalsten Dinge mitzuteilen. Ich kritisiere vielmehr eine kollektive Verantwortungslosigkeit. Wir haben das Bedürfnis vergessen und den Anspruch aufgegeben, ein Individuum mit eigenen Geheimnissen zu sein. Kollektiv haben wir den Internet-Giganten ein Milliardenvermögen vermacht, die dieses dazu nutzen können, uns ihnen völlig auszuliefern. Heimat, Luxus – das bedeutet doch, Geheimnisse zu haben und eine selbstbestimmte Persönlichkeit zu sein.

Abbildung: **Wolfgang Joop** Foto: Christoph Mack

**Veröffentlichungen (Auswahl):**
Undressed. Aus einem Leben mit mir. (Autobiografie) 2013; Objekt der Begierde: Eine Liebesgeschichte in 16 Bildern. 2013; Wunderkind. 14467 Potsdam. 2009; Das kleine Herz / The little heart. 2007; Rudi Rubi. (Märchen) 2005; Im Wolfspelz. (Roman) 2003; Stillstand des Flüchtigen: Illustrationen und Grafiken 1960–2000. 2002; Hectic Cuisine. (Kochbuch) 1999.

**Kommen wir zur Mode …**

Mode ist nicht Bekleidung und auch nicht Luxus. Mode ist eine Bewegung, weiter nichts. Aber eine Bewegung, die uns umhaut. Wir machen die Mode mit. Jede Anstrengung, sich ihr zu widersetzen, ist eine Höchstleistung, die sich aber dennoch auf sie bezieht. Wenn Leute sagen „Ich mache die Mode nicht mit“, dann wundere und frage ich mich: Wie soll das gehen, lassen die jetzt alles sein? Ich frage nach dem Gegenentwurf, den zu leben noch anstrengender ist.

**Welches Versprechen lag in der Mode, das Sie in bestimmten ästhetischen Formen umzusetzen versuchten?**

Lassen Sie mich so antworten: In Deutschland haben Jil Sander und ich erstmals ein persönliches Profil gezeigt. Vor uns gab es nur Bekleidungshersteller. Parfüm und Mode galten als französisch. Wir aber haben gezeigt, wer und was zu uns gehört und was nicht. Dabei ging es nicht zwingend um eine Kleidervorschrift, sondern um eine Distinktion, um das sich Unterscheiden: Es gibt eine bestimmte Gruppe von Leuten, die sind cool oder eben nicht cool. Wir sind mit dieser Attitüde aufgetaucht. Und in dem Moment, wo wir einen ästhetischen Maßstab setzten, eliminierten wir einen anderen. Biografisch betrachtet war ich im richtigen Moment in Hamburg. Hamburg hatte diesen Snob-

Appeal. Berlin war Underground und Party. In Hamburg aber waren Curd Jürgens, Romy Schneider, Boy Gobert und tonangebende Leute, die sich mit Snob-Appeal bewaffnet hatten. Die ersten Interior-Ideen kamen auf, weiß gelackte Wände, weiße Sofas und so weiter. In der Mode brauchst du den Snob-Appeal, das fasziniert die anderen. Den wollen sie auch haben. Der Snob-Appeal ist nicht Luxus, aber er hebt dich über andere. Der Snob konsumiert das, was die anderen nicht konsumieren. Man wollte damals nicht mehr das Geliehene und Importierte. Das Bedürfnis der Deutschen nach Eigenem und nach Luxus war erwacht. Mittlerweile ist das schon wieder verschwunden.

**Welches Anliegen verfolgen Sie jetzt mit Ihrem Mode-Unternehmen WUNDERKIND?**

Ich schaffe eine Erscheinung. Die Erscheinung ist mir wichtiger als das Produkt. Da kommen Menschenbilder auf mich zu, die sich nach meinem Willen bewegen, die so aussehen, wie ich es will. Das Erschaffen von Menschenbildern – angezogen, halb angezogen oder auch ausgezogen – mag Nähe und Unverschämtheit erzeugen. Du sollst so riechen, wie ich rieche. Ich gebe dir mein Parfüm. Ich gebe dir meine Kleider. Du sollst rote Haare haben oder schwarze Haare oder keine Haare. Du sollst blass sein. Das kann ich nonverbal, im Medium der Mode behaupten.

**Lässt sich der Modemacher von einem Machtgefühl antreiben?**

Nein, hier ist kein egozentrisches Machtgefühl im Spiel. Im Gegenteil, es ist immer ein Miteinander. Ich kann freilich nicht sagen, das ist Euphorie und das ist Hybris. Es ist mein Beruf. Ein Beruf mit großer Suchtkraft. Ich habe nie den Punkt erreicht, an dem es genug war. Es ist wie mit der Liebe: Wenn wir die Liebe des Lebens treffen würden, hätten wir keine Sehnsucht mehr. Dann wären wir befriedigt und befreit von der Sucht nach Liebe. Wir wiederholen die Dinge immer wieder, um ein vages Glücksgefühl noch einmal erleben zu dürfen oder das endgültige zu finden. Dass wir es so lange tun, bedeutet, dass wir es nicht gefunden haben.

**Deshalb WUNDERKIND?**

Was ich jetzt hier in Potsdam, an einem Ort der *splendid isolation* mache, ist schon sehr elitär und abgekoppelt von dem, was üblich ist. Es ist ja längst so, dass Konsumgüter wie Bekleidung unter abenteuerlichsten, ausbeuterischen Umständen zu einem nicht existierenden Preis angeboten werden. Es kann nicht sein, dass eine Hose fünf Euro kostet. Alle Güter wandern um den Globus, aber anscheinend kostet Transport nichts.

Die meisten Designer sind Angestellte und dem Goodwill ihrer Geldgeber ausgeliefert, sie müssen sich anpassen, ob das jetzt bei Escada, Boss oder sonst wo ist. Sie müssen Produkte für einen imaginären Konsumenten gestalten, den man freilich nicht dingfest machen kann. Ich richte mich nicht nach dem Konsumenten, ich mache was mir gefällt und ich lasse nicht in Billiglohnländern produzieren.

**Sie geben – vor allem auch in Ihren Büchern – direkt und indirekt sehr viel von sich preis. Sie sind emotional und offen. Karl Lagerfeld inszeniert sich als Dandy und versteckt sich hinter seinem Fächer.**

Diese Aufmachung ist eine Rüstung, die ich mir nicht anziehe. Wer sich auszieht, dem wird nichts weggenommen. Wer den Clown spielt, der wirkt nicht lächerlich, sondern man lacht mit ihm. Wie die Geisha sich schminkt, damit sie nicht als Person getroffen wird, dient die Mode – und Herr Lagerfeld ist in dem Punkt durch und durch Mode – als Verkleidung, damit man als Person nicht mehr erkennbar ist. Es ist nur noch ein Image. Und ein Image lässt sich kontrollieren.

**Was halten Sie vom Kult der Authentizität?**

Es ist unanständig, sich einfach so plump und uninszeniert dem anderen hinzuwerfen und damit zu sagen: „Form mich doch mit deinen Augen und mit deinen Kommentaren." Das ist das Gegenteil von Kultur. Besser ist es, nicht erkannt zu werden. Ich werde auch mir selber immer etwas vormachen. Ich will mich mit mir ja auch nicht langweilen.

**Mode schien lange ein listig-subversives Spiel zu sein, eine kleine Provokation, die durch Grenzverschiebungen zustande kam. Trügt der Eindruck, dass sich dieses Charakteristikum der Mode aufgezehrt hat?**

Das Spiel mit der Grenzverschiebung funktioniert nur, wenn man das Original kennt. Das ist wie mit der NVA-Hose. Sie haben den Stoff sofort erkannt. Aber ich habe das Gefühl, dass kaum mehr einer die Symbole und Insignien der Dekorationen versteht. Das Spiel mit Trouvaillen macht ja nur Spaß, wenn es mit Originalen gespielt wird.

Aber da hat sich etwas grundlegend geändert. Woher kommt der Wunsch, sich mit Tattoos zustechen zu lassen, die man im Unterschied zu modischer Kleidung nicht mehr ablegen kann? Dieser Tätowierungshype kommt vom Wunsch zu kommunizieren, ohne die Sprache können zu müssen. Man kommt als Seemann auf ein chinesisches Schiff und spricht nicht chinesisch, aber man sagt mit einem martialischen Tattoo allen: „Quatscht mich nicht an, ich bin auch bereit zu töten."

Wir leben in der Postzeit der Postmode – nicht Postmoderne, sondern Postmode. Es ist eine Zeit, in der die Moden im Sinne der sozialen Verbindlichkeit für eine bestimmte Gesellschaftsschicht immer weniger Bedeutung haben. Ich bin ja das lebende Beispiel: Ich trage eine echte Militärhose, ohne dass ich in den Krieg ziehe. Ich trage einen Pullover ohne Kragen, obwohl ich in meinem Alter den Hals mit einem frischen Kragen bedecken müsste. Ich bin ein Beispiel der Anlasslosigkeit. Aber ich weiß trotzdem, wann und wo etwas herkommt. Man muss sich in einer Konversation so inszenieren, dass man Konventionen bricht, um zu provozieren. Dieses Sich-Selbst-Dekorieren, diese *body language* spricht davon, dass ich etwas verändern will, aber weiß, dass ich gar nichts verändern kann. Ich habe mir den Freiraum geschaffen, keine Antwort geben zu müssen, sondern irritieren zu dürfen.

*Luxus existiert nur, wenn ich ihn als solchen empfinde.*

Im Grunde ist die Mode, nein, die Kultur als Ganzes, aus dieser doch rasenden Bewegung, in der wir uns bis vor Kurzem befanden, zum Stillstand gekommen. Das hat beinahe etwas Bedrohliches, weil alles so nebeneinander existiert. Diese Vielfalt ist völlig ambivalent. Es gibt keine Schönheit, es triumphiert die Pornografie.

**Was ist Schönheit?**

Abbildung: **Wolfgang Joop** Foto: Dieter Eikelpoth

Schönheit ist zunächst eine Verabredung mit der Gesellschaft, mit der Nachbarschaft, mit dem alltäglichen Geschmack. Wenn die Mode es verlangt, haben Frauen keine Schmerzen, dann gehen sie auf hohen Absätzen oder tragen Tellerlippen. Darüber hinaus wissen wir, dass das, was wir als schön empfinden, sich einer Balance verdankt. Es gibt keine äußere Schönheit ohne inneren Widerspiegel. Auch die Abweichung von der Norm kann als schön wahrgenommen werden. In einem Jahrhundert sind schöne Frauen dicker, in einem anderen sind sie dünner. Jetzt herrscht die Zeit der androgynen Figur. Das Weibliche, das allzu Weibliche ist ihr Opfer, das allzu Männliche ist lächerlich. Also ist Androgynität eine Waffe, sich dem Geschlechtszwang zu entziehen. Das leere Gesicht empfinden wir als schön, weil ein leerer, ein distanzierter Gesichtsausdruck es erlaubt, alles hineinzuwerfen; er ermöglicht Projektion. Es ist wie mit der Liebe: Die Liebe oder das Begehren des Anderen söhnt uns mit uns selber aus. Ich kenne mich ja nur als Objekt durch den Blick des Anderen.

**Begehrt man sich selbst im Anderen?**

Nein, man wünscht durch den Anderen eine Aussöhnung mit sich selbst. Man will das Begehren im Blick des Anderen sehen, damit man sich begehrenswert fühlen darf. Bei Arthur Rimbaud heißt es: „Ich ist ein Anderer." Das ist ein Bruder im Herzen.

**Am Anfang unseres Gesprächs sagten Sie, dass Mode und Moral nichts miteinander zu tun haben. Wie ist das Verhältnis zur Politik? Kann Mode politisch wirken?**

Ja. Mode kann ein Statement sein. Dann verdeckt sie nicht, sie entblößt. Nehmen Sie Frau Merkel mit ihren immer gleichen, nicht sitzenden Jacken. Die Frau ist sehr schlau. Sie verbindet das Praktische durchaus mit dem Moralischen. Sie zeigt den Leuten: Ich verändere mich nicht nach irgendwelchen Trends. Auf mich könnt ihr euch verlassen, ich bin beständig.

Als alle Zeitungen schrieben, dass ich mich während einer Fernsehsendung dauernd umgezogen habe, fiel mir auf, dass die Anderen immer gleich aussehen. Den groteskesten Look trug Herr Gottschalk mit seinen seltsamen barocken Fräcken. Markus Lanz trägt diesen jungen erfolgreichen Charmeur-Look, Günther Jauch den Anzug auf Zuwachs und zu große Schuhe. Dahinter steht die instinktive Absicht, das Publikum nicht zu verstören. Das ist gewollt, das ist politisch.

**Könnten Sie sich ein anderes Lebensmodell vorstellen, etwa sich wie der Multimillionär Jan Philipp Reemtsma mäzenatisch zu betätigen?**

Reich zu sein, umgibt einen mit einem unangenehmen Parfüm. Der Grüne Tom Koenigs hatte Anfang der 70er-Jahre sein ganzes Erbe, mehrere Millionen, dem Vietcong geschenkt. Er wollte sich von der moralischen Last befreien, so reich zu sein. Als er Kämmerer in Frankfurt geworden war, lud uns der *Spiegel* zu einem Gespräch ein. Für die Spiegel-Redakteure war klar: Er ist der Gute und Joop ist die miese Luxus-Schlampe. Da habe ich ihn gefragt: „Warum haben Sie das gemacht? Hatten Sie keine eigene Utopie?" Ich tue das, was man mir erlaubt zu tun. Es geht nicht nur darum, eine wie auch immer blutende Wunde mit luxuriösen Textilien zu verbinden. Die Philosophin Simone Weil hat von einer leeren Stelle in der Seele geschrieben, die hungrig ist und gefüttert werden muss. Du musst wirklich hart arbeiten, um diese leere Stelle auszufüllen. Es ist krank, den Leuten zu sagen, den Schmerz brauchst du nicht zu haben, wir machen das schon alles für dich. Drogen und dieser ganze Überfluss wattieren uns so ekelhaft. Man muss diese Stelle auch mal spüren.

**Was wünschen Sie sich ganz persönlich für die Zukunft?**

Ich wünsche mir, dass ich es schaffen könnte, bewusst von alldem hier Abschied zu nehmen, bevor es in einem passiven Akt passiert. Ich würde es so gerne kontrolliert tun: Ganz in Ruhe einfach losgehen und alles zurücklassen, ohne dass sich jemand darüber Gedanken macht und ich mich verabschieden muss.

**Herr Joop, wir danken Ihnen für den Luxus dieses Gesprächs.**

Das Interview führten Elke Uhl und Siegfried Reusch.

Abbildung: **Three billboards about love.** Peter Fuss, www.peterfuss.com

Ruben Zacharias

# Die Diktatoren des guten Geschmacks

## Auf der Flucht vor der Banalität der modernen Welt

**Wenn er das Teatro Piccolomini besucht, um der barocken Kammermusik von Alessandro Scarlatti zu lauschen, hat er selbstverständlich eine dreihundert Jahre alte Partitur aus Pergament auf seinem Schoß. Seinem feinsinnigen Gehör entgeht nichts. Wann immer das Orchester von der Partitur abweicht, notiert er dies aufmerksam. Er schätzt die weißen Trüffel von *Vera dal* 1926 in der *Via San Jacopo* und die Mandelseife aus der *Farmacia di Santa Maria Novella*, zahlt 125 Dollar für eine Flasche *Bâtard-Montrachet* und fährt einen schwarzen Jaguar Saloon. Er arbeitet nur zu seinem Vergnügen als Kurator der Capponi-Bibliothek, spricht fließend mittelalterliches Italienisch mit einem toskanischen Akzent und zur Erholung spielt er Bachs *Goldberg-Variationen* auf dem Klavier – mit geschlossenen Augen. Wer ist dieser Mann, der hin und wieder ein parfümiertes Taschentuch gegen seine Nase presst, da es ihm schwerfällt, die Ausdünstungen seiner Mitmenschen zu ertragen? Offenbar gehört er zu einer seltenen Spezies, die nur in einer Stadt wie Florenz ganz in ihrem Element ist. Sein Name ist Dr. Hannibal Lecter, *Hannibal the Cannibal* – ein Dandy wie er im Buche steht.**

Dandys sind die Meister der kultivierten Plauderei. Ihre Aperçus sind die Höhepunkte jeder Konversation. Spontan denkt man heute an Karl Lagerfeld. Mit seinem hohen Stehkragen, dem weiß gepuderten Pferdeschwanz und dem Fächer, seinem ehemaligen Lieblings-Accessoire, ist er zweifellos eine exquisite Erscheinung. Aber Kleider allein machen noch keinen Dandy. Ohne seine Bonmots wäre Lagerfeld nur halb so interessant. So lästerte Karl *le Grand* über seine frühere Heimat: „Der letzte gutangezogene Politiker in Deutschland war Walther Rathenau. Vielleicht sind Minister aber auch nur deshalb so horribel gekleidet, weil die Wahlbürger selber ein Schreck sind. In Deutschland trägt man doch die ganze Woche über Weekend-Kleidung.“ Allein an diesem Zitat kann man erkennen, was einen Dandy ausmacht: Wer denkt schon über die Anzüge von Politikern nach? Wer sagt „horribel“ anstatt „furchtbar“? Wer sehnt sich in die Epoche vor und während des Ersten Weltkriegs zurück? Und wer wagt es, die Demokratie für eine Geschmacksverirrung zu halten?

Ein Dandy ist ein Anachronismus. Karl Lagerfeld tritt auf wie ein Fürst. Man sieht ihm nicht an, dass er arbeitet. Er führt seinem Publikum vor Augen, wie elegant diese Welt war, als sie noch von Aristokraten beherrscht wurde. Dandys sind lebende Erinnerungen an das Ancien Régime. Allein ihre Anwesenheit ist eine Provokation. Denn im Zeitalter der Gleichheit stellen sie genau das Gegenteil zur Schau.

Dandys sind Diktatoren des guten Geschmacks. Ihren Status müssen sie ständig unter Beweis stellen. „Der hält sich wohl für etwas Besonderes!“ – so empören sich eingefleischte Demokraten, falls es jemand wagt, aus der Masse herauszuragen. Der Dandy hingegen zelebriert die feinen Unterschiede, die den Gleichheitsfanatikern ein Gräuel sind. Er kann gar nicht anders, als etwas Besonderes zu sein. „Du sollst dich unterscheiden!“ – so lautet sein Credo. „Als Kind kam ich mir wie ein Heiligtum vor, viel zu schade für dieses triste Nachkriegsdeutschland“, gibt Karl Lagerfeld zum Besten. Als man ihn fragte, ob es nicht an der Zeit wäre, seine Memoiren zu schreiben, erwiderte er: „Ich will den Leuten nicht die Freude machen, dass sie in meinem Leben eine Rolle gespielt haben.“

*Kleider alleine machen noch keinen Dandy!*

Ein wahrer Dandy ist immer ein Ärgernis, schließlich hasst er jede Form von Mittelmäßigkeit. Dadurch schafft er sich zwangsläufig Feinde. Denn nur wer mittelmäßig ist, hat die Chance, von allen geliebt zu werden, wie Oscar Wilde sagt. Kaum zu glauben, dass Karl Lagerfelds Vater ein Dosenmilch-Fabrikant war. Doch das Vermögen, das er mit „Glücksklee“ erwirtschaftete, bildete die Grundlage für einen großbürgerlichen Lebensstil à la Buddenbrooks. Lagerfeld Junior las den Roman angeblich im zarten Alter von acht Jahren.

Auch Thomas Mann war ein Dandy. Als in Hiroshima die erste Atombombe explodierte, schrieb er in sein Tagebuch, dass er gerade ein Paar weiße Schuhe gekauft hatte. Während alle Welt von dem Massenmord in Hiroshima geschockt war, hatte Thomas Mann anscheinend Wichtigeres zu tun. Was lernen wir daraus? Ästhetik steht für einen Dandy in jeder Lebenslage an erster Stelle. Darum taugen Dandys schlecht als „Tugendpinsel“, wie Monsieur Lagerfeld zu lästern pflegt.

„Ich habe mein ganzes Leben damit verbracht, der Realität zu entgehen“, gesteht der Modezar. Denn die nackte Wahrheit kann ziemlich hässlich sein. Auch der berühmteste Dandy der Literaturgeschichte, ein gewisser Jean Floressas Des Esseintes, Protagonist des 1884 erschienenen legendären Fin-de-Siècle-Romans *A Rebours* von Joris-Karl Huysmans, ist auf der Flucht vor der schnöden Wirklichkeit. Der Titel wird entweder mit *Gegen den Strich* oder *Gegen alle* übersetzt. Richtet sich dieser Roman doch „*gegen* den gesunden Menschenverstand, *gegen* die moralischen Absichten, *gegen* die Vernunft …“

*A Rebours* beginnt damit, dass den Herzog Floressas Des Esseintes die Gesellschaft seiner Zeit furchtbar anwidert. Er möchte sich wie ein frommer Einsiedler aus dieser Welt zurückziehen. Doch anstatt ein Leben in strenger Askese zu führen, schafft er sich ein künstliches und luxuriöses Paradies, ein Asyl für einen Dandy, das natürlich äußerst geschmackvoll und raffiniert eingerichtet wird: „Er begann von einer erlesenen Einöde zu träumen, von einer bequemen Wüste, einer festsitzenden, lauen Arche, in der er, fern der unaufhörlichen Sintflut der menschlichen Dummheit, Schutz suchen könnte." Der Dandy flieht aus Paris nach Fontenay-aux-Roses, einem abgeschiedenen Ort in der Nähe der Hauptstadt. Dort zieht er in ein Haus ohne Nachbarn. In Paris hinterlässt er keine Adresse. Niemand soll ihn mehr stören in seinem freiwilligen Exil. Der Herzog entscheidet sich für die Einsamkeit, da er zu kultiviert ist, um seine Zeitgenossen zu ertragen. Seine Ansprüche sind so hoch, dass niemand sie erfüllen kann. Seine Vergeistigung und Verfeinerung hat ihn vom Rest der Welt entfremdet.

Floressas Des Esseintes ist extrem belesen, unglaublich sensitiv, hochgradig elegant und in jeder Lebenslage ein Ästhet, der es satt hat, Kompromisse einzugehen. Seine Nerven sind für die subtilsten Reize empfänglich. Seine Sinne wurden von den raffiniertesten Künstlern verwöhnt. Es ist bezeichnend, dass er lateinische Schriften liest, die aus einer Zeit stammen, als das Römische Reich angeblich seinen Zenit überschritten hatte. So liebt er zum Beispiel das *Satyricon* von Petronius, der die Dekadenz der römischen Oberschicht schildert.



Natürlich liest ein Dandy das *Satyricon* niemals in einer Reclam-Ausgabe. Es muss schon mindestens ein Oktavband von 1585 aus der *Bibliotheca Academiae Lugduno-Batavae* in Leyden sein. So wird die Lektüre in jeder Hinsicht zu einem sublimen Vergnügen.

Das *Satyricon* ist ein Klassiker, doch die Bibliothek des Herzogs enthält vor allem Werke, die nur einem wahren Connaisseur geläufig sind. Wenn Floressas Des Esseintes die *Metamorphosen* liest, dann handelt es sich dabei keineswegs um die bekannte Schrift Ovids, sondern um die eines gewissen Lucius Apuleius. Wer kennt schon das *Carmen apologeticum* des Commodianus von Gaza oder den *Cento nuptialis* von Ausonius? Wer ist so bibliophil, dass ihm die *Psychomachia* von Prudentius und die *Epigramme* von Sidonius Apollinaris ein Begriff sind? Es ist kein Zufall, dass Floressas Des Esseintes keine Zeitungen liest. Schließlich ist der Journalismus das Gewerbe der Halbgebildeten. Er empfängt auch keine Briefe, denn selbst unter den Pariser Literaten findet er niemand, mit dem er seine erlesenen Genüsse teilen kann.

*Manieren sind eine Erfindung der Aristokraten.*

Der Herzog hasst die Epoche, in der er leben muss. Der Adel dankt ab, die Bourgeoisie übernimmt die Macht. Wenn die Aristokratie die Herrschaft der Müßiggänger war, so folgt nun die Tyrannei der geschäftigen Kaufleute: „In diesen beschränkten Kaufmannsgehirnen, die ausschließlich mit Betrügereien und Geld beschäftigt waren und denen nur die niedere Zerstreuung mittelmäßiger Geister, die Politik, zugänglich war, witterte er eine tief eingewurzelte und verankerte Dummheit, einen solchen Abscheu vor den Ideen, die ihm wichtig waren, eine solche Verachtung für die Literatur, die Kunst und alles, was er bewunderte."

Der Autor von *A Rebours* war ursprünglich ein Naturalist wie Émile Zola. Dies schien die passende Literatur für ein Zeitalter zu sein, das von den Naturwissenschaften beherrscht wurde. Wenn die Realität auch hässlich war, man musste sich ihr stellen. Anstatt die Welt poetisch zu verklären, wollte man ihre Narben, ihre Fratzen, kurzum: die spröde Empirie untersuchen.

*A Rebours* folgt einem völlig anderen Programm. Floressas Des Esseintes glaubt allen Ernstes, „die Einbildungskraft könne leicht die vulgäre Realität der Tatsachen ersetzen". Die ästhetischen Entgleisungen des neureichen Bürgertums interessieren den Herzog nicht. Denn die Boulevards werden nun von Rüpeln bevölkert, in den edelsten Cafés wird laut gelacht. Da die Manieren eine Erfindung der Aristokraten sind, wirken die Bürgerlichen in den Augen eines Herzogs furchtbar stillos: „Der Bourgeois herrschte nun frohgemut und unangefochten, dank der Macht seines Geldes und der Ansteckungskraft seiner Dummheit. Das Ergebnis seiner Thronbesteigung war die Vernichtung jeder Intelligenz, die Negierung jeder Rechtschaffenheit, der Tod jeder Kunst."

Floressas Des Esseintes weiß, dass er zu einer aussterbenden Spezies gehört. Darum wendet er sich konsequent vom Zeitgeist ab, der schließlich gegen ihn arbeitet. So verkündet er ein anti-naturalistisches Glaubensbekenntnis und erklärt, das Künstliche und Artifizielle sei „das Wahrzeichen des menschlichen Genies". Huysmans begründet dies wie folgt: Die Natur ist für einen Dandy immer enttäuschend. Denn nur die künstlichen Paradiese, von denen Baudelaire sprach, bieten das nötige Raffinement. Die Natur hat „die aufmerksame Geduld der Raffinierten durch die abstoßende Gleichförmigkeit ihrer Landschaften und ihrer Himmel endgültig ermüdet". Wie Ludwig II. gefallen ihm künstliche Wasserfälle. Die Grotte von Schloss Neuschwanstein hätte ihm sicherlich imponiert. Des Esseintes ist der Überzeugung, dass Dekorationen die Natur ersetzen können. Wozu braucht man Felsen, wenn es doch Pappmaschee gibt?

Ähnlich wie Ludwig II. ist auch Des Esseintes bald ein psychisches Wrack. Die Handlung dieses so handlungsarmen Romans besteht im Wesentlichen darin, dass der Herzog seine Nerven ruiniert. Am Ende nötigt ihn sein Arzt, nach Paris zurückzukehren, endet die Weltflucht mit der Kapitulation des Einsiedlers. Floressas Des Esseintes ist bereits zu sensibel, zu feinsinnig, ja zu gebildet, um noch überlebensfähig zu sein. Dieser radikale Schöngeist ist eine Treibhauspflanze, die in der freien Natur nicht gedeihen kann, ein pathologischer Fall, kurzum: Er ist das, was Friedrich Nietzsche als „décadent" bezeichnet. Floressas Des Esseintes wählt ein Exil, das seine ohnehin labile Gesundheit endgültig zerrütten wird.

Ich mische die Lose.
Der Zufall zieht sie.

Wir sehen den Mond, die Sonne,
die Sterne mit bloßem Auge.
Weil nach oben kein Horizont
die Sicht versperrt.

Zwischen den Zeilen steht nichts.
Deshalb macht man sich Gedanken.

*Toni Huber*

*A Rebours* gilt als Bibel der Dekadenz. Doch Huysmans beschreibt seinen Protagonisten als abschreckendes Beispiel. Der Sündenfall besteht darin, dass er sich zu weit von der Natur und der Gesellschaft entfernt. Stoiker würden sagen: Der Luxus hat ihn verweichlicht und sowohl seinen Geist als auch seinen Körper geschwächt. Sein Refugium ist ein Biotop, in dem sich ein Lebewesen versteckt, das unter normalen Bedingungen nicht mehr überlebensfähig wäre.

Die Aufgabe der Kultur besteht für Nietzsche darin, unsere Vitalität zu steigern. Bei Huysmans geschieht genau das Gegenteil: Die abendländische Kultur bringt einen morbiden Schwächling wie Floressas Des Esseintes hervor.

Was man sich heute für gewöhnlich unter einem Dandy vorstellt, ist kaum der Rede wert. Jene selbsternannten Poparistokraten wie Eckhart Nickel, Christian Kracht oder Benjamin von Stuckrad-Barre, die ihre gestelzten „Tristesse Royal"-Plattitüden für wahnsinnig geistreich halten, haben den Unterschied zwischen einem Dandy und einem Snob, zwischen Esprit und Gehabe, Lebenskunst und Lifestyle nicht begriffen. Die Zeit der Dandys ist eindeutig vorbei. Selbst Karl Lagerfeld sagt über sich selbst: „Ich habe bewusst eine Karikatur aus mir gemacht. Man erkennt mich ja aus hundert Metern Entfernung." Warum verfällt ausgerechnet er dem albernen Jugendwahn und passt sich mit 70 Jahren den Körpermaßen eines Teenagers an? Und überhaupt: Warum erlaubte er es Claudia Schiffer und allen anderen, seine Kleider zu tragen? Schlimmer noch: Warum nahm er auf der „Wetten dass ..."-Couch Platz? Oder warum ließ er sich von Reinhold Beckmann interviewen?

Karl Lagerfeld ist viel zu sehr in die Popkultur verwickelt, um ein wahrhaft aristokratisches Leben zu führen. Wer sind seine besten Kunden? Hollywood-Stars und andere Parvenüs. Und wo gibt es heute noch Adlige, an denen sich ein Dandy orientieren könnte, die einzukleiden mehr als schnöder Gelderwerb wäre?

Selbst Hannibal Lecter, dem gefürchtetsten aller Dandys, sieht man an, dass er die Erfindung eines Amerikaners ist, dem naturgemäß alles Aristokratische fremd sein muss. Während Anthony Hopkins alias Dr. Lecter durch Florenz flaniert, hat er tatsächlich einen Kaugummi im Mund! Und während er sich in seiner Zelle mit Special Agent Will Graham unterhält, ruht sein Arm – auf der offenen Kloschüssel! An solchen Details erkennt man leicht, wer eben streng genommen doch kein Dandy ist.

Der berühmteste aller Dandys, nämlich George Brummell, bekannter als Beau Brummell, stand noch in hautnahem Kontakt zum Königshaus. Er zeigte dem damaligen Prinzen von Wales, was ein exquisiter Geschmack ist. Als Brummell es wagte, Ihre Hoheit darauf hinzuweisen, dass der Schnitt Ihres Rockes mangelhaft sei, brach der Thronfolger angeblich in Tränen aus. Ist die Erinnerung an das Ancien Régime endgültig verblasst, sind auch die Dandys überflüssig. Wo gibt es noch einen Adel, den man als Geschmackselite feiern könnte? Und wo ist die Monarchie, die Männer mit Esprit hervorbringt? „Das Dandytum ist die Frucht einer Gesellschaft, die sich langweilt", schrieb Jules Barbey d'Aurevilly in seinem Essay über George Brummell. Es gibt jedoch nichts Moderneres als die Hektik, die jeden Müßiggang verhindert und bekanntlich die Feindin der Würde ist.

Es gibt keinen Weg zurück. Nichts und niemand kann die Französische Revolution oder die Amerikanische Unabhängigkeitserklärung rückgängig machen: „Für die Gesellschaft wie für die Seele gilt: Wenn die Hierarchien ihr Amt niederlegen, gebieten die Gelüste", heißt es bei dem kolumbianischen Philosophen Nicolás Gómez Dávila. Mit anderen Worten: Wenn der Adel und der Klerus ihre Macht einbüßen, kann sich jeder gehen lassen – der reinste Horror für jeden Ästheten.

Was den Dandy mit dem Einsiedler verbindet, ist jene Selbstdisziplin, die bei dem einen dazu führt, dass er stets eine gute Figur abgibt, und bei dem anderen verhindert, dass er vom Glauben abfällt. Sowohl der Dandy als auch der Einsiedler sind Teil einer Geistesaristokratie und darum fänden beide den vulgären und pornografischen Geschmack des MTV-Zeitalters zutiefst abstoßend.

„Gott ist nicht das Ziel derer, die entsagen, sondern derer, die verschmähen", schreibt Dávila. Das weiß auch Huysmans. Schließlich handelt *A Rebours* von einem Eremiten, der einer weltlichen Religion huldigt und daran erkrankt, dass es für ihn keinen Gott mehr gibt, den er anbeten kann. Der *dandysme*, den Barbey d'Aurevilly beschreibt, ist eine Pseudo-Theologie. So ist es kein Zufall, dass Floressas Des Esseintes von Jesuiten erzogen wurde.

Ein Ästhet namens Joseph Ratzinger, der gerne Paul Claudels lyrisches Drama *Der seidene Schuh* zitiert, hält das Christentum wie Dávila für einen Aufstand gegen die Banalität der modernen Welt. Wer weiß, vielleicht war Benedikt XVI. mit seinen edlen, knallroten Schuhen, seinen eleganten Schriften und seinen gefürchteten Ansichten der letzte Dandy auf diesem Planeten ...

Ruben Zacharias lebt als freier Autor in Stuttgart. Zuletzt erschienen von ihm *Sexbomben zünden nicht* und *Paranoia für Anfänger*.

# Lexikon für den philosophischen Alltag

## Diät

von lateinisch *diaeta* für „geregelte Lebensweise“ beziehungsweise altgriechisch *díaita* für „Lebenseinteilung, Lebensweise“.[1] Heutzutage bezeichnet Diät eine entweder kurz- oder längerfristige, bewusst gewählte Ernährungsweise, das heißt Auswahl (der Menge) von Lebensmitteln und deren Zubereitung. Dies kann religiös, weltanschaulich oder moralisch motiviert oder gesundheitlich bedingt sein. Im alltäglichen Sprachgebrauch ist mit „Diät“ jedoch zumeist eine Reduktionsdiät gemeint, deren primäres Ziel es ist, das Körpergewicht zu verringern.

Laut einer Umfrage des Allensbach-Instituts hat bereits fast jede zweite Frau und jeder vierte Mann in Deutschland schon einmal eine oder mehrere Diäten gemacht. Und 45% aller Befragten wünschen sich abzunehmen.[2] Warum ist Abnehmen mithilfe von Diäten aber ein so großes Thema? Bedenkt man, dass 60% aller Männer und 39% aller Frauen leichtes bis starkes Übergewicht haben und welche gesundheitlichen Risiken Übergewicht birgt, mag die Antwort offensichtlich sein: Bei Reduktionsdiäten geht es um die Gesundheit. Doch warum machen dann teilweise auch normalgewichtige und sogar untergewichtige Männer und vor allem Frauen eine Diät? Kann man durch eine Diät und den damit einhergehenden Gewichtsverlust – abgesehen von der Gesundheit – etwas erreichen, was zu einem glücklichen, gelungenen Leben beiträgt?



### Diät als Weg zur Mäßigkeit?

In der westlichen Welt müssen wir uns heutzutage keine Sorgen machen, nicht genug zu essen zu haben. Essen ist im Überfluss vorhanden. Dank des Überflusses und der Vielfalt verfügbaren Essens können wir die sinnliche, lustvolle Seite des Essens auskosten. Der Überfluss stellt aber auch eine Herausforderung dar. Schon allein aus gesundheitlichen Gründen sollten wir weder zu viel noch zu ungesund essen, auch wenn wir es könnten und es uns Lust bereiten würde. Hier ist eine Charaktereigenschaft gefragt, die Aristoteles zu den charakterlichen Tugenden zählt: Mäßigkeit.[3]

Laut Aristoteles sind charakterliche Tugenden für ein glückliches, gelungenes Leben entscheidend. Sie sind verlässliche Verhaltensdispositionen, so zu handeln, wie man es klugerweise tun sollte. Ein tugendhafter Mensch meidet dabei die Extreme des Zuviel und des Zuwenig. Mäßigkeit bezieht sich auf den richtigen und klugen Umgang mit (sinnlicher) Lust. Ein mäßiger Mensch weiß, welche und wie viel Lust man

Abbildung:
**Ohne Titel**
Jan Tomaschoff

klugerweise anstreben sollte. Anders als ein willensschwacher Mensch handelt er auch entsprechend und kann die klugen Handlungen dabei genießen. Mäßigkeit bedeutet explizit keine Lustfeindlichkeit. Vielmehr ist die Lustfeindlichkeit das Extrem des Zuwenig. Aber das Luststreben des Mäßigen kennt, anders als beim unmäßigen Menschen, seine Grenzen, an die er sich hält, ohne darunter zu leiden. Mäßigkeit ist die Mitte zwischen Lustfeindlichkeit und Unmäßigkeit.

Da Essen eine Lustquelle ist, zeigt sich Mäßigkeit auch im Umgang mit Essen. Ein gesundes Normalgewicht wird (wahrscheinlich) aus einer maßvollen Ernährungsweise resultieren. Im Gegensatz dazu können Unmäßigkeit oder Willensschwäche dazu führen, dass man mehr isst als erforderlich und dem Wohlbefinden zuträglich. Übergewicht kann somit Folge und Ausdruck fehlender Mäßigkeit sein.

Aristoteles räumt ein, dass es schwierig ist, die Mitte der Tugend zu treffen, und gibt den praktischen Ratschlag, zunächst einmal das andere Extrem anzustreben. Ein unmäßiger Mensch sollte demnach zunächst eine explizit lustfeindliche Haltung anstreben. Viele Diäten erfordern nun genau solch eine Haltung: Um abzunehmen, muss man bewusst weniger Kalorien zu sich nehmen als man verbraucht. Und um viele Diätkonzepte durchzuhalten ist eine gewisse Lustfeindlichkeit gefragt. Können wir also durch eine Diät und den damit einhergehenden Gewichtsverlust Mäßigkeit erlernen?

Durch eine Diät können wir durchaus (Über-)Gewicht, also das sichtbare Zeichen von Unmäßigkeit beziehungsweise Willensschwäche, verlieren. Jedoch lernen wir hierdurch nur bedingt einen maßvollen Umgang mit Essen. Viele Diäten vermitteln kein Wissen über den klugen Umgang mit Essen, sondern setzen auf Verzicht, Verbote und Einseitigkeit und lehren keinen maßvoll lusthaften Umgang mit Essen. Nach dem Ende der Diät hat man dann zwar Gewicht verloren, weiß aber nicht, wie man sich klugerweise ernähren sollte. Somit besteht die Gefahr, dass wir nach dem Ende einer Diät wieder in das Muster der Unmäßigkeit zurückfallen oder dem anderen Extrem, der Lustfeindlichkeit gegenüber dem Essen, verfallen. Nicht umsonst sind viele Diäten der Beginn einer Essstörung. Essen darf für einen mäßigen Menschen aber nicht seinen Lustfaktor verlieren.

Wenn man also ein in Aristoteles' Sinne glückliches Leben anstrebt, dann sollte man versuchen, einen mäßigen Umgang mit Essen zu erlernen. Bei der Mäßigkeit geht es nicht primär um die Erreichung eines bestimmten Gewichts, auch wenn ein gesundes Gewicht eine Folge und ein Zeichen von Mäßigkeit sein kann. Vielmehr geht es um eine Haltung gegenüber Essen als Lustquelle. Daher mag eine Diät vielleicht ein erster Schritt in Richtung Mäßigkeit sein, jedoch führt der Weg nicht zwangsläufig zur Mäßigkeit. Mit Aristoteles kann man somit den Gedanken verteidigen, dass es letztendlich um eine langfristige, gesunde Ernährungsumstellung gehen sollte.

**Diät als Weg zur Schönheit?**

Im Alltag wird ein gelungenes Leben jedoch eher mit beruflichem und privatem Erfolg in Verbindung gebracht als mit einem tugendhaften Charakter. Unterschiedliche Studien zeigen, dass schöne Menschen dank ihrer Schönheit Vorteile im beruflichen und privaten Bereich haben. Sie finden leichter einen Partner, werden besser benotet, bekommen eher einen Job und verdienen besser als nicht dem Schönheitsideal entsprechende Personen usw.[4] Wenn nun häufig als Grund für eine Diät der Wunsch besser auszusehen angegeben wird, stellt sich die Frage, ob man durch eine Diät und den damit einhergehenden Gewichtsverlust Schönheit erreichen kann.

Die empirische Attraktivitätsforschung untersucht menschliche Schönheit im Sinne physischer Attraktivität. Für physische Attraktivität scheinen nun aber die passenden Proportionen stärker ins Gewicht zu fallen als das Körpergewicht. Ein Hüft-Taillen-Verhältnis von 0,7 wird bei einer Frau beispielsweise als besonders attraktiv wahrgenommen, unabhängig von ihrem tatsächlichen Körpergewicht. Dies sieht man an den Beispielen von Audrey Hepburn und Marilyn Monroe.[5]

Die Erkenntnisse der empirischen Attraktivitätsforschung werden häufig evolutionsbiologisch erklärt. Attraktivitätsmerkmale versprechen reproduktiven Erfolg und dienen als sichtbare Fitnessindikatoren. Dieser Logik folgend ist zu erwarten, dass das Gewicht einer Person nicht vollkommen irrelevant für ihre Attraktivität ist, in dem Sinne, dass extremes, gesundheitsgefährdendes Über- beziehungsweise Untergewicht sich negativ auf die Attraktivität auswirkt.[6]

Aber selbst wenn ein bestimmtes Gewicht der Attraktivität einer Person zuträglich ist, ist es sicher keine hinreichende Bedingung für Schönheit. Wir kennen viele schlanke Menschen, die nicht schön sind. Durch einen Gewichtsverlust Schönheit zu erlangen, kann nur gelingen, wenn die betreffende Person alle weiteren für Schönheit notwendigen Kriterien erfüllt. Mit Hinblick auf die Kriterien, welche die empirische Attraktivitätsforschung diskutiert, trifft dies jedoch auf die wenigsten Menschen zu.

Doch gibt es überhaupt notwendige Bedingungen für Schönheit? Philosophisch betrachtet ist dies zweifelhaft. Wenn es notwendige oder hinreichende Bedingungen für Schönheit gäbe, dann sollte es vorhersagbar sein, wen oder was wir als schön bezeichnen, und man müsste mit dem Hinweis auf diese Kriterien andere von der Schönheit von jemandem oder etwas überzeugen können. Beides ist nicht der Fall. Schönheit entzieht sich einer Bestimmung über notwendige und hinreichende Bedingungen. Letztendlich kommt es immer auf den Einzelfall und dessen Besonderheiten an, ob wir jemanden oder etwas als schön bezeichnen, und unsere Urteile bezüglich der Schönheit sind (zumeist) nicht vollständig erklärbar.[7]

Es ist also fraglich, ob man durch eine Diät und den damit einhergehenden Gewichtsverlust schön werden kann. Wir machen hier leicht den Fehler, dass wir das Schöne mit dem Modischen verwechseln. Zweifellos gibt es zeitlich bedingte Vorlieben für bestimmte Körpermaße, und momentan geht die Vorliebe hin zu sehr schlanken, teilweise sogar untergewichtigen Menschen. Möglicherweise ist das eine Reaktion auf das im Überfluss vorhandene Essen.[8] Man kann aber überlegen, was man bereit ist, für die Konformität mit solch einem Modeideal zu opfern und was man sich hiervon verspricht. Ein glückliches Leben ist sicher auch ein (maßvoll) lustvolles Leben und ein Leben auf Dauerdiät – um beispielsweise in eine Kleidergröße „size zero" zu passen – ist erfahrungsgemäß wenig lustvoll.

Dr. Lisa Schmalzried ist Oberassistentin am Philosophischen Seminar der Universität Luzern und habilitiert zum Thema „Menschliche Schönheit".



**Anmerkungen:**

1. Als „Diäten" (Pluralwort, das heißt es gibt für dieses Wort keinen Singular) werden darüber hinaus die Bezüge beziehungsweise Aufwandsentschädigungen von Abgeordneten bezeichnet.
2. Vergleiche Allensbacher Kurzbericht vom 10. April 2014. www.ifd-allensbach.de
3. Vergleiche Aristoteles: Nikomachische Ethik. Rowohlt, Reinbek 2006
4. Vergleiche beispielsweise Renz, Ulrich: Schönheit. Berlin Verlag, Berlin 2006
5. Vergleiche Singh, Devendra: Adaptive Significance of Female Physical Attractiveness. Role of Waist-to-Hip Ratio. Journal of Personality and Social Psychology, Band 65, 1993
6. Vergleiche beispielsweise Etcoff, Nancy: Survival of the Prettiest. Anchor Books, New York 1999, Kapitel 6
7. Vergleiche beispielsweise Kant, Immanuel: Kritik der Urteilskraft. Reclam, Stuttgart 1963
8. Vergleiche Anderson, Judith L.; Crawford, Charles B.; Nadeau, Joanne; Lindberg, Tracy: Was the Duchess of Windsor right? Ethology and Sociobiology 13, 1993. Für eine feministische Kritik vergleiche beispielsweise Wolf, Naomi: The Beauty Myth. Harper, New York 1991

## Duck, Dagobert

Übertragung des Namens der amerikanischen Comicfigur Scrooge McDuck, liebevoll Scroogey genannt, für die deutsche Ausgabe der Donald-Duck-Comics des Walt Disney Verlags.

Dagobert Duck ist die reichste Ente der Welt. Sein Vermögen beträgt drei Kubikhektar Geld; an anderen Stellen ist von 788 423 000 017,16 Talern die Rede, und Dagobert liebt jeden Einzelnen von ihnen heiß und innig. Sein Schöpfer, der Zeichner Carl Barks, erfand die ursprünglich nur als Nebenfigur gedachte Gestalt des Enten-Kosmos im Jahr 1947 in Anlehnung an das alte Klischee des ebenso reichen wie griesgrämigen alten Onkels, der nur an sein Geld denkt – so wie die Figur des knickerigen Ebenezer Scrooge in Charles Dickens' berühmter und vielfach verfilmter *Weihnachtsgeschichte*: Dieser öffnet den Armen sein Herz und seinen Geldbeutel erst, nachdem ihm der „Geist der Weihnacht" gezeigt hat, wie er sein Leben einsam und ungeliebt beenden wird.



Auch Dagobert Duck stammt, wie der Nachname McDuck im amerikanischen Original deutlich macht, aus Schottland, wo der Geiz bekanntlich zu Hause ist, gab sich jedoch von Anfang an nicht mit seiner Rolle als lebendes Klischee zufrieden; spätestens ab 1952, als ihn Carl Barks zum Titelhelden der Geschichte *Only a Poor Old Man* machte, wurde er neben seinem so ganz anders gearteten Neffen Donald Duck die zweite Hauptfigur des Duck-Kosmos. Das war aber nur dadurch möglich, dass er schrittweise immer „menschlicher" wurde (soweit man das von einer Ente sagen kann). Zunehmend zeichneten ihn Carl Barks und seine Kollegen als harten, aber ehrlich zu seinem unermesslichen Reichtum gekommenen typischen amerikanischen Selfmademan. Und wie er das wurde, was er bis heute in unzähligen *Lustigen Taschenbüchern* ist, erzählte ab 1991 der Zeichner Don Rosa in einer zwölfbändigen Biografie mit dem Titel *The Life and Times of Scrooge McDuck*. Es ist der epische Bildungsroman einer einfachen amerikanischen Ente: Wie Dagobert von seinem Vater damals auf der schottischen Duckenburgh einen Schuhputzkasten bekommt und damit seinen ersten Taler, seinen Glückstaler, verdient; wie er auf einem Viehtransporter nach Amerika auswandert und sein erstes richtiges Geld mit einer Kupfermine macht; wie er zwischendurch beinahe verstirbt, aber vom „Rat der Ducks" aus dem Jenseits ins Leben zurückbeordert wird, um seine Bestimmung zu erfüllen; wie er dann von Südafrika über Australien bis zurück nach Kanada kommt, wo er im Goldrausch endgültig sein Glück macht. Er trifft dabei bekannte historische Persönlichkeiten wie den US-Präsidenten Theodore Roosevelt und Wildwest-Helden wie die Jesse-James-Bande; er kauft Fabergé-Eier beim russischen Zaren und erlebt den Bau der Freiheitsstatue und des Panama-Kanals mit. Erst nach langem Herumirren kann er sich endlich auf Fort Entenhausen niederlassen, seinen Geldspeicher bauen und gegen die ewig erfolglosen Panzerknacker und die Hexe Gundel Gaukeley, die ihm seinen Glückstaler stehlen will, kämpfen. Fortan knechtet er seine arme Verwandtschaft, zählt am liebsten sein Geld und badet jeden Morgen in Goldmünzen: Er springt wie ein Seehund hinein, wühlt wie ein Maulwurf darin herum und hat dabei offensichtlich ein geradezu tierisches Vergnügen. Es ist jedoch das Einzige, das er sich gönnt; der reichste Mann der Welt lebt ansonsten geradezu asketisch, trägt immer den gleichen Gehrock und geht lieber durch den Dschungel zu Fuß als sich einen Billigflug zu leisten.

Abbilddung:
**Dagobert II**
Martin Schmidl, 2014, Tusche auf Papier, 29,7x21 cm.
martinschmidl.com

Dagobert Duck wird dabei im Lauf der Zeit und seiner Geschichten zu einer Inkarnation gleich mehrerer amerikanischer Träume: Vom schottischen Schuhputzer wird er zum Trillionär; wie der tumbe Forrest Gump stolpert er durch die amerikanische Frühgeschichte und trifft ganz zufällig alle deren Helden; und als Enten-Double von Indiana Jones begibt er sich später selbst auf die Jagd nach allen legendären Schätzen, die die alte und neue Welt nur zu bieten haben. Und gleichzeitig wird er uns Lesern klammheimlich immer sympathischer. Denn Dagobert ist zwar die reichste Ente der Welt und verfügt auch über ein gehöriges Maß an politischer Macht in Entenhausen, was bei den zweitreichsten und zweitmächtigsten Enten und Nicht-Enten eine ebenso gehörige Portion Neid auslöst – aber er ist auch die geizigste Ente der Welt. Und das erweckt tatsächlich bei den meisten Lesern eher Mitleid als Neid, sodass man ihn eigentlich immer am Backenbart zupfen und ihm zurufen möchte: Nimm den blöden Kneifer endlich ab und guck dir die Welt an! Gönn dir doch mal was! Es gibt noch anderes im Leben als funkelnde Taler! Es würde aber nichts helfen. Dagoberts Geiz ist unheilbar; er ist sein Leben, seine Persönlichkeit, seine Religion, sein Ein und Alles.

Besorgte Kritiker allerdings haben Dagobert schon früh als Inbegriff des fiesen Monokapitalisten gebrandmarkt; ein Standardwerk dieser meist marxistisch inspirierten Kritikerschule ist *How to read Donald Duck: imperialist ideology in the Disney Comic* (*Wie man Donald Duck lesen sollte. Imperialistische Ideologie im Disney Comic*, 1975) der Soziologen Ariel Dorfman und Armand Mattelart. Auch für überzeugte Christen stellt Onkel Dagobert eine bleibende moralische Herausforderung dar: Ist doch der Geiz (lateinisch *avaritia*) eine der sieben Todsünden, da sie Wohltätigkeit und Barmherzigkeit als christlichen Kardinaltugenden massiv im Wege steht. Aber schon lange vor den christlichen Tugendpredigern hatte niemand Geringerer als Aristoteles gegen den Geiz gewettert, da er der ethischen Grundhaltung der *mesotes* (das heißt der rechten Mitte) diametral entgegenstehe: Der moralisch gefestigte Charakter in Gelddingen zeige sich darin, dass man weder übermäßiger Verschwendung noch übermäßigem Geiz anheimfalle. Und schließlich hat der Volksmund eine Vielzahl von Schimpfwörtern ersonnen, die deutlich zeigen, was das Volk von Typen wie Dagobert Duck hält: Sie sind „Geizhälse" und „Geizkragen", die den Hals nicht vollkriegen können, auch wenn sie an ihrem Geld zu ersticken drohen; „Geizknochen" und „Geizknüppel", die vor lauter Geiz krumm und mickrig werden; „Knauser" und „Knicker", die ewig anal fixiert – so im Übrigen die tiefenpsychologische Erklärung für den Geiz – und verklemmt bleiben.

Dass Johann Wolfgang Goethe zudem im *Faust* den Geiz für „männlich" erklärt hat, könnte nicht zuletzt damit zusammenhängen, dass die berühmtesten Geizknochen der Weltliteratur ausnahmslos männlich sind. Das beginnt mit Molières Figur Harpagon in der Komödie *Der Geizige*, der seinen vergrabenen Geldkasten ebenso innig liebt wie Dagobert Duck seinen Geldspeicher und dafür auch seine Familie opfern will. Auf ihn folgt Eugénie Grandet in Balzacs *Menschlicher Komödie*, der „einen geheimen Schatz, ein Versteck voll von Goldstücken besaß und sich nächtlicherweise dem unaussprechlichen Vergnügen hingab, das der Anblick einer großen Masse Goldes gewährt. Die Geizhälse hatten hierfür beinahe eine Gewißheit, wenn sie in die Augen des Mannes sahen, auf die das gelbe Metall abgefärbt zu haben schien" – und wer dächte hier nicht an die Dollarzeichen, die in Dagoberts Augen funkeln, sobald er goldene Taler erblickt? Daran schließt sich Dagoberts Pate Ebenezer Scrooge an, dessen durchdringender Geiz seine ganze äußere Erscheinung verkrüppelt hat: „Seine innere Kälte machte sein Gesicht frostig, zwickte seine spitze Nase, runzelte seine Wangen, machte seinen Gang steif, seine Augen rot, seine dünnen Lippen blau und sprach hämisch aus seiner knarrenden Stimme." Sie alle könnten – in sehr sparsamen Rahmen natürlich – in der Ahnengalerie der geizigsten Ente der Welt hängen. (Einiges spricht im Übrigen dafür, dass die Verschwendung als aristotelischer Gegenpol des Geizes weiblich ist, aber darüber sagt Goethe nichts im *Faust*, und wir reden hier nicht über Daisy Duck, die langjährige Freundin von Dagoberts Neffen Donald.)

Die Beispiele aus Religion, Philosophie und Literatur zeigen: Der Geizige ist nicht nur unbeliebt, sondern einsam und hässlich; er verfällt der härtesten moralischen und religiösen Kritik; man macht ihn hemmungslos lächerlich und beschimpft ihn – und dass Geiz geil sei, hat trotz der manipulativen Glanzleistung der Werbeindustrie letztendlich auch keine bleibende Wirkung im Bewusstseinshaushalt einer eher auf Verschwendung getrimmten Konsumgesellschaft hinterlassen. Geiz kann zudem niemals befriedigt werden. Der antike Satiriker Menippos zeichnete schon vor über zweitausend Jahren ein Bild des Geizigen, das bemerkenswerte Ähnlichkeit zu Dagobert Duck aufweist: „Wenn ihm der ganze Erdkreis zur Verfügung stünde als Besitz, so würde er doch von ebendieser krankhaften Raffgier angestachelt werden und sinnen und trachten, sich selbst noch ein Profitchen abzujagen." Tatsächlich nämlich ist der Geiz in gewissem Sinne psychologisch äußerst merkwürdig: Der reiche Geizige kann sich alles kaufen, aber er kauft sich gar nichts; er lebt wie der ärmste Bettler oder der strengste Asket. Darauf hat schon Immanuel Kant in seiner *Kritik der Urteilskraft* hingewiesen: „So verlangen die Sittenlehrer von den Psychologen, ihnen das seltsame Phänomen des Geizes, der im bloßen Besitze der Mittel zum Wohlleben (oder jeder andern Absicht) doch mit dem Vorsatze, nie einen Gebrauch davon zu machen, einen absoluten Wert setzt, zu erklären."

Kein Psychologe jedoch, sondern ein Philosoph bot gut hundert Jahre später eine mögliche Erklärung für dieses psychologische Paradox an. Georg Simmel führt in seiner *Philosophie des Geldes* zunächst wie Kant aus, dass das Geld – eigentlich der Inbegriff eines Mittels zum Zweck – dem Geizigen ein „Endzweck" ist. Mehr noch: Es ist ihm „ein Gegenstand scheuer Achtung, der für ihn selbst tabu ist. Der Geizige liebt das Geld, wie man einen sehr verehrten Menschen liebt, in dessen bloßem Dasein und darin, dass wir ihn wissen und unser Mit-ihm-sein empfinden, schon Seligkeit liegt." Das jedoch führt uns in gerader Linie zurück zu Dagobert und unserer scheuen, meist nicht eingestandenen und schon gar nicht verstandenen Sympathie für ihn, in seinen besseren Momenten zumindest: Er ist ja nicht herzlos. Er liebt sein Geld, er liebt jeden einzelnen seiner unzählbaren, goldig glänzenden Taler wie sein eigenes Kind, und er kann den Verlust keines einzigen ertragen. Er muss es nicht nur beschützen, er muss es immer sehen, immer zählen; ja er muss sogar darin baden und seinen kalten Glanz auf seiner nackten Entenhaut spüren. Und er muss all das, weil er ein großer Liebender ist, ein bedingungslos Liebender, jenseits aller Vernunft (und dass er sich dabei in der Objektwahl vergriffen hat – wem von uns ist das noch nie passiert?).

Dr. phil. habil. Jutta Heinz ist freie Autorin. www.jutta-heinz.de



## Shopping

von englisch *to shop*: kaufen, einkaufen. Im Gegensatz zum gemeinen Kaufen steht beim Shopping nicht das Ergebnis der Kaufhandlung im Vordergrund, sondern der lustvolle Akt des Einkaufens selbst. Shopping gilt inzwischen als Hobby (obwohl Personalberater davon abraten, es als solches in einem Bewerbungsschreiben aufzulisten), dem einer aktuellen Statistik zufolge knapp 19 Millionen Deutsche häufig, 46 Millionen gelegentlich und nur etwas mehr als fünf Prozent nie nachgehen. Eine Statistik darüber, wie häufig die Deutschen philosophieren, würde wohl bestenfalls das genau spiegelverkehrte Ergebnis produzieren; was vielleicht erklärt, warum ein so weit verbreitetes Phänomen philosophisch bisher eher wenig beachtet wurde. Erst neuere konsumkritische Bewegungen wie die Frankfurter Schule (Tenor: „Massenkonsum erzeugt falsche Bedürfnisse und hält die Massen von der eigentlich bitter nötigen Revolution der Verhältnisse ab") oder konsumverherrlichende wie der Konsumismus von Norbert Bolz (Tenor: „Massenkonsum ist das Immunsystem der friedlichen Weltgesellschaft gegen jegliche Form von Totalitarismus") nähern sich dem Phänomen etwas umfassender.

Aus der leider nur marginal dokumentierten Geschichte des Shoppings könnte man immerhin eine Typologie des Shoppens entwickeln, eine Art wörtlich genommene „Vermögens"-Lehre des Menschen: Sage mir, wie du kaufst, und ich sage dir, was du bist! Der Archetyp ist der *Einkäufer*: Er kauft, was er braucht, sei es auf einem Markt- und Versammlungsplatz im Griechenland der Antike (*agora*), dem Stadtzentrum des alten Roms (*forum*), einem mittelalterlichen Markt oder in einem modernen Supermarkt. Falls er schreiben kann, hat er eine ordentliche Einkaufsliste dabei, und er orientiert sich bei der Auswahl an seinen Bedürfnissen und seinen finanziellen Möglichkeiten. Ihm noch recht nahe ist der *Schnäppchenjäger*: Er ist der Jäger und Sammler unter den Einkäufern, und wahrscheinlich gab es schon in der Steinzeit Schnäppchenjäger, die ihren mageren Hasen gegen eine besonders große Portion Getreide verschacherten. Der Schnäppchenjäger sucht nach dem günstigsten Angebot, sei es im Basar, im Hyperstore oder im Fachgeschäft, wo er hartnäckig verhandelt. Er kauft nicht in erster Linie, weil er etwas braucht, sondern weil es billig ist und die Beute – das Schnäppchen – sein Jagd- und Verhandlungsgeschick beweist.

Dem Schnäppchenjäger verwandt ist der *Statuskäufer*: Er kauft, um aller Welt zu zeigen, wie erfolgreich er ist. Heutzutage findet man ihn gern beim Autohändler oder im Elektrofachmarkt, wo er Kataloge wälzt, Testergebnisse konsultiert und Preise vergleicht, um schließlich ein noch schnelleres Auto, ein noch höher auflösendes Fernsehgerät, das allerneueste Smartphone – oder in der genauso verbreiteten weiblichen Variante: ein noch angesagteres Markenkleid, eine noch teurere Handtasche, noch verwegenere Markenschuhe – vorzeigen zu können: Seht, so viel Geld habe ich, ich kann mir auch ein Zweitauto und ein Dritthandy und eine Viertfrau leisten, also muss ich doch wohl wichtig, mächtig, einflussreich sein! Auch hier liegt der Verdacht nahe, dass dieses Sozialverhalten tief in der Natur des Menschen liegt und nur mit der Entwicklung der Geldwirtschaft die spezifische Form des Statuskaufs angenommen hat. Den diesem zugrunde liegenden Kompensationsmechanismus hat bereits Karl Marx genau analysiert: „Aber das Geld ist der *wirkliche Geist* aller Dinge, wie sollte sein Besitzer geistlos sein? Zudem kann er sich die geistreichen Leute kaufen, und wer die Macht über die Geistreichen hat, ist der nicht geistreicher als der Geistreiche? Ich, der durch das Geld *alles*, wonach ein menschliches Herz sich sehnt, vermag, besitze ich nicht alle menschlichen Vermögen? Verwandelt also mein Geld nicht alle meine Unvermögen in ihr Gegenteil?" Marx hat aber auch auf den Preis dieser allzu billigen Denkhaltung hingewiesen: Wenn man mit Geld alles kaufen kann, wird auch alles käuflich und dadurch entwertet – „da das Geld als der existierende und sich betätigende Begriff des Wertes alle Dinge verwechselt, vertauscht, so ist es die allgemeine Verwechslung und Vertauschung aller Dinge, also die verkehrte Welt, die *Verwechslung* und *Vertauschung* aller natürlichen und menschlichen Qualitäten."

Shopping im engeren Sinne jedoch ist eine Erscheinung, die erst seit dem 19. Jahrhundert nachweisbar ist. Es taucht auf mit dem Flaneur, der ziellos durch die Geschäftsstraßen streift und *window shopping* betreibt. Die Erfindungen des Schaufensters, des Kaufhauses und der Shoppingmall sind wesentliche Meilensteine in der Geschichte des Shoppings; soziologisch ist es verbunden mit dem Aufstieg des Bürgertums und dessen anwachsender Kaufkraft, die sich in den europäischen Metropolen des 19. Jahrhunderts, London und Paris, am frühesten abzeichnet. Der Shopper betreibt das Kaufen als Freizeitaktivität; es vertreibt die Langeweile und ist Ausdruck seiner persönlichen Freiheit (nämlich: auch das Sinnlose und Unvernünftige tun zu können – *because we can!*) wie auch seiner Persönlichkeit (nämlich: sein eigenes Äußeres und seinen Lebensraum gestalten zu können). Es ähnelt dadurch ironischerweise der Kunst, die in der Moderne häufig als zweckfrei, unreguliert und ultimativer Ausdruck subjektiven Erlebens definiert wird: Der Shopper ist ein Alltagskünstler, und die Menge und Wertigkeit der Marken-Einkaufstüten, die er stolz durch die Shoppingmall trägt, ist der Ausweis seiner (sozusagen passivkreativen) Produktivität.

Nachzulesen ist die dazugehörige Philosophie des Shoppings bereits in Georg Simmels *Philosophie des Geldes*: „Jemand sagte mir, er hätte das Bedürfnis, alle Dinge, die ihm sehr gefallen, zu kaufen, wenn auch nicht für sich und um sie zu besitzen; es käme ihm nur darauf an, seinem Gefallen an den Dingen damit einen aktiven Ausdruck zu geben, sie durch sich durchgehen zu lassen und ihnen so irgendwie den Stempel seiner Persönlichkeit aufzudrücken. Hier ermöglicht also das Geld eine ganz eigenartige Expansion der Persönlichkeit, sie sucht sich nicht mit dem Besitz der Dinge

Abbildung:
**Ohne Titel**
Jan Tomaschoff

selbst zu schmücken, die Herrschaft über diese ist ihr gleichgültig; es genügt ihr vielmehr jene momentane Macht über sie, und während es scheint, als ob dieses Sich-Fernhalten von jeder qualitativen Beziehung zu ihnen der Persönlichkeit gar keine Erweiterung und Befriedigung gewähren könne, wird doch gerade der Aktus des Kaufens als eine solche empfunden, weil die Dinge ihrer Geldseite nach sozusagen absolut gehorsam sind." Shopping ist eine virtuelle Macht- und Persönlichkeitsentfaltung – aber eben deshalb auch niemals zur Gänze zu befriedigen, da es nicht auf einem konkreten und handfesten Bedürfnis beruht, das zumindest zeitweise gestillt werden kann, sondern auf einem imaginären Erlebnis. Schon Simmel sieht deshalb: „Der Genuß dieser bloßen Symbolik des Genusses kann sich nahe an das Pathologische hin verirren" – Shopping hat offensichtlich Suchtcharakter, und der Kaufzwang (Oniomanie) ist eine medizinisch anerkannte Zwangsstörung, die wahrscheinlich auf einem schwach ausgeprägten Selbstwertgefühl basiert und verhaltenstherapeutisch behandelt wird.

Letztlich aber zehrt der weltumspannende und kulturübergreifende Erfolg der Shoppingmall davon, dass sie ein Weltmodell ist, das all das aufweist, was dem Menschen in seiner natürlichen oder sozialen Umwelt weitgehend verloren gegangen ist. Die Shoppingmall ist ein von der Außenwelt künstlich abgeschlossener Kosmos. Draußen regnet es oder es ist zu heiß, Autoabgase verpesten die Luft, Verkehrslärm übertönt das Vogelzwitschern, Städte sind zu Betonwüsten und Groß-Werbeflächen geworden, Hektik herrscht allenthalben. Die Shoppingmall hingegen ist vollklimatisiert, freundlich beleuchtet und dezent beschallt; es mischen sich die betörenden Düfte der Parfümerien mit den verlockenden Gerüchen aus der multikulturellen Erlebnis-Gastronomie, die Menschen schlendern über polierte Marmorgänge, vielleicht lächeln sie sogar ab und zu. Man findet Vertrautes, die immergleiche Mischung an Marken-Shops; man entdeckt gelegentlich Neues, eine noch bessere Espressomaschine, ein weiteres Paar Schuhe kann eigentlich nie schaden, und warum nicht gleich einen neuen Schuhschrank dazu, der alte ist sowieso voll? Man kann schauen, vergleichen, seine Gedanken schweifen lassen: Wird aus mir nicht vielleicht doch ein anderer, ein schönerer, ein besserer Mensch mit diesem Markenhemd, mit jener stylishen Handtasche? Die Shoppingmall verwöhnt unsere Sinne, sie stimuliert unsere Fantasie, sie verschafft uns gute Gefühle: Jeder Kauf eine kleine Belohnung, und jeder Nicht-Kauf ein Beweis unserer inneren Stärke! Und ist es nicht sogar moralisch geboten, den Konsum zur Stärkung der Binnennachfrage anzukurbeln? Was wäre denn schließlich, wenn keiner mehr shoppen würde?

Ja, was wäre wohl? Heinrich Heine berichtet Mitte des 19. Jahrhunderts aus Paris: „Jetzt, wo das Neujahr herannaht, der Tag der Geschenke, überbieten sich hier die Kaufmannsläden in den mannigfaltigsten Ausstellungen. Der Anblick derselben kann dem müßigen Flaneur den angenehmsten Zeitvertreib gewähren; ist sein Hirn nicht ganz leer, so steigen ihm auch manchmal Gedanken auf, wenn er hinter den blanken Spiegelfenstern die bunte Fülle der ausgestellten Luxus- und Kunstsachen betrachtet und vielleicht auch einen Blick wirft auf das Publikum, das dort neben ihm steht. Die Gesichter dieses Publikums sind so häßlich ernsthaft und leidend, so ungeduldig und drohend, daß sie einen unheimlichen Kontrast bilden mit den Gegenständen, die sie begaffen, und uns die Angst anwandelt, diese Menschen möchten einmal mit ihren geballten Fäusten plötzlich dreinschlagen und all das bunte, klirrende Spielzeug der vornehmen Welt mitsamt dieser vornehmen Welt selbst gar jämmerlich zertrümmern!" Diese düstere Prophezeiung liegt aber auch schon 170 Jahre zurück, der weltweite Siegeszug des Konsums scheint weiter unaufhaltsam und gegen allzu hässliche Gesichter hilft der Schönheitschirurg (2. Obergeschoss, rechts von der Rolltreppe, neben dem Nagelstudio, heute Sonderpreis für Nasen!). Eine aktualisierte Philosophie des Shoppings erscheint also dringend geboten: am besten maßgeschneidert, mit Öko-Gütesiegel, Verständlichkeits- und Zufriedenheitsgarantie und in verschiedenen Formaten zu erwerben im philosophischen Kaufhaus Ihres Vertrauens?

Dr. phil. habil. Jutta Heinz ist freie Autorin. www.jutta-heinz.de

## Wachstum

spätmittelhochdeutsch *wahstuom*; in der Biologie: gedeihliche Entwicklung, Heranwachsen, auch Fruchtertrag. In der Mathematik: Zunahme einer bestimmten Messgröße im Zeitverlauf. In der Wirtschaft: Zunahme des Gesamtwerts der Waren und Dienstleistungen in einer Volkswirtschaft. Natürliches Wachstum folgt strengen Gesetzen und ist begrenzt, kann aber gefördert werden durch: Pflege, Nach-Wuchs usw. Die Olive kann 1000 Jahre alt werden, ewig wachsen aber nicht. Wirtschaftliches Wachstum kann in bestimmten Bereichen durch Steuererleichterungen, Subventionen, Zölle usw. zeitlich begrenzt gefördert werden, was jedoch potenziell das Wachstum in anderen Bereichen gefährdet.

### Wachstum als Fortschritt

Wirtschaftswachstum „ist ein im wirtschaftlichen und sozialen Leben positiv besetzter Begriff, der mit einer Zunahme von Wohlstand und Lebensqualität gleichgesetzt wird", so das ZEIT-Lexikon. Damit wird ökonomisches Wachstum zum Fetisch für Fortschritt und sogar zu einer sozialen Metapher. Wachstum gilt als der unabstellbare Motor der Marktwirtschaft beziehungsweise des Kapitalismus. Aber von welchem Fortschritt ist die Rede und für wen? Für Adam Smith, den Begründer der Nationalökonomie (*Wohlstand der Nationen*), kommt der Fortschritt der Produktivität aus wohlverstandenem Eigennutz innerhalb eines sozialen Gleichgewichts. Karl Marx (*Das Kapital*) filetiert die kapitalistische Produktionsweise als Klassensystem, die

Ware Arbeitskraft ist ihm zufolge von den Produktionsmitteln entfremdet. Die modernen Ökonomen (John Maynard Keynes/Post-Keynesianismus) schwanken zwischen selbstregulativen Markttheorien (Wirtschaftsliberalismus) und interventionistischen Modellen, um wirtschaftliches Gleichgewicht zu sichern – aber immer unter dem Wachstumsdiktat. Heute und angesichts von Weltwirtschaftskrisen wankt der wachstumsbasierte Fortschritt, denn korrespondierende Kategorien wie Naturpolitik, Bevölkerungsentwicklung, Ernährung, Armut etc. erzwingen ein Umdenken. Der Kapitalismus generiert grenzenloses Wachstum, aber erzeugt er auch Wohlstand für alle?

**Wachstum als Wunder**

Das Wirtschaftswunder der Nachkriegszeit lässt wundern nur darüber, dass die Hausse nach dem Zusammenbruch quasi zum Dauergesetz wird. Im Stabilitäts- und Wachstumsgesetz von 1967 bürgt der Staat unbeirrt für den Fortschritt, auch wenn die Renditen längst zurückgehen (von 5,1 Prozent 1960 auf heute 1 Prozent bei den G7-Ländern), die Sozialsysteme auf Pump finanziert werden müssen und Umweltauflagen den hohen Preis der Verlagerung von Produktion in Billiglohnländer haben. Crashbanken werden sogar mit Milliarden subventioniert. Standen sich Wachsen und Planen im Kalten Krieg noch unversöhnlich gegenüber, brüstet sich der selbstregulative Markt heute als „alternativlos". Bei vielen Theoretikern klingt Kapitalismus wie ein Krake, der sich über die Menschheit gelegt hat. Meinhard Miegel fragt nach dessen Geheimnis und Erfolgsrezept und spricht von der „unerwiderten Liebe der Menschen zum Kapitalismus" (FAZ, 18.08.2014), als sei dieser ein oktroyiertes Fremdsystem und der Mensch nur sein Nutznießer. Bernard de Mandeville formuliert in der *Bienenfabel* bereits 200 Jahre vor Max Webers These, wonach das protestantische Arbeitsethos die Ursache für die Entstehung des Kapitalismus gewesen sei, eine lakonische Gegenthese: Nicht die Tugenden, sondern Geiz, Stolz, Eitelkeit, Neid lassen eine große, moderne Gesellschaft blühen. Profit, Mehrwert, Eigennutz hätten damit ihre anthropologische Begründung zur Ausrede. Erich Fromm (1976) zufolge wurde durch den Kapitalismus des 18. Jahrhunderts „das wirtschaftliche Verhalten ... von der Ethik und den menschlichen Werten abgetrennt". Das immer noch geträumte Wirtschaftswunder, grenzenlos wachsen zu können, belasse die Ökonomie im Rang einer Leitwissenschaft, allen Finanzcrashs zum Trotz und obwohl durch die fatale Eigengesetzlichkeit des Kapitalismus „das Verhältnis des Menschen zur Natur zutiefst feindselig" geworden sei. Ebenso gerne vorgebracht wie missverstanden wird Adam Smiths „unsichtbare Hand" des sich selbst regelnden Markts. Gilt für Smith, immerhin Moralphilosoph, doch: „Erst *nachdem* die Voraussetzungen für ein moralisches Fundament erfüllt sind, kann die Entfaltung eines freien Unternehmertums zu befriedigenden Resultaten führen." (Vergleiche Paech 2014) Weil aber „das wohlhabendste Fünftel der Menschheit 83 Prozent der Weltgütermenge beansprucht" (Miegel 2014), überstimmt das heilige und unumkehrbare Wachstums-Credo das ökologisch vernünftige Handeln und lässt die Politik (von schwarz bis grün) sich in der Endlosschleife des Wachstumsglaubens verfangen. Der Explosionsdruck der globalisierten und digitalisierten Wirtschaft nimmt den Implosionsdruck der verknappten Ressourcen in Kauf.

**Wachstum als Kollaps**

Rachel Carsons *Stummer Frühling* von 1962 und die beiden Berichte *Grenzen des Wachstums* von 1972 und 1974 (Meadows und andere) weisen erstmals das fundamentale existenzielle Dilemma der Menschheit nach. Der Bericht des *Club of Rome* zeigt uns in einem Kinderrätsel (sic!), wie der Einsicht die Zeit davongelaufen ist: „In einem Teich befindet sich eine Seelilie, die mit einer Rate von 100 Prozent wächst, das heißt sie verdoppelt sich täglich. Nach 30 Tagen bedeckt sie die gesamte Fläche des Teichs und erstickt damit alles Leben in ihm. Nach wieviel Tagen war nur die Hälfte des Teichs bedeckt? Antwort: am 29. Tag war nur die Hälfte, am 28. Tag sogar nur ein Viertel des Teichs bedeckt." Wirtschaftswissenschaftler sprechen hier von den unsichtbaren Folgen des „exponentiellen Wachstums". Dessen ungeachtet hat die moderne Wirtschaftstheorie nichts anderes hervorgebracht als den Homo oeconomicus (von lateinisch *homo* für Mensch und *oeconomia* für Hauswirtschaft), den Wachstumsgläubiger schlechthin – und der ist mittlerweile ein Global Player. Der Raum der Wirtschaft wächst, ja wuchert und die Zeit steht still.

Eric J. Hobsbawm (1997) bilanziert zum Ende des „kurzen 20. Jahrhunderts", dass der „gigantische ökonomische und technisch-wissenschaftliche Prozeß der Kapitalismusentwicklung ... nicht ad infinitum so weitergehen kann". Weniger die Vernunft aber lässt uns aufhorchen, sondern die Mahnung unseres *einen* Planeten Erde. Und die besagt, dass seine Kapazität und Ressourcen ultimativ begrenzt sind und wir über unsere Verhältnisse leben. Die Schriften von Hoimar von Ditfurth und Erhard Eppler bis Joachim Radkau und Michael Hampe klären auf, Mentalitätswandel ziehen sich aber über Jahrzehnte, während im praktischen Leben Eigennutz über Einsicht, Markt über Mehrheiten obsiegen. Wirtschaftswachstum, Bevölkerungswachstum, Wohlstandswachstum korrelieren mit Schadstoff-

Abbildung:
**Ohne Titel**
Jan Tomaschoff

wachstum, Verelendungswachstum – und alle kollidieren. Die moderne Form der Wertschöpfung pervertiert in der Wegwerfgesellschaft: Luxus wird zu Wohlstandsabfall, während Milliarden von Menschen hungern. Die Enquête-Kommission des Deutschen Bundestags „Wachstum, Wohlstand, Lebensqualität" 2013 schlägt einen neuen Begriff von Wohlstand vor, der auch soziale und ökologische Dimensionen abbildet, aber von Alternativen zum ökonomischen Wachstum sieht sie ab. Zum linearen Wachstum, der Vervielfachung des Bruttoinlandsprodukts, kommt das Wachstum des Wachstums, die ständige Vermehrung der Geldmengen bis hin zu den Finanzblasen, die Erzeugung künstlicher Bedürfnisse für Dinge, die wir nicht brauchen, die systematische Produktion von Mängelwaren. „Geplante Obsoleszenz" bezeichnet das Phänomen, dass Produkte absichtlich für eine geringe Lebensdauer konstruiert werden, dass zum Beispiel ein Drucker kurz nach Ende der Garantiezeit nicht mehr funktioniert (SZ-online, 31.10.2014).

Immerhin wird die Wachstumsparanoia infrage gestellt. Nachhaltigkeit, Minimalismus, ja „das gute Leben" bekommen Aufwind (Skidelsky 2013). In der Ideengeschichte ist die Abschwörung eines „radikalen Hedonismus" (Fromm) mit Diogenes, Franziskus und Immanuel Kant nicht neu. So auch der damalige Bundespräsident Horst Köhler 2009: „Die Finanzmärkte waren Wachstumsmaschinen. Sie liefen lange gut. Deshalb haben wir sie in Ruhe gelassen. Das Ergebnis waren Entgrenzung und Bindungslosigkeit." Politikfähig ist das bis heute nicht.

### Wachstum als Glück

Gibt es überhaupt Alternativen zum Wachsen? Immerhin wird Luxus zunehmend negativ bewertet, denn mit den Crashs und Blasen kommt der Kapitalismus an seine „Haltbarkeitsgrenze". Und hier sind sich Keynes und Marx sogar einmal einig: dort in der „Stagnationstheorie", hier im „tendenziellen Fall der Profitrate". Die Angst vor dem Paradoxon des Nullwachstums, der Kapitulation der kapitalistischen Logik, grassiert. Von „Wohlstandsdämmerung" (Paech 2012) ist die Rede, statt über Effizienz wird über Suffizienz nachgedacht und die „Idee der ‚vier E'" verfolgt: Entschleunigung, Entflechtung, Entrümpelung und Entkommerzialisierung (Schneidewind/Zahrnt 2013). Der Postwachstumsökonom Niko Paech (2014) fordert ein neues Verständnis von Produktion und Konsum angesichts der tendenziellen Verknappung der Ressourcen und Überversorgung in der Wohlstandsgesellschaft. Denn der Homo oeconomicus optimiert, anstatt zu dosieren. Das bedeutet, dass der Konsument über Nutzungsintensivierungen, Nutzungsdauerverlängerung und Eigenproduktion nachdenkt – und derart zum „Prosumenten" wird. Das Fortschrittscredo wird zum „Kampfbegriff".

Der Gesellschaftstheoretiker Jeremy Rifkin (2014) geht davon aus, dass die Fortschrittsdynamik den Kapitalismus nicht erledigen wird. Umzudenken hätte er aber bei der Tendenz zur „Nahezu-null-Grenzkosten-Gesellschaft", wo im „Internet der Dinge" immer mehr fast alles umsonst zu haben ist. Damit findet auch ein Wertewandel statt. Statt von Wohlstand im Sinne von Reichtum ist zunehmend vom „guten Leben" die Rede, denn ausgerechnet der luxusverwöhnte Mensch tendiert zum Unglücklichsein: „Erreicht der Mensch ein Einkommensniveau, das ihm die fundamentalen Annehmlichkeiten und Sicherheiten des Lebens beschert, beginnt sein Glück sich einzupendeln. Jeder weitere Zuwachs an Wohlstand ... führt zu abnehmenden Grenzerträgen hinsichtlich des Gesamtglücks." Rifkins Gegenmodell zum kapitalistischen Wirtschaften sind die „kollaborativen Commons": „Märkte beginnen Netzwerken zu weichen, Eigentum wird zunehmend weniger wichtig als Zugang zu dem, was benötigt wird. Eigennutz wird gemildert durch kollaborative Interessen."

Ob Wachstum und Wohlstand oder Postwachstum beziehungsweise Décroissance (von französisch *croissance* für Wachstum, hier: bewusste Wachstumsverringerung), eine Verbesserung der Umwelt- und Lebensverhältnisse stellt nichts weniger als die Frage der Demokratie, Gerechtigkeit und Verantwortung. Denn mit Marx gedacht ist das Kapital kein Akteur, sondern ein soziales Verhältnis: Wir können nicht über uns selbst hinauswachsen.

Apropos: Dass „Wachstum" von Wachs kommt, mit dem die Bienen ihre Waben bauen, bis es endlich dahinschmilzt, ist wortgeschichtlich nicht belegt.

Dr. Klaus Kufeld ist Politikwissenschaftler, Autor und Gründungsdirektor des Ernst-Bloch-Zentrums in Ludwigshafen am Rhein. www.klaus-kufeld.de



**Zur Vertiefung empfohlen:**


- Carson, Rachel: Stummer Frühling. Mit einem Nachwort von Joachim Radkau. C. H. Beck, München 2007 (1962/1963)
- Fromm, Erich: Haben oder Sein. Die seelischen Grundlagen einer neuen Gesellschaft. Büchergilde Gutenberg, Frankfurt am Main/Wien 1976
- Hobsbawm, Eric J.: Das Zeitalter der Extreme. Weltgeschichte des 20. Jahrhunderts. Hanser, München 1997
- Mandeville, Bernard: Die Bienenfabel oder private Laster, öffentliche Vorteile. Suhrkamp, Frankfurt am Main 1980 (1705)
- Meadows, Dennis L. u. a. (Hrsg.): Die Grenzen des Wachstums. Bericht des Club of Rome zur Lage der Menschheit. Zürich 1972
- Miegel, Meinhard: Exit – Wohlstand ohne Wachstum. Propyläen Verlag, Berlin 2010
- Paech, Niko: Befreiung vom Überfluss. Auf dem Weg in die Postwachstumsökonomie. oekom Verlag, München 2012
- Paech, Niko: Postwachstumsökonomie als Abkehr von der organisierten Unverantwortlichkeit des Industriesystems. In: Pfaller/Kufeld 2014, Seite 217–247
- Pfaller, Robert; Kufeld, Klaus (Hrsg.): Arkadien oder Dschungelcamp. Leben im Einklang oder Kampf mit der Natur. Verlag Karl Alber, München/Freiburg 2014
- Rifkin, Jeremy: Die Null-Grenzkosten-Gesellschaft. Das Internet der Dinge, kollaboratives Gemeingut und der Rückzug des Kapitalismus. Campus, Frankfurt am Main/New York 2014
- Skidelsky, Robert; Skidelsky, Edward: Wie viel ist genug? Vom Wachstumswahn zu einer Ökonomie des guten Lebens. Kunstmann, München 2013
- Schneidewind, Uwe; Zahrnt, Angelika: Damit gutes Leben einfacher wird. Perspektiven einer Suffizienzpolitik. oekom Verlag, München 2013

Stefan Baur

# Bücherrätsel

20 Jahre *blauer reiter* und dazu das passende, schön schwierige Thema Luxus! Das wären schon einmal zwei Anlässe, luxuriös zu feiern. Es gibt aber noch einen dritten, kleinen Anlass, nämlich das Bücherrätsel selbst. Immerhin begleitet es den *blauen reiter* seit der ersten Nummer und das erscheint dem Rätselschreiber mittlerweile eine mittlere Ewigkeit zu sein: Länger als ich je mit irgendwem zusammen war, derselben Arbeit nachgegangen bin oder unter derselben Adresse gewohnt habe. Vor zwanzig Jahren besprachen Helmut Kohl und François Mitterand die Bosnienkrise und das damalige Tagesschau-Intro wirkt heute wie der Auftakt eines rührend primitiven Videospiels. Neben der langen Zeit schmeichelt im Rückblick auch die ununterbrochene Reihe von Rätseln. Zwar hat es gelegentlich des Verzichts auf Nachtschlaf, des Rückgriffs auf obskure Quellen oder Fragmente anderer Texte, besonderer Selbstmotivationstechniken und immer einer gewissen Hartnäckigkeit der Redaktion bedurft, das gute Stück auf den Weg zu bringen. Doch am Ende durfte immer gerätselt werden.

Wer die Idee zur Rätselecke hatte, habe ich vergessen. Ein in der *ZEIT* damals erscheinendes Prominenten-Rätsel hat jedenfalls dem Format Pate gestanden. Ob ein oder zwei Bücher zu erraten waren, lag nie vorher fest, sondern ergibt sich bis heute aus dem Umfang des ersten Rätsels. Die zu erratenden Bücher hatten übrigens anfangs auch nichts mit dem Thema der jeweiligen Ausgabe zu tun, das wurde erst um die Jahrtausendwende Brauch. Und bis heute gibt es keine Einschränkung oder Maßgabe hinsichtlich der Rätselgegenstände selbst, was ein Grund dafür ist, dass sie mit der Zeit schwieriger zu erraten geworden sind: Etwas abgelegener und nicht gerade dem Erstsemester-Kanon entnommen. Denn die persönliche Handbibliothek, was immer man aus irgendeinem Grund gut kennt, ist unter Rätselaspekten recht begrenzt und bietet schon lange nicht mehr zu jedem Thema bisher Unverwurstetes. So kamen mit der Zeit auch Briefe (Epikur, Voltaire, Liselotte von der Pfalz), Erinnerungen und Persönliches (Stefan Zweig, Georg Christoph Lichtenberg), Aufsätze (Charles Sanders Peirce, Rosa

Luxemburg) sowie Fachfremdes (Albert Einstein, Claudius Ptolemäus, Kurt Gödel) zum Zuge. Es gab sogar Autoren, die zweimal erschienen, nämlich Aristoteles, Adam Smith, Karl Marx und Michel de Montaigne. Zum Glück eine halbwegs ausgewogene Mischung, da steckt nämlich keine langfristige Planung dahinter!

Der andere Grund für die Verschiebung von den ganz großen Klassikern hin zu abseitigeren Texten ist selbstredend das Internet. Vor zwanzig Jahren konnte man noch das ein oder andere Zitat verwenden, ohne dass einmaliges Eintippen in eine Suchmaschine sofort die Lösung geliefert hätte. Aber heute? Im allerersten Rätsel wurde nach Arthur Schopenhauers *Die Welt als Wille und Vorstellung* gefragt. Ein Hinweis war ein Vers von Friedrich Nietzsche, darin die auffällige Zeile „was er lebte wird bleiben stahn“. Diese heute „gegoogelt“ führt sofort zur Lösung. Das funktioniert genauso mit dem zweiten Rätsel, Galileo Galileis *Dialog*, worin ein Zitat von Hugo Grotius helfen sollte. Zugegeben: Die Sache hat zwei Seiten. Auch das Rätselschreiben ist einfacher geworden, denn gerade unvermutete Querverbindungen, Zitate oder Analogien finden sich via Internet sehr viel einfacher als früher, als die Register von Werkausgaben oder Aphorismen-Sammelbände als Hinweisgeber genutzt werden mussten. Auch einschlägige Stellen innerhalb eines Werks sind per Volltextsuche natürlich schnell geortet. Aber letztlich wird es dem Leser wie dem Schreiber auch Ehrensache sein, nicht sofort zu allem und jedem den großen Internetbruder zu befragen, sondern selbst zu knobeln beziehungsweise zu suchen. Mehr als Ehre ist ja auch nicht zu gewinnen!

Nun ist's genug mit dem nostalgischen Rückblick. Ein wenig Platz ist geblieben, um noch ein kleines Rätsel unterzubringen und die Reihe somit fortzuführen.

**Lösung des Bücherrätsels der 35. Ausgabe**

Gefragt war nach Karl Poppers *Wider die großen Worte* aus dem Band *Auf der Suche nach einer besseren Welt* (1990). In dem ursprünglich 1971 in der *ZEIT* veröffentlichten Brief geißelt Popper im Ausklang des „Positivismusstreits“ besonders Jürgen Habermas und Theodor W. Adorno. Um zu illustrieren, wie unklar und obskur ihm deren Texte vorkommen, „übersetzt“ Popper darin einige Stellen in „einfache“ Sprache.

Ein wahrlich großer Autor, der zu ziemlich vielen Stichworten zu Rate gezogen werden kann, den jeder kennt und der stets feingeistigen Genuss verspricht, ist der heute gesuchte. Es ist sein zweiter Auftritt im Rätsel und der erste eines Gedichts. Das Gedicht, kaum umfangreicher als dieses Rätsel, verteidigt den Luxus, dem der Autor stets gewogen war. Es entstammt einer Zeit und einem Milieu, das lange Vorbild für den gehobenen Genuss war und von dem manche Luxuriösität auch auf uns gekommen ist. Angeregt wurde das Werk durch den in dieser Ausgabe ausführlich vorgestellten Bernard de Mandeville und dessen *Bienenfabel*. Die Lebenspartnerin des gesuchten Autors hat diese als Erste in ihre Muttersprache übersetzt. Der Autor griff wie immer rasch und elegant zur Feder und verarbeitete das Ganze zu fröhlichen, leicht frivolen, auch satirischen Versen. In der Folge ein weiterer seiner diversen Skandale und gleichermaßen gesellschaftlichen Erfolge. Eher von literarischem als philosophischem Gewicht, etwas an Heinrich Heine erinnernd, schließt das Gedicht mit einer Zeile, die in Inhalt und Form folgender aus Heines *Wintermärchen* ähnelt: „Ja, Zuckererbsen für jedermann, / Sobald die Schoten platzen! / Den Himmel überlassen wir / Den Engeln und den Spatzen.“

# Haben Sie Probleme philosophischer Art?

Dr. B. Reiter

**Dr. B. Reiter sorgt für Aufklärung!**

**Es gibt keine Frage, zu der er nicht die passende Antwort hätte. Wenden Sie sich vertrauensvoll an unseren Spezialisten für philosophische Aufklärung.**

*Sehr geehrter Herr Dr. B. Reiter,*

*... was sagen Sie aus philosophischer Sicht zur Diskussion um den Anschlag auf die Redaktion der Satirezeitschrift Charlie Hebdo? ...*

C. Müller

Sehr geehrte Frau Müller,

ganz grundsätzlich philosophisch gilt: Es ist ein Luxus und alles andere als eine Selbstverständlichkeit, seine Gedanken frei und ohne Grenzen schweifen lassen zu können. Entsprechend ist es ein Luxus, eine Religion haben zu dürfen – ebenso wie es ein Luxus ist, keine Religion haben zu müssen. Es ist ein Luxus, sich über Religion und Unglauben lustig machen zu dürfen – so wie es ein Luxus ist, beides nicht zu müssen. Luxus ist es auch, immer und überall lachen zu dürfen, über was immer man lachen möchte – so wie es ein Luxus ist, nicht alles lustig finden zu müssen.

Aber: Es gibt kein einziges philosophisches Argument, mit dem man rechtfertigen könnte, anderen Menschen seine eigene Meinung oder Weltanschauung aufzuzwingen, schon gar nicht mit physischer Gewalt. Wenn Gedankengebäude – seien es philosophische, religiöse, atheistische oder politische – als Unterdrückungs- oder gar Mordinstrumente gebraucht oder missbraucht werden, sind alle des Denkens und Sprechens Befähigten aufgefordert, dem Einhalt zu gebieten. Das Wesen der Philosophie ist die Selbst- und Weltvergewisserung im Dialog. Philosophie ist kein Krieg der Meinungen und Systeme, sondern der Versuch, die Grenzen der Selbstwahrnehmung und Selbstbezogenheit durch Kommunikation zu überwinden. Wo gedroht, verboten oder gar gemordet wird, wird nicht mehr diskutiert – wo kein Dialog, wo kein geistiger Austausch mehr stattfindet, hat Philosophie ihr Ende gefunden!

Abbildung:
**Nous sommes Charlie**
CANIA

*Sehr geehrter Herr Dr. B. Reiter,*

*wiederholt habe ich in letzter Zeit gelesen, dass Historiker für einen Nachdruck von Hitlers „Mein Kampf“ plädieren. Können Sie es aus ethisch-moralischer Sicht gutheißen, dass dieses Buch wieder gedruckt wird?*

F. Flöge

Sehr geehrte Frau Flöge,

der Literaturwissenschaftler Helmuth Kiesel versuchte in der Onlineausgabe der Frankfurter Allgemeinen Zeitung vom 8.8.2014 eine Antwort auf Ihre Frage unter dem Titel *War Adolf Hitler ein guter Schriftsteller?* Rhetorisch geschickt tarnt er seine implizite Forderung nach einer kommentierten, sogenannten historisch-kritischen Ausgabe von *Mein Kampf* als „Selbstversuch“. Im Urlaub auf Sardinien spürt er dem Verführungspotenzial des Buchs anhand eines schamhaft in „das schwarz-goldene Hochglanzpapier eines Luxusuhrenmagazins“ eingeschlagenen Exemplars nach, das seine Eltern zur Hochzeit 1942 geschenkt bekommen und als „historisches Dokument“ aufbewahrt hatten. Galt *Mein Kampf* Lion Feuchtwanger noch als Buch mit „164.000 Verstößen gegen die deutsche Grammatik oder die deutsche Stillehre“, attestiert Kiesel ihm erhebliches „Wirkungspotenzial“ auf eine entsprechend vorgestimmte Klientel.

Für jemanden, der nicht Hitlers Werte von der Größe des Germanentums, von der Minderwertigkeit der Juden, der Kommunisten, der Behinderten, der Zigeuner, der Homosexuellen etc. teilt, so meine persönliche Leseerfahrung nur weniger Seiten im Rahmen eines lange zurückliegenden Schulprojekts, ist das Buch ungenießbar. Für alle anderen ist es jedoch in der Tat eine Fundgrube der Bestätigung ihrer wirren Ansichten. Entsprechend, so Kiesel als gutgläubiges Kind aufklärerischen Gedankenguts, sollte man dafür sorgen, „dass es nicht unkommentiert erscheint, sondern mit Erläuterungen, die seine (Hitlers) biographischen Angebereien in ihrer Lügenhaftigkeit und seine historisch-politischen Behauptungen in ihrer eklektizistischen Genese und Unstimmigkeit für jedermann erkennbar machen“. Doch hätte sich die Mehrzahl der Leser von *Mein Kampf* vor und während des Dritten Reichs anders verhalten, hätten sie eine solche kritische Kommentierung schon damals vorgefunden?

Vor allem redliche Wissenschaftler sind geneigt zu glauben, dass sich die Mehrzahl der Menschen durch sachliche Argumente überzeugen lasse, dass in der Wissenschaft wie im Leben letztlich immer die „Wahrheit“ obsiege. Allerdings handelt es sich hier definitiv um eine sogenannte *deformation professionelle*, sprich einen berufsbedingten Irrtum. Einmal davon abgesehen, dass selbst in den Naturwissenschaften immer wieder Fälschungen überehrgeiziger Wissenschaftler aufgedeckt werden, wird diesbezüglich auch gerne ein deutscher Unternehmer zitiert: „In Deutschland bekomme ich zu jeder Meinung das gewünschte Gutachten eines Professors. Manche Gutachten sind halt teurer.“ Dass es sich vor allem in Bezug auf den Raum des Politischen bei Kriterien wie Objektivität, Sachverstand, Bildung und Wissen eher um Wunschdenken denn um Realität handelt, zeigt sich schon allein in der Tatsache, dass kaum ein „richtiger“ Professor jemals als Politiker etwas Sinnvolles zustande gebracht hat.

Gleichwohl es schon vor und zu Zeiten des Dritten Reichs nicht an kritischen Kommentaren mangelte, avancierte Hitlers Hetzschrift zu einem der meistgedruckten Bücher deutscher Sprache: Schon 1932 war mit der neunten Auflage die 100 000er-Marke überschritten, bis 1944 wurden über 12 Millionen Exemplare gedruckt. Aufgrund der Entnazifizierung durch die sogenannten Siegermächte zählt *Mein Kampf* sicherlich auch zu den meistentsorgten Büchern deutscher Sprache. Trotzdem wage ich zu bezweifeln, dass es sich dabei, wie nur allzu oft entschuldigend zu hören, ebenfalls um eines der am wenigsten gelesenen Bücher handelt. Auch wenn viele konservative deutsche Politiker ihr Wahlvolk auch heutzutage noch gerne als Opfer einer kleinen Bande krimineller Politagitatoren zu entschulden suchen, ist es doch nicht von der Hand zu weisen, dass die Mehrzahl der Deutschen seinerzeit mit Hitlers Ansichten zumindest sympathisierte. Der damals allerorts zu lesende und zu hörende Slogan „Kaufe nicht bei Juden ein“ wurde nicht widerwillig, sondern nur allzu oft aus Sympathie zur Naziideologie vorauseilend befolgt – wer zählt sich nicht gerne zur überlegenen Rasse, zum auserwählten Volk? Man muss kein Psychologe, Soziologe oder Philosoph sein, um in den muskel- und waffenbepackten Helden der Ballerspiele der heutigen Computerindustrie einen Hinweis auf entsprechende Sehnsüchte zu erkennen. Es ist denn auch weniger eine philosophische denn eine empirische Einsicht, dass Menschen in weit geringerem Maße auf der Grundlage von Objektivität und Reflexion handeln als vielmehr auf der Basis dessen, was sie glauben möchten, sprich auf Ideologie. Der Schein ist allemal wirkmächtiger als das Sein!

Letztlich hängt die Antwort auf Ihre Frage, ob man Hitlers *Mein Kampf* in einer historisch-kritischen Ausgabe publizieren sollte, also davon ab, welche Verführungskraft man Hitlers „Kampfschrift“ heute noch beimisst, sprich ob man glaubt, dass die darin geäußerten Gedanken auch heute noch auf fruchtbaren Boden fallen würden. Dagegen abzuwägen wären die Ideologie der Aufklärung (Meinungsfreiheit) sowie die Sorge, dass durch ein andauerndes Verbot der Publikation das Buch unnötig mystifiziert und solchermaßen interessant gemacht würde. Nicht wenige halten die Entscheidung der Bayrischen Landesregierung, der formaljuristisch die Urheberrechte an *Mein Kampf* gehören, eine Publikation auch nach Ablauf der entsprechenden Schutzfrist am 1.1.2016 wegen der Erfüllung des Straftatbestands der Volksverhetzung zu verweigern, für überaus weise. Schließlich würden die dortigen besonders volksnahen politischen Verantwortlichen ihr Wählerklientel hinreichend gut kennen.



**Noch Fragen? Fragen Sie Dr. B. Reiter!**

Dr. B. Reiter beantwortet Ihre Fragen auch auf Facebook:
www.facebook.com/people/Berthold-Reiter/100007007806699

Abbildung:
**Ohne Titel**
CANIA

**Stefan Reusch**

# Luxus ist geil!

**Luxus ist jeder Aufwand, der über das Notwendige hinausgeht. Luxus ist relativ. Notwendigkeit und Luxus sind relative Begriffe. „Kostet etwas genug, lässt es sich gut verkaufen", wusste Zigarren-Superstar Zino Davidoff. „Genug" ist selbstverständlich auch relativ.**

Der neue Porsche Spider kostet 768 026 Euro. Die Frage, die sich nach dem ersten Erstaunen dem Normalverbraucher aufdrängt, lautet: „Was kostet da 26 Euro?" Menschen mit einer 26-Euro-Frage sind – allgemein gesprochen – Menschen, die es nicht nur nie schaffen werden, ihnen ist auch alles, was sie sich nicht leisten können, suspekt. Und das ist eine ganze Menge. Was sie nicht kennen, ist ihnen unheimlich. Der Luxus-User rangiert für sie in gewisser Hinsicht auf einer Höhe mit dem Asylbewerber. Beider Leben ist fremd, firmiert unter „Das Leben der Anderen". Doch während der Normalbürger vom Asylbewerber meint zu wissen, von wessen Geld der lebt („Von meinem Geld!"), was ihn ja stolz machen könnte, aber zur Verachtung des Anderen führt – will er vom üppig Lebenden vor allem wissen, *wie* der so im Luxus lebt („Guck dir das mal an!"). Den Luxus-Menschen verachtet er auch, jedoch heimlich. Weil der nicht „von meinem Geld lebt", ist seine Existenz eine pur exotische, der (un)tatenlos zugeschaut wird, gern auch in der bunten Presse.

*Neid möchte die gefühlte eigene Benachteiligung für alle.*

Allein beim gefallenen Luxus-Menschen – da interessiert es wieder: Wessen Geld hat er verprasst? Von welchem Geld lebt er jetzt? Was kostet da 26 Euro? Das Exotische bleibt dem fallenden Menschen, nur: es schützt ihn nicht mehr. Der Normalbürger gönnt dem Fallenden nicht die Augenhöhe, er will ihn unten.

Dabei fällt dem Bürger nicht auf, dass es nur, weil es dem Anderen schlechter geht, ihm selbst keinen Deut besser geht. Allenfalls moralisch. („Ich danke dir Herr, dass ich nicht so bin.") Ihn regiert das Ressentiment, der Neid.

Und dieser Gegenpol macht den Luxus beinahe sympathisch. Der Neid möchte nicht das fremde gute Leben für sich. Neid möchte die gefühlte eigene Benachteiligung für alle. Dann wäre er, der Neidische, selbst zwar nicht glücklicher – das widerstrebte auch seinem Naturell –, aber dann wären all die anderen genauso unglücklich wie er.

## Ein „Luxus"-Beispiel: Der ehemalige Bischof von Limburg Tebartz van Elst

*(zu lesen in aufrüttelndem Predigtton)*

Es ist so: Leute, die scheitern, ja, früher kamen die auf den Scheiterhaufen. Heute nicht mehr. Wegen $CO_2$? Schön wär's. Nein. Die kommen statt auffen Haufen lieber in die Presse. Weil man dann ihrem Leiden länger zuschauen kann.

Abbildung: **Ohne Titel** Fritz Arnold, 1.2.2013. Wasserlösliche Kreide auf Papier, 29,5 x 21 cm. Fritz Arnold lebt als freischaffender Künstler in Stuttgart.

Üb dich im Vorübergehen!
Sonst gehst du auf der Stelle ein.

Ehre dem Leben!
Es wird lange genug tot sein.

Nutze den Nachteil!
Auch er ist ein Teil, ein Teil vom Ganzen.

Befrag nicht die Wegweiser!
Sie sind fest angestellt.

*Toni Huber*

Sehr lange hielt sich Tebartz van Elst in der Presse. Ein Luxus-Bischof, so ganz anders als der aktuelle Papst. Der will eine arme Kirche. Und kommt damit gut an. Verstehe das, wer will.

Denn seit Jahrhunderten gilt: Die drei Säulen der katholischen Kirche sind Pomp, Protz und Prunk. Katholische Kirche ohne das nennt man evangelische Kirche.

Also, wem der katholische *way of pray* nicht passt, der soll doch bitte nach drüben gehen zu den Protestanten, dorthin, wo seit 500 Jahren Langeweile noch die schönste Abwechslung ist!

Dort ist alles schlicht, schön grau, Ton in Ton, viel Text, wenig Gesang. Der höchste Feiertag: der Karfreitag. Nicht etwa Ostern. (Zu viel Freude, zu viel Buntes.) Aber: die Kirchensteuer hauen die Evangelen genauso raus, restlos. Man sieht nur nicht wohin. Mangelnde Transparenz.

Wenn Tebartz van Elst sagte: „Wer mich kennt, weiß, dass ich keinen pompösen Lebensstil brauche", dann stimmte das. Weil er ihn HAT. Er braucht ihn nicht, er hat ihn. Das ist katholisch. Es soll dir an nichts mangeln. Das war katholisch …

31 Millionen Euro (Stand 03/2015) hat Tebartz verbaut – das ist viel Geld. In der Tat. Dafür kann man in Afghanistan fast eine Woche lang Krieg führen. Man kann einen Monat lang den Berliner Flughafen ausleuchten. Für 31 Millionen kann man 40 Porsche Spider kaufen oder auch einen halben Mesut Özil.

31 Millionen sind zweifelsohne – wie gesagt – viel Geld. Aber die Limburger Handwerker waren begeistert. So ein Bischof ist ein Investitionsprogramm. Bischofsrendite, das ist was anderes als diese Priesterrente (oder wie die heißt).

Jetzt ist er weg. Bedauerlich.

Tebartz van Elst hätte uns noch so viel lehren können. Dankbarkeit und Demut. Hätten wir nur nicht gefragt: „31 Millionen weg – wie konnte das passieren?", sondern hätten wir gefragt: „31 Millionen weg – wie hat er das geschafft?"

Auf so einem kleinen Grundstück! Ja, wie? Goldene Wasserhähne? Nein, dazu ist der Goldpreis zu niedrig.

Es ist unbegreiflich. Und, wenn etwas unbegreiflich ist, dann sprechen wir Katholiken von einem Wunder.

Tebartz van Elst hätte zumindest unseren Respekt verdient.

(*aufrüttelnder Predigtton – Ende*)

Tebartz van Elst erscheint uns verrückt. Weil sein Zeitbegriff verrückt ist, epochal verrückt.

In einer Gesellschaft symbolisch-repräsentativer Kultur konnte auf Prunk, Luxus und Repräsentation nicht verzichtet werden. Solange Macht und Ehre äußerlich dargestellt werden mussten, bedeutete der Verzicht selbst auf ein Minimum von Luxus einen Verlust an ständischer Ehre. Brat mir einer nen Storch, wenn sich daran viel geändert hätte, zumal in der Kirche.

*Man umgebe mich mit Luxus. Auf das Notwendige kann ich verzichten.*

Oscar Wilde

Tebartz van Elst lebte unantastbar im konservierten Raum, in einer Zeitblase, nun, heimatlos, ist er in „unserer" Zeit gefangen, haust in einer Art entfernter Gegenwart, wahrscheinlich schmerzhaft. Wir sind kein Umgang für ihn. Sonst aber hat er keinen mehr.

Was bliebe ihm?

„Man umgebe mich mit Luxus. Auf das Notwendige kann ich verzichten." Oscar Wilde sagte das sehr schön. Es bleibt dabei: Luxus ist relativ. Und wenn man ihn nicht hat, ist er relativ weit weg.

Auf eine Definition von Luxus kann man gut verzichten, sie ist Luxus. Keiner braucht sie. Hat sie jemand?

Wie wär's mit dieser: „Das, was man nicht hat, ist Luxus, also dürfte es Luxus nur an einem Ort geben: in der Fantasie (beziehungsweise der Erinnerung, der Zukunft)."

Vielleicht.

Belassen wir es beim Statement eines der bekanntesten Aristoteliker, Aristoteles selbst. Er staunte: „Was es alles gibt, das ich nicht brauche."

Aber wissen würd' man es schon gern, was da beim Porsche denn nun 26 Euro kostet …

Stefan Reusch ist freier Autor für Funk und Bühne. Zu hören ist er unter anderem auf SWR3 (*Reuschs rigoroser Rückblick*) und beim DLF (*Is' was? – Kulturrückblick*). Auf WDR5 moderiert er die Sendung *Spielart*. Zuletzt erschien von ihm das Buch *Zusammenstöße* (Entenfuß-Verlag, 2013) sowie das gleichnamige Hörbuch (MerkTon Verlag, 2014). www.stefanreusch.de

Otto-Peter Obermeier

# Die regulierte Lasterhaftigkeit

## Bernard de Mandeville im Porträt

**Der Name „Mandeville war bei allen angesehenen Autoren seiner Tage identisch mit einem Schimpfwort; sein Buch (*Die Bienenfabel*) wurde als eine Art von Spelunken-Ausgabe des Erzfeinds der damaligen Schulphilosophie, Thomas Hobbes, angegriffen“[1], schreibt Leslie Stephen in seiner 1876 erschienenen Geschichte des englischen Denkens. Bei Karl Marx heißt es hingegen: „Was Mandeville, ein ehrlicher Mann und heller Kopf, noch nicht begreift, ist, daß der Mechanismus des Akkumulationsprozesses selbst ... die Masse der ‚arbeitsamen Armen' vermehrt.“[2] War Bernard de Mandeville aus heutiger Sicht nur ein „abscheulicher Kneipenphilosoph“ oder nicht doch ein weitsichtiger Denker?**

Abbildung:
**Bernard de Mandeville**
Antje Seemann, 2014; Linolschnitt, 44x28 cm.

**20 Jahre *der blaue reiter*:** Anlässlich dieses Jubiläums bietet die Künstlerin Originaldrucke (nummeriert und signiert, 30er-Auflage) ihrer Porträts zum Jubiläumspreis an. www.antjeseemann.de Weitere Informationen erhalten Sie beim Verlag.



Es gibt eine *hall of fame* und eine *hall of shame* nicht nur von Wirtschaftsführern und Unternehmern, sondern auch von Philosophen. Wer in der Ruhmeshalle der Philosophen residieren darf, ist einigermaßen klar: selbstredend Platon, Aristoteles, Thomas von Aquin und so weiter. Auch ist „man“ sich darüber einig, wer in die „Halle der Schande“ verdammt wird. Um nur drei kollektiv Verfluchte zu nennen: Thomas Hobbes, Baruch de Spinoza und der bekannteste Buhmann des 18. Jahrhunderts Bernard de Mandeville. Wie schafft man es, dass sich sowohl beim moralinsauer philosophierenden Spießer als auch bei so scharfsinnigen und angesehenen Zeitgenossen wie Francis Hutcheson oder Bishop George Berkeley allein schon beim Namen Mandeville Schaum vor dem Mund bildete? Ein anonymer Schreiberling giftete gar: „Genügen wir uns damit, dass die schäbige Absicht und der Plan dieser Publikation der Propagierung der Hurerei dient. – Insgesamt kann man sagen, diese Publikation ist eine derartige Mischung aus Dumpfheit und Unverschämtheit, ein Ereignis, das sogar dieses außergewöhnliche Zeitalter niemals zuvor hervorgebracht hat“. Gemeint ist hier sicherlich Mandevilles Arbeit *Eine gemäßigte Verteidigung öffentlicher Freudenhäuser: oder eine Abhandlung über die Hurerei wie sie derzeit in diesen Königreichen praktiziert wird. Verfasst von einem Laien.* Mandeville tritt in dieser Schrift für eine vernünftige staatliche Regelung dieser prekären „sozialen Tatsache“ ein.

Welchen Ruf man sich erwerben muss, um in der schäbigen Hütte der Schande zu landen, zeigt die Bemerkung von John Dennis, einem Zeitgenossen Mandevilles, über dessen *Bienenfabel*: „Denn, um die äußerste Verderbtheit unserer Zeit aufzuzeigen, in der wir leben, haben Laster und Luxus einen Schwätzer und Verteidiger gefunden, wie sie das zuvor niemals taten. Es war schon so, es gab zahlreiche ungläubige, deistische, arianische, sozianische Schwätzer und Schwätzer für tausend Arten von hirnrissigen und eifernden Fanatismen. Aber dennoch haben all diese Schwätzer sich lauthals für Moralität und Tugend ausgesprochen und auch alle von ihnen, nimmt man die Deisten heraus, die Offenbarung anerkannt. Aber ein Schwätzer, der Laster und Luxus befürwortet, ein ernstzunehmender, ein cooler, ein abwägender Schwätzer, das ist eine völlig neue Kreatur, die man niemals zuvor in irgendeiner Nation gehört hat oder in irgendeinem Zeitalter dieser Welt. Und, um zu illustrieren, wie weit sich Ungläubigkeit und wie penetrant sich deren Kinder, nämlich Laster und Luxus ausgebreitet haben, hat das Werk, das dieser Schwätzer zu ihrer Verteidigung (des Laster und des Luxus) veröffentlicht hat, noch großen Erfolg. Gleichwohl ist es eine miserable Erdichtung, schwach und falsch und absurd in ihrer Argumentation; peinlich und nörglerisch, sowie tiefstehend in ihren Einsichten. In ihrem Witz ist diese Darstellung bemerkenswert tiefstehend und in ihrer Sprache häufig grob.“[3]

Wer war der Autor, den die Heerschar von Gutmenschen geifernd und beschimpfend umkreiste wie Motten das Licht, jener „Gentleman“, welcher als erster „für die öffentliche Tolerierung der Laster“ schrieb, wie wir in einem 1724 anonym erschienenen Schmähartikel lesen können?

Über den Menschen Mandeville ist relativ wenig bekannt. 1670 wahrscheinlich in Rotterdam oder dem nahegelegenen Dort (Dordrecht) geboren, entstammt er einer Akademikerfamilie. Trotz des französisch klingenden Namens lässt sich keine Verbindung nach Frankreich nachweisen.[4] Er studierte an der Universität Leiden Philosophie, später Medizin und erwarb 1691 den Doktortitel der Medizin. Entscheidend und prägend für Bernard de Mandeville dürfte dessen „literarische“ Beteiligung an einem Aufruhr in Rotterdam gewesen sein. Dieser war eine Folge der als himmelschreiendes Unrecht empfundenen Hinrichtung des Rotterdamer Bürgers Cornelis Costerman. Der Aufruhr richtete sich eigentlich gegen den korrupten Chef der Rotterdamer Verwaltung Van Zuijlen. Van Zuijlen war zwar 1690 abgesetzt worden, kehrte aber 1692 ohne Angabe von Gründen wieder in sein Amt zurück. Da offensichtlich beide Mandevilles, Vater und Sohn, an einer damals üblichen Pasquill, einer anonymen Schmähschrift gegen Van Zuijlen, beteiligt gewesen waren, dessen Haus während der sogenannten Costerman-Unruhen verwüstet worden war, sann dieser auf Rache. Der Vater Mandevilles wurde ohne Gerichtsverfahren aus der Stadt verbannt und siedelte nach Amsterdam um, der Sohne reiste einige Jahre durch Europa, um der Verfolgung durch die niederländische Justiz zu entgehen und landete schließlich in London. Dort übte er recht erfolgreich seinen Arztberuf aus. Daneben zeichnete ihn eine Liebe zur Schriftstellerei aus, vor allem zu satirischen (Tier-)Fabeln. Tiere oder Insekten, etwa Bienen, dienten ihm dazu, menschliche oder auch gesellschaftliche Widersprüche und Heucheleien zu entlarven, um witzig, gleichsam spielerisch, wie er es nannte, eine *anatomy of society*, eine Sektion der Gesellschaft, vorzunehmen. Bernard de Mandeville, der in England sein „de“ abgelegt hatte, starb 1733 in Hackney/London, wahrscheinlich an einer Grippe.

## Die Bienenfabel

1705 erschien in London ein kleines anonymes Pamphlet, eine Tierfabel in Versform, mit dem Titel: *The grumbling hive: or, knaves turn'd honest* (frei übersetzt: *Der sich beklagende Bienenstock, oder, was sich alles ereignet, wenn Schurken plötzlich zu Ehrenmännern mutieren*). Um dieses Spottgedicht herum komponierte er seine erstmals 1714 erschienene *Bienenfabel oder wie sich private Laster in öffentlichen Nutzen verwandeln*. Dem Gedicht *The grumbling hive* hatte Mandeville *Eine Untersuchung über den Ursprung der sittlichen Tugend* sowie *Remarks*, also Anmerkungen und Erläuterungen zu Aussagen seines Gedichts, hinzugefügt. Dieses Buch erregte weder öffentliches Ärgernis noch war es sonderlich erfolgreich. Das änderte sich schlagartig, als Mandeville 1723 seine Fabel um zwei weitere Aufsätze ergänzte, nämlich um die *Abhandlung über Barmherzigkeit und die Armenschulen* sowie *Eine Untersuchung über die Natur der Gesellschaft*. Besonders ersterer brachte Theologen, Schulphilosophen sowie sonstige moralische Saubermänner, vor allem die Besorgnis- und Empörungsliteraten, zur Weißglut. Mandevilles Ruhm und Auszeichnung als Menschen- und Gesellschaftsverderber, der seinesgleichen sucht, war aus einem Skandal geboren.

1729 veröffentlichte Mandeville quasi eine Fortsetzung, in Dialogform. In diesem zweiten Band seiner *Bienenfabel* präsentiert er vor allem seine evolutionäre Gesellschaftstheorie. Die Entwicklung der menschlichen Gattung, heißt es dort, wird durch den Wettbewerb um knappe Güter vorangetrieben. Schließlich schickte Mandeville 1732 noch einen dritten Band seiner *Fable of the Bees* hinterher, dem er einen neuen Titel verpasste: *Eine Untersuchung über die Ursprünge der Ehre und die Nützlichkeit des christlichen Glaubens im Kriege*. In diesem die *Bienenfabel* ergänzenden Werk verteidigt er erneut seine Grundpositionen und präzisiert den im zweiten Band eingeführten Begriff des *self-liking*, des menschlichen Bedürfnisses sich selbst gut zu finden, sprich den für seine Lehre so bedeutsamen Begriff des „Sich-selbst-Gefallens“. *Self-liking* ist nicht mit *self-love* zu verwechseln, also mit Selbstliebe, ein Begriff, der bei Mandeville für die klassische *conservatio sui* steht, den Selbsterhaltungstrieb.[1] Das „Sich-selbst-Gutfinden“ wird vor allem in höheren Kulturen, in denen für viele Schichten schon ein „Überflusskonsum“, sprich Luxus, möglich ist, virulent. So gesehen besteht *Die Bienenfabel* aus drei Bänden, von denen die zwei zeitlich letzteren in Dialogform verfasst sind. Die beiden bedeutsamen Dialogpartner sind Cleomenes, der hauptsächlich, jedoch nicht immer, die Position von Mandeville vertritt, und Horatio, der mehr in die Richtung von Anthony Ashley-Cooper, dem dritten Earl of Shaftesbury, tendiert. Shaftesbury geht davon aus, dass es in allen Menschen ein eingeborenes, universelles und sie bestimmendes Wohlwollen gibt, eine Position, die dem mandevilleschen universellen Egoismus des Menschen diametral entgegensteht.

*Mandeville hat einen festen Platz in der „hall of shame“ der Philosophie.*

Im ersten Teil seines Gedichts *The grumbling hive* beschreibt Mandeville einen blühenden, prosperierenden, von allen Nachbarbienen bewunderten und gefürchteten Bienenstock, sprich Staat. Der Wohlstand dieses Staats fußt auf Spekulanten, dubiosen Geschäftemachern und selbstredend auch auf der Arbeit der seriösen und pathologisch Fleißigen. Dennoch sind sie irgendwie alle Schurken, leben der Handel und die Märkte letztendlich doch vom Übervorteilen des andern, sprich vom Betrug.

Mandeville durchforstet die einzelnen Lebensgebiete, die produktiven Bereiche der Wirtschaft, die wesentlichen akademischen Berufe der drei maßgebenden Fakultäten in den Universitäten, das Militär, die Politik und enthüllt, spöttisch, ironisierend und auch sehr direkt, deren Laster. Der größte Teil der Priester ist fanatisch und ungebildet, der Rest gelehrt und wortgewaltig. Aber alle erfüllen, so Mandeville, „eine Anforderung: nämlich jene, ihre Faulheit (*sloth*), ihre Geilheit (*lust*), ihre Habgier (*avarice*) und ihre Aufgeblasenheit (*pride*) gekonnt zu verbergen“[5]. Auch wenn Mandeville eingangs dieser Strophe von „den vielen Priestern des Jupiters“ spricht, ein Narr, der glaubt, es wäre nicht die seinerzeitige Priesterschaft gemeint.

Und die Staatsbeamten? Die reißen sich, Mandeville zufolge, trickreich eine Unzahl von Privilegien unter den Nagel. Sollte das dumme Volk irgendwann doch dahinterkommen, wird das als Bezahlung für besondere Verdienste deklariert. Und so geht es weiter. Die Gerechtigkeit ist eine bestechliche Dame, die Mediziner sind vor allem Profis im Heucheln und Kassieren, und selbst der verkaufte Naturdünger, der Kuhmist, ist mit Steinen und Mörtel angereichert. Kurzum, der Bienenstock war voll der Laster und des Betrugs, aber merkwürdigerweise auch reich, mächtig und prosperierend. Fazit: „Und selbst der Mieseste in unserem Falle, tut etwas für das Wohl von allen."

Sieht man also genau hin, sind die spezifischen Laster dieser kommerziellen Gesellschaft nicht nur kein Schaden, sondern die Quelle des Wohlstands der Nation. Moden, gleich in welchem Bereich, kurbeln den Verbrauch an und dadurch die Wirtschaft. Neid und Eitelkeit stacheln den Konsum an und fördern so Handel und Manufakturen. Verschwendungssucht ist eine hochvornehme Sünde. Luxus, also Überflusskonsum, der letztendlich in Massenkonsum übergeht, gibt Millionen von Menschen Arbeit und befreit sie von Trägheit und Faulheit, heute würden wir sagen von der Arbeitslosigkeit.

Aber es kam, wie es kommen musste. Immer mehr „Gutbienen" tauchten auf, moralinsaure Heuchler, professionelle „Entrüster", eine Besorgnis- und Bedenkenpartei etablierte sich und forderte lautstark eine besonnene, bescheidene, ja asketische Lebensführung sowie extreme Sparsamkeit. „Konsumverzicht" nennt man das rund ein viertel Jahrtausend später. Irgendwann wurde es Jupiter, der dieses ganze Affen- sprich Bienentheater aufmerksam beobachtete und das Dauer*grumbling*, die fortwährende Meckerei der Gutbienen, nicht mehr hören konnte, zu viel, sodass er den Gutbienen ihren sehnlichsten Wunsch erfüllte. Das bewirkt eine Revolution des allgemeinen Verhaltens im Bienenstock hin zu universeller Ehrlichkeit, Genügsamkeit, Sparsamkeit und Besonnenheit. Als Folge davon kommt es zum „großen Verschwinden". Als erstes werden die Rechtsanwälte arbeits- und brotlos, denn Gutbienen geben keine Anlässe für Rechtsstreitereien. Damit ist auch Justitia gezwungen, samt ihrer Entourage auf einer Wolke hinwegzuschweben. Staatsanwälte, Häscher, Büttel, Spitzel und Folterknechte sind ohne Arbeit. Der Klerus nimmt Abschied von seiner Faulheit und Prunksucht, kümmert sich brav um die Armen. Dennoch nimmt die Zahl der Priester extrem ab, denn wo Tugenden blühen und Ehrlichkeit herrscht, hat er seine Geschäftsgrundlage verloren. Die Beamten erfüllen ihre Pflicht, beklauen nicht mehr die Bürger, wodurch sich auch dieser Berufsstand dramatisch verringert. Sogar der Staat spart nun an seinen Armeen, weil zum Beispiel Eroberungskriege (Kolonialismus als Quelle des westlichen Reichtums) unterbleiben. Der Untergang des die Wirtschaft ankurbelnden Konsumismus zeigt überdeutlich seine Auswirkungen. Jetzt gilt nicht mehr die Maxime, die die kommerziellen Gesellschaften trägt: Wie raffe ich möglichst viel zusammen, um noch mehr auszugeben? Vielmehr gilt: Wie lebt man äußerst bescheiden und ressourcenarm? Die Weltmeere werden verlassen, Händler ziehen sich zurück, die Buntheit der Warenwelt verschwindet und Luxus, sprich Überflusskonsum, sind gestorben. Das Laster aller Laster kommerzieller Gesellschaften, die *pleonexia*, das „Mehr-haben-wollen" beziehungsweise die Habsucht, ist liquidiert.

Zurück bleibt ein Hundertstel des einstigen Bienenstocks, der ob seiner offensichtlichen Schwäche von den aggressiven Nachbarbienen angegriffen wird. Unter riesigen Opfern kann sich der kümmerliche Rest des Bienenstocks der Attacken erwehren, flüchtet in einen hohlen Baum und fristet hier ein ärmliches und kümmerliches Dasein. Bequemlichkeit und Wohlbehagen, einst von allen geschätzt, werden nun zu Lastern. Extravaganz und Luxus gibt es nicht mehr, es dominieren endlich Besonnenheit (*temperance*), genügsame Zufriedenheit (*content*) und selbstredend Ehrlichkeit (*honesty*).

Und die Moral von der Geschicht? Verschwinden in einer kommerziellen Gesellschaft die über das dominante Wirtschaftssystem eingeführten Strategien des Übervorteilens, in Mandevilles drastischer Ausdrucksweise die des Betrugs (*fraud*) und der aus Eigendünkel und Stolz (*pride*) geborene Luxus, sprich Überflusskonsum, verschwinden auch der Wohlstand und die Macht des Staats: „Wir müssen Trug, Luxus, Stolz stets hegen / dann winkt der Wohlstand uns als Segen." „Regulierte Lasterhaftigkeit" ist Mandeville zufolge für kommerzielle Gesellschaften die einzig realistische Möglichkeit zu überleben.

Aber ist Mandevilles Fabel über den schimpfenden und maulenden Bienenstock mehr als ein bitterböses

Aphorismenschneise • Aphorismenschneise • Aphorismens

Dass Zusammenhänge nicht bestehen,
ist zur Gänze unbeweisbar.

Der Einsichtige sieht mehr als ein Prophet.

Ein Geheimnis wird gelüftet.
Es erstickt, an Luft.

In der Masse verliert sich das Maß.

Auf dem Weg zur Reinheit erleiden wir
alle den Hungertod.

Toni Huber lebt und arbeitet als freier Schriftsteller in Hamburg. Zuletzt erschienen von ihm *Staub. Sätzlinge.* Aphorismen mit Zeichnungen von Susanne Limbach. Gollenstein Verlag, Blieskastel 2005 und *Meinetwegen, sagte der Stellmacher.* Kurzgeschichten mit Holzschnitten von Hermann Becker. Gollenstein Verlag, Blieskastel 1997.

Gedicht, das einer Gesellschaft den Spiegel vorhält, die sich in einem gewaltigen ökonomisch-strukturellen Umbruch befindet, einer Gesellschaft, in der die theologischen und aristokratischen Wertvorstellungen real schon längst durch die kommerzielle Wirklichkeit unterlaufen wurden? Wertvorstellungen, die man wie eine Monstranz vor sich hertrug, die aber von keiner Gesellschaftsschicht mehr gelebt wurden. Hätten alle sich daran gehalten, wären Macht und Wohlstand der ganzen Gesellschaft ins Wanken geraten. War also *hypocrasy* (Heuchelei), das lautstarke öffentliche Verkünden der alten Werte bei gleichzeitigem gierigem Geschäftemachen mittels riesiger finanzieller Betrügereien[6], war also Heuchelei in all ihren Ausprägungen, von der geschäftlichen Höflichkeit bis zur vorgeschobenen Bescheidenheit, zu einem wesentlichen Grundprinzip kommerzieller Gesellschaften aufgestiegen? Oder war Mandeville nur ein billiger Stänkerer, der auf perfide Weise den Theologen und den Gutbienen ans berühmte Bein pisste? Selbst wenn das so manche Schulphilosophen mit vor Entrüstung krächzender Stimme verkündeten, letzteres war er sicher nicht!

## Mandevilles Einsichten

Mandeville war davon überzeugt, dass Menschen „neben der gut sichtbaren Haut, der Muskulatur, den Knochen, eine Mischung aus verschiedenen Leidenschaften sind, die alle, wenn sie entfacht und gelebt werden, das Verhalten des Menschen bestimmen, ob er das will oder nicht“[1]. Es gilt also nicht nur das offizielle und verbale Verhalten des Menschen zu beachten, sondern vor allem das, was hinter der offiziellen Maskerade steckt und den Menschen selbst häufig verborgen bleibt. Wie später Sigmund Freud ist auch Mandeville davon überzeugt, dass Triebe, Bedürfnisse, Affekte und die daraus resultierenden Emotionen die eigentlichen und häufig verborgen bleibenden Triebfedern unseres Verhaltens sind. Entscheidend bei der Beurteilung und Entdeckung der individuellen wie der sozialen Realität ist das, was im Gärkessel der Bedürfnisse zusammengebraut wird und weitgehend latent, also verborgen bleibt. Was nach außen hin gezeigt und vertreten wird, betrachten wir es aus der Perspektive unserer Leidenschaften und Gefühle, ist letztendlich nichts anderes als durch Erziehung, Schule, Beruf und durch kulturelle Mechanismen anerzogene Heuchelei in ihren unendlichen Spielarten. Mandeville zufolge ist Vernunft ein Afterphänomen, das wir zur Rechtfertigung unserer Bedürfniswelten benötigen: „Alle menschlichen Kreaturen werden von ihren Leidenschaften beeinflusst und gänzlich beherrscht, mit welchen edlen Ansichten wir uns auch immer schmeicheln mögen. Auch jene Menschen, die in Übereinstimmung mit ihrem Wissen handeln und streng dem Diktat ihrer Vernunft folgen, sind nicht weniger genötigt das mit Hilfe der einen oder anderen Leidenschaft zu bewerkstelligen, welche sie zum Handeln veranlasst. Sie unterscheiden sich dadurch nicht von jenen Menschen, welche widerspenstig sind, das heißt beiden zuwiderhandeln, den edlen Ansichten und dem Wissen, und die wir Sklaven ihrer Leidenschaften nennen.“[7]

Mandeville war ein Sentimentalist. Das heißt, er war davon überzeugt, dass Leidenschaften und Gefühle primär all unser Handeln bestimmen, genauso wie seine Gegner Francis Hutcheson, David Hume und Adam Smith. Während aber Letztere im Trieb- und Bedürfnishaushalt des Menschen noch altruistische, das heißt uneigennützige Leidenschaften annehmen, gleich ob *moral sense*, sprich einen eigenen Sinn für das Moralische und den Nächsten, Wohlwollen (*benevolence*) oder Sympathie (*sympathy*), gilt für Mandeville: „Auf Erden gibt es nichts so allgemeingültig Sicheres wie die Liebe, die alle Lebewesen, die ihrer fähig sind, zu sich selbst hegen.“[1]

Primär kreist jedes Lebewesen um sich selbst, um sein wie auch immer auszugestaltendes Überleben. So gesehen ist und bleibt auch der Mensch letztendlich „von Natur aus“ ein Egoist. Und gerade aus diesem fundamentalen Egoismus heraus wird der Mensch sozial und moralisch. Moral und soziale Ambitionen sind für Mandeville jedoch Umwegskonstruktionen. Weil jeder Mensch das Bedürfnis hat, „sich selbst zu gefallen“ (*self-liking*), ist er genötigt altruistische Handlungen zu vollziehen, um der anderen Lob und Bewunderung zu ergattern, um so, letztendlich, wieder sich selbst zu gefallen. Aus diesen Annahmen über die Natur des Menschen werden jene Schlüsselaffekte deutlich, die die kommerzielle Gesellschaft antreiben. Heuchelei ist genauso wichtig wie Schmeichelei, Eitelkeit ebenso bedeutsam wie Sozialneid und Stolz, Betrug genauso wie offizielle Ehrlichkeit, Fleiß wie müßiges Luxusleben, Geiz wie Habgier. Dieses „Sich-selbst-gefallen“, angetrieben von Eitelkeit, Stolz, Habgier und Sozialneid, zwingt die Menschen zum Überflusskonsum, sprich Luxus. Alle machen Umsatz, alle kurbeln das kommerzielle System an, das man vor langer Zeit auch kapitalistisch nennen durfte.

„Die launische Edelnutte, die jede Woche einem neuen Modetrend nacheifert, ... der mit überreichen Moneten ausgestattete Lebemann und der verschwenderische Erbe, die alle ihr Geld wahllos und hirnlos hinauswerfen, alles kaufen, das sie sehen und das Gekaufte am nächsten Tage wegwerfen oder weggeben ... Es sind diese deren wir bedürfen.“[1] Und „sogar die ärmste Arbeiterfrau der ganzen Gemeinde, der es nicht passt einen einfachen Kittel zu tragen ... wird hungern und ihren Mann hungern lassen, um sich ein luxuriöseres Secondhand-Kleid zu kaufen“[1]. Damit hatte Mandeville eines der Grundgesetze der kommerziellen Gesellschaften und des Massenkonsums mitentdeckt. Es sind nicht die lebensnotwendigen Güter, die in beliebigen Mengen konsumiert werden – keiner kann ein ganzes Rind am Tage „fressen“ – , es sind vielmehr die imaginären, die eingebildeten Güter, die Güter des nicht notwendigen Überflusskonsums, die die kommerzielle Gesellschaft befeuern. Nur diese Güter besitzen eine potenzielle Unendlichkeit. Ein Modeprodukt jagt das

*Betrug ist genauso wichtig wie offizielle Ehrlichkeit.*

andere und „In-Sein" impliziert das „Out-Sein". Was heute die Individuen befriedigt, ist morgen psychisch unerträglich. Imaginäre, eingebildete Güter, gezeugt aus Eitelkeit, Sozialneid und Gier, sind der Motor der erstarkten kommerziellen Gesellschaften. Bei Mandeville steigt der Begriff *emulation*, das heißt die Sucht und Seuche des Kopierens, Imitierens, des Nacheiferns der Moden, gleich welcher Art, erstmals zu einem ökonomisch relevanten Begriff auf. Es geht nicht mehr um die *imitation of Christ*, die Nachahmung Jesus, und auch nicht um die *imitation of heroes*, die Nachahmung der Idole und Helden wie in den ökonomisch rückständigen Gesellschaften, es geht um das Kopieren von Moden gleich welcher Art durch die Massen, es geht um leicht vernichtbaren Überflusskonsum. Wehe den Bienen und dem Bienenstock, die hier nicht mitmachen: Sie landen extrem dezimiert im ebenfalls dem Untergang geweihten hohlen Baum.

Man hat Mandeville vorgeworfen, sein Paradox, das er in die griffige Formel „private Laster, Vorteile für die ganze Gesellschaft" publikumswirksam verpackte, lebe allein von einer viel zu engen Fassung des Moralbegriffs. Seine fundamentale Einsicht besteht jedoch darin, dass sich die orthodox-christliche Moral und der damals proklamierte Kodex der Adelsherrschaft mit der durch Kommerz und Kapitalgeschäfte durchzogenen Gesellschaft nur auf Kosten von Heuchelei vertragen, dass diese Verträglichkeit Tünche und Tarnung einer Gesellschaft ist, die sich diese Moral nur mehr als Schminke erlauben kann: „Religion ist das eine und Kommerz das andere. Wer den meisten Menschen Arbeit gibt und die raffiniertesten *commodities*, sprich Konsum- und andere Güter auf den Markt bringt, der ist, ob mit oder ohne Moral, zu Recht oder zu Unrecht, der größte Freund der Gesellschaft."[1]

Nachdem der scharfsinnige David Hume und sein moderater Busenfreund Adam Smith pflichtgemäß – wie das damals die Horde der etablierten Schulphilosophen und Theologen lauthals forderte – Mandeville niedergemacht hatten, wurde flugs die Position des Gegners, mit weniger Zynismus, gemäßigter im Ton und bemerkenswertem Erfolg, übernommen. Wie sehr Mandevilles Gegner von ihm geklaut hatten, wird am Ende von David Humes Aufsatz *On Luxury* deutlich. „Luxus", falls er exzessiv betrieben wird (also Massenkonsum), meint der „gute David", ist eine Quelle vieler Übel: „Aber dieser *vicious luxury*, dieser lasterhafte Überflusskonsum, ist prinzipiell der Massenfaulheit und Trägheit vorzuziehen, die normalerweise an ihre Stelle treten würden, und wesentlich schädlicher sind sowohl für das Individuum als auch für den Staat."[8] Sie sind der Massenfaulheit entgegengesetzt, weil Konsumismus Arbeitsplätze schafft und so die Arbeiter nicht nur nicht faulenzen, sondern auch im Karussell des Überflusskonsums mitfahren dürfen. Hume und Smith bestätigen Mandevilles Fundamentalannahme: Menschliches Verhalten ist primär aus der bunten Vielfalt und Mischung von Bedürfnissen, Leidenschaften, Affekten und Gefühlen gesteuert, und in kommerziellen, vormals kapitalistischen Gesellschaften sind das nun einmal die Abkömmlinge der Gier, des „Sich-und-den-anderen-Gefallenwollens" und die hieraus resultierende Sucht, alles und jedem nachzueifern, das beziehungsweise der gerade „in" ist. Nur ein Übel auszurotten, stellt Hume in *On Luxury* korrekt fest, bringt nur noch mehr Schaden.[8] Den Luxuskonsum, moderner ausgedrückt: den „überflüssigen" Massenkonsum zu verbieten, erwürgt kommerzielle Gesellschaften und zeugt noch ein größeres Übel, nämlich Massenarbeitslosigkeit. Genau dieses Phänomen kommerzieller Gesellschaften hat Mandeville in vielen Varianten beschrieben. Allerdings war er ehrlicher und deutlicher in seiner Ausdrucksweise als der schlaue Fuchs Hume. Dass die etablierte Moral nicht mehr war als Tünche, die Heuchelei als Massenphänomen erzwang, das wusste keiner besser als Hume. Mandeville sprach diese Ungeheuerlichkeit eine Generation vor ihm klar, brillant und mitunter zynisch aus. Daher sein fester und herausgehobener Platz in der windigen Bude der philosophischen Buhmänner.

Prof. Dr. phil. Dr. med. vet. Dipl. pol. soc. Otto-Peter Obermeier lehrt Philosophie an der Universität Ulm.



Abbildung rechte Seite: **Ohne Titel** Hans Beck, Tuschezeichnung

**Anmerkungen:**

1. Stephen, Leslie: History of English Thought in the Eighteenth Century. Band 2, Cambridge University Press, London 1876. Alle Zitate aus englischsprachiger Literatur sind vom Autor übersetzt. Mandevilles *The Fable of the Bees or Private Vices, Public Benefits* wird unter Angabe des jeweiligen Bands nach der Ausgabe von F. B. Kaye, Oxford 1924 zitiert. Die Seitenzahlen der folgenden mit der Fußnote 1 markierten Zitate und Verweise sind hier in der Reihenfolge ihres Erscheinens im obigen Text angegeben: Band 2, Seite 129 ff.; Band 1, Seite 30 und 39; Band 1, Seite 200; Band 1, Seite 355–356; Band 1, Seite 129; Band 1, Seite 356
2. Marx, Karl: Das Kapital. Kritik der politischen Ökonomie. Marx-Engels-Werke. Band 23, Dietz Verlag, Berlin 1974, Seite 643
3. Dennis, John: Vice and luxury, public mischiefs: or remarks on a book intituled the fable of the bees; or private vices public benefits. London 1724. Wiederabgedruckt in Stafford, J. M.: Private vices public benefits. Ismeron, Solihull 1997, Seite 14
4. Hierzu und zu den angesprochenen Costerman-Riots siehe Dekker, Rudolf: Private vices, public virtues revisited. The Dutch background of Bernard Mandeville. In: History of European Ideas. Band 14/4, 1992, Seite 481–498
5. Offensichtlich hat Otto Bobertag in seiner Übersetzung zu anrüchige Stellen einfach weggelassen. Stolz (*pride*) und Habgier (*avarice*) führt er noch an, aber *sloth*, also Faulheit, wörtlich „Das-Sich-drücken-vor-der-Arbeit" oder *lust*, klassisch mit „Wollust" zu übersetzen, verschwinden gänzlich (*Die Bienenfabel*, Seite 21).
6. Zu erinnern wäre an die *financial crises* von 1696, 1710 und vor allem 1720. Den Krisen vorangegangen waren Spekulationen auf die Papiere der englischen South Sea Company und der französischen Mississippi Company, beides Erfindungen zur Tilgung der Staatsschulden (!).
7. Mandeville, Bernard: An Enquiry into the Origin of Honour, and the Usefulness of Christianity in War. London 1732, Seite 31
8. Hume, David: Writings on Economics. Transaction Publishers, New Brunswick/London 2007, Seite 32, Seite 31

# Bücher · Bücher Bücher · Bücher

Heike Baranzke, Gunnar Duttge (Hrsg.)

**Autonomie und Würde. Leitprinzipien in Bioethik und Medizinrecht**

Königshausen & Neumann, Würzburg 2013. 552 Seiten, € 48,00

Rolf Gröschner, Antje Kapust, Oliver W. Lembecke (Hrsg.)

**Wörterbuch der Würde**

UTB (Fink), Stuttgart 2013. 404 Seiten, € 19,99

**„Die Würde des Menschen ist unantastbar. Sie zu achten und zu schützen ist Verpflichtung aller staatlichen Gewalt", so der Wortlaut des §1, Absatz 1 des Grundgesetzes der Bundesrepublik Deutschland. Ebenso wie das in §20 geregelte Widerstandsrecht und die Verfassungsgrundsätze fällt die Unantastbarkeit der Würde des Menschen unter den sogenannten Ewigkeitsgrundsatz: Sie ist gemäß §75 des Grundgesetzes unveräußerlich und kann durch keine noch so große Mehrheit eines gesetzgebenden Organs abgeschafft werden. Als solchermaßen für Juristen wie Philosophen grundlegender Begriff ist Würde in Fachkreisen wie in öffentlichen Diskussionen jedoch seltsam unbestimmt und umstritten. Denn was genau ist mit „Würde" gemeint?**

Der Begriff der Würde ist kein weites, sondern ein unendliches Feld, das nicht von ungefähr von den Müttern und Vätern des Grundgesetzes so unbestimmt belassen wurde. Eine endgültige Definition des Begriffs der Würde kann es nicht geben. Ist der wichtigste Aspekt der Menschenwürde doch genau darin zu sehen, sich beständig aufs Neue darüber klar zu werden, was genau damit gemeint ist. Würdelosigkeit, nicht nur die in Bezug auf den Menschen, beginnt da, wo nicht mehr über Würde gesprochen werden kann, wo nur noch Nutzen und Zwecke Gegenstand der Diskussion sein dürfen. Auch wenn die Sehnsucht nach endgültigen Wahrheiten ein wichtiger Antrieb für philosophisches wie naturwissenschaftliches Forschen darstellt, kann die Frage nach der Würde immer nur vorläufig beantwortet werden, weil sie unabdingbar auf das jeweilige Selbstbild und den Selbstentwurf des Menschen rekurriert. Gerade in Zeiten der modernen Bio- und Lebenswissenschaften wird offensichtlich, wie wichtig der Begriff der Würde ist und wie sehr er der Diskussion bedarf. Verstößt es gegen die Würde von Embryonen, diese allein zur Gewinnung von Stammzellen zu zeugen? Verstößt es gegen die Würde eines Kranken, ihm eine solche Therapie vorzuenthalten? Hat der Mensch eine größere Würde und mithin weitergehendere Rechte als andere Lebewesen? Die Herausgeber der beiden vorliegenden Bände haben es sich zur Aufgabe gestellt, philosophisches Licht in das unübersichtliche Dickicht der religiös und weltanschaulich geprägten Diskussion um die Würde zu bringen.

Heike Baranzke und Gunnar Duttge ordnen mit ihrer Zusammenstellung der überaus interessanten 22 Beiträge einer „Klausurwoche auf dem Gebiet der ethischen, rechtlichen und sozialen Aspekte der modernen Lebenswissenschaften" die Frage nach der Würde in einen größeren Theoriezusammenhang ein. Die Autoren aus der Philosophie, den Rechtswissenschaften, der Medizin, der Theologie und den Religionswissenschaften untersuchen vor allem, auf welche Art mit den spätestens seit Immanuel Kant zusammenhängenden Begriffen Würde und Autonomie in Bereichen wie Ethik, Verfassungs-, Völker- oder Strafrecht als auch in ausgewählten lebenswissenschaftlichen Anwendungsbereichen wie der Neurowissenschaft oder der Palliativmedizin argumentiert wird. Dabei werden auch die Grenzbereiche der Würde ausgelotet, das heißt die Frage behandelt, ob dieser Begriff sich auch, wie in der Schweizerischen Bundesverfassung als „Würde der Kreatur" festgeschrieben, auf Tiere oder gar Pflanzen ausdehnen lässt. Solcher Art wird der Leser gezwungen, selbst Stellung zu beziehen.

Rolf Gröschner, Antje Kapust und Oliver W. Lembecke ist mit ihrem Wörterbuch das Kunststück gelungen, Beiträge von 241 fachkundigen Autoren zu grundlegenden Stichworten, Autoren und Theorien zum Thema Würde aus den Bereichen Politik, Philosophie und Recht zu versammeln. Entstanden ist ein überaus informatives und spannendes Nachschlagewerk. Die ein- bis dreiseitigen Artikel sind in vier Kategorien gegliedert. Die Beiträge der Rubrik *Ideengeschichte* sind nach Autoren geordnet von der Antike (Platon–Cicero) über Renaissance und Reformation (unter anderen Coluccio Salutati und Johannes Calvin) sowie den Deutschen Idealismus – mit Beiträgen zum Beispiel zu Immanuel Kant, Friedrich Schiller und F. W. J. Schelling – bis zum Materialismus und Existenzialismus mit Texten über Arthur Schopenhauer und Simone de Beauvoir. Die *Modernen Theorien* wie die der Body Politics von Gesa Lindemann, dem liberalistischen Egalitarismus von Ronald Dworkin und der Theorie der Zweite-Person-Autorität von Stephen Darwall werden in einer weiteren Rubrik unter dem Aspekt der Würde kenntnisreich und auch für Nicht-Berufsphilosophen verständlich dargestellt. Die *Leitbegriffe* erstrecken sich von Stichworten wie „Achtung“ über „Menschenbild“ und „Unantastbarkeit“ bis „Zweck“. Die Rubrik *Problemfelder* ist in 13 Unterrubriken wie „Bio-/Lebenswissenschaften“, „Interkulturalität“, „Recht“ und „Wirtschaft“ mit jeweils drei bis 15 Stichworten gegliedert. So finden sich unter dem Stichwort „Medizin“ Beiträge zum „Arzt-Patienten-Verhältnis“, zum „Sterbeprozess“ und zum „Wachkoma“. Solcherart vereinigt das *Wörterbuch der Würde* die Vorzüge reiner Wörterbücher mit denen eines Handbuchs. Anliegen der Initiatorin Antje Kapust wie ihrer Mitherausgeber ist es, „zwischen alltäglichem und wissenschaftlichem Sprachgebrauch zu vermitteln“ und damit „einer Entwertung des Wortes Würde durch ‚undisziplinierte‘ Verwendung und inflationären Gebrauch entgegenzuwirken“, was nicht anders denn als überaus gelungen bezeichnet werden kann.

Während im *Wörterbuch der Würde* die relevanten Begriffe und Theorien zum Begriffsfeld informativ und neutral dargestellt werden, beziehen die Autoren des Tagungsbands von Baranzke und Duttge bewusst Stellung. Infolgedessen eignen sich diese Texte hervorragend zum Selbst- und Weiterdenken. Es ist ein Kaleidoskop des akademischen Diskussionsstands.

Gröschner, Kapust und Lemberger ist ein unverzichtbares Nachschlagewerk gelungen, mit dessen Hilfe man sich schnell über alle relevanten Theorien, Leitbegriffe, Problemfelder sowie die Ideengeschichte des Würdebegriffs informieren kann.

Beide Bücher sind keine locker-flockig geschriebenen Einführungen à la „Würde für Dummies“, sondern hervorragende Arbeitsmaterialien für eine ernsthafte Auseinandersetzung über Fragen im Zusammenhang von Würde im humanen wie im außerhumanen Bereich. Es sind Hilfsmittel für die Auseinandersetzung mit dem je eigenen Bild von sich und der Welt, ohne die der Begriff der Würde wie der des Menschen sich in ein Zerrbild der Beliebigkeit verwandelt. Ist die Frage nach der Würde letzten Endes doch nichts anderes als die beständige Frage des Menschen nach sich selbst.

Siegfried Reusch

Hermann Josef Schmidt

**„Dem gilt es den Tod, der das gethan“. Nietzsches frühe Entwicklung und einige ihrer Folgen**

Alibri, Aschaffenburg 2014.
253 Seiten, € 20,00

**Es gibt kaum einen Schriftsteller, über dessen Kindheit und Jugend mehr bekannt ist als Friedrich Nietzsche, auch dank seiner eigenen Schriften. Diese sind für das Verständnis des freigeistigen Philosophen von enormer Bedeutung – und noch viel zu wenig ausgelotet. Das ist wohl kein Zufall, denn vor allem den religionsfreundlichen Interpreten behagen diese Einsichten gar nicht. Nietzsche war radikal kritisch, viel mehr, als manche Weichspüler-Sekundärliteratur glauben machen will.**

„Für mich steht Friedrich Nietzsche als an üblicher Dummheit, Feigheit und karriereträchtiger Borniertheit zuweilen fast verzweifelnder Aufklärer in der Tradition des Kampfes gegen die ‚Verlogenheit von Jahrtausenden‘ … in vorderster Front“, schreibt Hermann Josef Schmidt. Der emeritierte Philosophie-Professor der Universität Dortmund ist der versierteste Kenner der Kindheits- und Jugendbiografie Nietzsches und dessen früher Schriften. Darüber, sowie über ihre Bedeutung für das Verständnis des Gesamtwerks und weiteren Lebens Nietzsches, hat Schmidt 1991 bis 1994 das vierbändige Werk *Nietzsche absconditus oder Spurenlesen bei Nietzsche* veröffentlicht – über 2500 Seiten, die unter Experten noch immer nicht die nötige Rezeption und Würdigung erfahren haben. Mit seinem neuen Buch erleichtert Schmidt nicht nur den Einstieg in sein Lebenswerk, sondern treibt seine Einsichten auch weiter und aktualisiert sie.

Das sehr empfehlenswerte Buch besteht aus acht Kapiteln plus einem Vor- und Nachwort sowie einem ausführlichen Anmerkungs- und Literaturteil. Manches basiert auf früheren Publikationen und Vorträgen, die allesamt bearbeitet, aktualisiert und erweitert wurden. Vier Kapitel haben den Schwerpunkt auf dem jungen Nietzsche vom Kind bis zum Student, die vier anderen setzen spezifische Akzente: Nietzsches Weg zu „den Griechen“, biografische Hintergründe seiner Religionskritik, die Bedeutung der bekannten und meist missverstandenen Sentenz „Du gehst zu Frauen? Vergiß die Peitsche nicht!“ sowie Nietzsches lange Zeit unbekanntes „Testament“ für sein Buch *Antichrist*.

Alle Texte sind gut verständlich und für sich allein lesbar. Sie sind für ein breites Publikum lesenswert, enthalten jedoch auch viele Informationen und Überlegungen, die selbst ausgewiesenen Nietzsche-Kennern neu sein dürften und mit mancherlei Vorurteilen aufräumen. Das liegt besonders daran, dass Schmidt sich sehr genau auf Nietzsches Biografie stützt sowie auf seine Aussagen in ihrer zeitlichen Entwicklung.

Schmidt zufolge „blieb die akademische Nietzscheinterpretation seit ihrem Beginn in den 1890er Jahren bis in die Gegenwart … bestimmt durch genetische Abstinenz – als ob Nietzsche erst als Professor der Altphilologie in Basel oder bestenfalls als Leipziger Doktorand zu denken und zu lesen begonnen hätte!“ Dabei gibt es wohl kaum einen umfangreicheren Nachlass aus der Kindheit und Jugend eines bedeutenden Denkers. Hinzu kommen mehrere tausend Briefe der nächsten Verwandtschaft, etwa von Nietzsches Mutter. Schmidt und seine Frau Ursula Schmid-Losch haben sich durch diese riesige Menge größtenteils unveröffentlichter Dokumente gewühlt und ein teilweise verstörendes Bild eines hochbegabt-genialen, aber durch den frühen schrecklichen Tod des Vaters (Dorfpfarrer in Röcken) und des Bruders sowie anderer biografischer Katastrophen auch früh traumatisierten Menschen rekonstruiert. Nietzsches lebenslang anhaltende und sich bis zum letzten Schaffensjahr steigernde Religions- und besonders Christentumskritik hat ebenfalls seine Wurzeln in der Kindheit. Schmidt: „War Gott nicht in oder mit Vater Ludwig gestorben? Wie und als was konnte ER weiterhin existieren, nachdem Vater Ludwig beerdigt und Gott *nicht* der Erbarmer war?“

Rüdiger Vaas

Daniel Martin Feige

## Philosophie des Jazz

Suhrkamp Verlag, Berlin 2014.
142 Seiten, € 14,00

**In seiner *Philosophie des Jazz* entwirft der auch als Jazzpianist ausgebildete Philosoph Daniel Martin Feige nicht nur „eine philosophische Skizze des Jazz", sondern erklärt auch, „warum und inwieweit der Jazz ein interessanter Gegenstand für das philosophische Nachdenken ist".**

Gleich in der Einleitung hält Feige fest, dass er mit seinem Buch nicht in die Geschichte des Jazz oder seine verschiedenen Stile einführen oder gar wichtige Musiker vorstellen möchte, sondern voraussetzt, dass man mit diesen grundsätzlich vertraut ist. Der Begriff des Jazz wird deshalb im zweiten Kapitel auch nicht aus dieser Geschichte des Jazz entwickelt, sondern „kontrastiv" zur Tradition der europäischen Kunstmusik skizziert. Im Hinblick auf die Begriffe Komposition und Improvisation zeigt Feige, dass diese nicht trennscharf auf der einen Seite der Kunstmusik (Komposition) und auf der anderen Seite dem Jazz (Improvisation) zugeordnet werden können. Es sei nicht so, dass aller Jazz improvisiert und nicht komponiert und alle europäische Kunstmusik immer nur komponiert sei, doch spiele die Improvisation im Jazz eine stärkere Rolle, weil wir nicht geneigt seien, „jemanden als Jazzmusiker zu bezeichnen, dem die *Fähigkeit* fehlt, zu improvisieren".

Im dritten Kapitel führt Feige diesen Gedanken anhand der Begriffe Werk und Improvisation weiter aus, wobei er die These aufstellt, dass im Jazz ein auch die europäische Kunstmusik bestimmendes wesentliches Merkmal musikalischer Praxis expliziter zutage trete als in dieser Kunstmusik. Mit diesem Gegensatz von implizit (mitenthalten, aber nicht ausdrücklich gesagt) und explizit (enthalten und direkt ausgesagt) ist die wichtigste und das Buch bis zum Ende bestimmende Argumentationsfigur benannt: „Was in der europäischen Kunstmusik tendenziell implizit bleibt, ist im Jazz explizit." Dieser Gedanke wird im vierten Kapitel (Musiker und Tradition) im Hinblick auf den auch in den Praktiken des Transkribierens und der Verwendung von Melodielinien erkennbaren Rückgriff auf die Tradition weiter ausgeführt. Feige hebt hier insbesondere die interaktive Seite beziehungsweise den Dialogcharakter des Jazz hervor: „Im Jazz kommt das traditionale Moment musikalischer Praxis ... expliziter zum Ausdruck, insofern das Aufgreifen von Traditionen, das wesentlich als dialogisches Geschehen begriffen werden muss, hier die Form expliziter Interaktion annimmt."

Und damit ist im Grunde auch schon die Frage des fünften und letzten Kapitels beantwortet: Der Jazz ist demnach ein interessanter Gegenstand für das philosophische Nachdenken, „weil er eine Art künstlerischer Musik darstellt, in der wesentliche Aspekte musikalischer Praxis überhaupt explizit artikuliert sind". Wie viel damit ausgesagt ist, muss jeder für sich selbst entscheiden. Der Erkenntnisgewinn richtet sich nach dem Vorwissen der Leser: Schlimmstenfalls wird in Feiges Buch über die *Philosophie des Jazz* ja vielleicht auch nur das explizit, was die Leser vor der Lektüre schon implizit wussten. Da das Buch gut gegliedert ist und die wichtigen Sätze kursiv hervorgehoben sind, kann jeder im Buchladen verhältnismäßig schnell feststellen, ob sich eine Anschaffung für ihn lohnt oder nicht.

Thomas Bach

Günter Gödde, Jörg Zirfas (Hrsg.)

## Lebenskunst im 20. Jahrhundert. Stimmen von Philosophen, Künstlern und Therapeuten

Wilhelm Fink Verlag, Paderborn 2014.
367 Seiten, € 39,90

**Wie sollen wir unser Leben gestalten in einer Zeit, in der allgemein gültige Normen und Werte schon lange zerbröckelt sind? Woran sollen wir uns orientieren, wenn Traditionen und Konventionen dem Individuum keine Leitlinien mehr bieten können und in der sich jegliche Allgemeinverbindlichkeit in Zufälligkeit auflöst? Worauf kann sich eine Antwort auf diese Fragen überhaupt noch stützen? Virulent werden solche Fragen vor allem, wenn das besorgte Individuum in deren Beantwortung auf sich selbst zurückgeworfen ist.**

Die Herausgeber stellen unterschiedliche Zugangsmöglichkeiten der individuellen Lebensgestaltung vor. Sie bieten eine interdisziplinäre Zusammenschau, in der die Frage nach der Lebenskunst aus den Perspektiven der Kunst, der Philosophie und der Psychotherapie beleuchtet wird. Neben Philosophen, wie Karl Popper, Hans Blumenberg oder Hannah Arendt, spüren die Autoren auch den „lebenskünstlerischen" Entwürfen von Künstlern wie Albert Camus und John Cage nach sowie denen von Thomas Manns Romanfigur Felix Krull. Abgerundet wird diese Aufsatzsammlung durch einige exemplarische Darstellungen des Zusammenhangs von Psychotherapie und Lebenskunst, ein bislang noch wenig beleuchtetes Thema. Dadurch bietet sich dem Leser ein mannigfaltigeres, lebendigeres Bild als in einem rein philosophischen Band. Durch die Breite der Darstellung erhält man unterschiedliche Eindrücke davon, was es überhaupt bedeuten kann, sein Leben „künstlerisch" zu gestalten.

Das so entstandene Sammelsurium spiegelt die leitende Idee moderner Lebenskunstkonzepte wider: Diese unterscheiden sich von der antiken Vorstellung dadurch, dass sie Abstand von kategorischen Annahmen und Konzepten nehmen und Ernst machen mit der Frage nach möglichen Orientierungspunkten für das Individuum in einer pluralistischen Welt.

Der vorherrschende Tenor des Sammelbands ist, dass es einem „lebenskünstlerischen" Zugang nicht um ästhetische Abgehobenheit im Sinne der absoluten Autonomie eines freischwebenden Subjekts gehen muss, das von seinen konkreten Lebensbedingungen losgelöst im luftleeren Raum existiert. Lebenskunst ist vielmehr eine Verknüpfung von biografischem Geworden-Sein, theoretischer Erkenntnis, erprobten Techniken und künstlerischer Gestaltung. Das besondere Augenmerk auf das Eingebettet-Sein des Menschen in seine Lebensbezüge und die Bedeutung seines Geworden-Seins spiegelt sich im Aufbau der Aufsätze wider, die in besonderem Ausmaß auf die Biografie der vorgestellten Denker und Künstler eingehen, um daraus ein tieferes Verständnis ihres subjektiven Entwurfs zu vermitteln.

Auch wenn das Anliegen dieser biografischen Darstellung nachvollziehbar ist, lesen sich die einzelnen Beiträge dadurch ein wenig schleppend. Einerseits ist die Darstellung der Personen zu knapp, um in deren Leben wirklich eintauchen zu können und ein wirkliches Gespür für die vorgestellte Person zu entwickeln. Andererseits erhält die jeweilige subjektive Idee von Lebenskunst dadurch zu wenig Tiefgang.

Erhält man durch die Lektüre des Bands auch eine Antwort auf die Frage nach der Gestaltung des eigenen Lebens? Ja und nein. Wir haben gelernt, dass die Lebensentwürfe ebenso vielgestaltig sind wie die Menschen selbst. Wir können uns von der Kraft der subjektiven Gestaltung berühren, vielleicht auch faszinieren lassen. Aufgrund des Fehlens allgemeiner Kriterien bleiben wir im letzten allerdings auf unser eigenes Gespür für das subjektiv Richtige zurückgeworfen. Auf den Punkt gebracht bedeutet das: Mach das Beste aus deinen je eigenen Möglichkeiten. Gut. Machen wir. Wenn das nur nicht so schwer wäre!

Claudia Reitinger

Manfred Geier

## Geistesblitze. Eine andere Geschichte der Philosophie

Rowohlt Verlag, Reinbek 2013.
288 Seiten, € 19,95

**Philosophie wird häufig in erster Linie als das nüchterne Unternehmen der kontinuierlichen Reflexion und des rationalen Diskurses verstanden. Dass sie meist aber auch mit Geistesblitzen, mit Intuitionen einhergeht, verdeutlicht Manfred Geier in seinem gut geschriebenen und unterhaltsamen Buch.**

Von René Descartes ist bekannt, wie wichtig ihm Intuitionen für den Erkenntnisprozess waren. Vor allem die Nacht vom 10. zum 11. November 1619, in der Descartes zu der grundlegenden Intuition *cogito, ergo sum* (lateinisch für: ich denke, also bin ich) gelangt, ist philosophiegeschichtlich geradezu legendär. Geier zeigt darüber hinaus auf, dass sich auch kritisch-agnostischen Denkern wie Immanuel Kant und Karl Popper durch schlagartige Erkenntnisse völlig neue philosophische Perspektiven eröffnet haben.

Welche Eigenart haben diese philosophischen Geistesblitze? Von religiösen Erleuchtungen und wissenschaftlichen Entdeckungen und Erfindungen unterscheiden sie sich „durch die Einheit von theoretischer Weltdeutung und praktischer Lebensorientierung". Die plötzlich sich eröffnende Problemlösungsfindung verändert also sowohl die Lebensführung des jeweiligen Philosophen als auch die von ihm vertretene Lehre. Dabei kann man nach Geier drei Phasen ausmachen: Der philosophische Geistesblitz entspringt gedanklichen oder existenziellen Krisenerfahrungen; er ist mit der Intention verbunden, gegebene Antworten und Theorien kritisch zu analysieren und zu revolutionieren; und schließlich – und gerade das ist typisch philosophisch – muss er zu einer Werkidee führen, die es in mühsamer Denkarbeit zu entwickeln gilt. So wird etwa Jean-Jacques Rousseau an einem heißen Oktobertag 1749 nicht nur aus dem für ihn unbefriedigenden Dasein in der turbulenten und selbstverliebten Pariser Gesellschaft gerissen und zu einer einfachen und friedlichen ländlichen Lebensweise motiviert, sondern auch zu einer radikalen Kritik an der bislang von ihm selbst verfochtenen Aufklärungskultur veranlasst: Die viel gerühmten Wissenschaften und technischen Innovationen seiner Epoche haben im Unterschied zum gängigen Selbstbild nicht etwa zivilisatorischen Fortschritt hervorgebracht, sondern im Gegenteil moralischen Verfall und damit eine Verunstaltung des von Rousseau apostrophierten natürlichen Menschen. Rousseaus grundlegende Erkenntnis jenes heißen Oktobertags wird von ihm zunächst als ein erregendes denkerisches Glück empfunden, das ihm seine spezifische intellektuelle Identität eröffnet; später sieht er in ihr jedoch den Beginn einer viele Jahre währenden Leidensgeschichte, die mit sozialer Ausgrenzung und dem Bruch mit Freunden wie zum Beispiel Denis Diderot einhergeht. Persönlich gesehen bringen die von Geier akzentuierten Geistesblitze also nicht immer erfreuliche Entwicklungen mit sich.

Auslöser für solche Geistesblitze können erhellende Lektüren sein: bei Kant etwa diejenige von Rousseaus Hauptwerk *Émile*, das ihn tagelang aus seinem üblichen Alltagsrhythmus herausreißt und zur Erkenntnis des Gefühls des Guten und damit zu einem neuen Menschenbild ermutigt. Auslöser sind aber auch bestimmte Naturerlebnisse: Nietzsche zum Beispiel wird bei einer Bergwanderung am Surlej-Felsen des Silvaplanersees in einem ungeheuren Augenblick zu seiner zentralen Lehre von der ewigen Wiederkehr des Gleichen inspiriert. Und schließlich können auch mit Lichterfahrungen verbundene visionäre Träume Auslöser der philosophischen Geistesblitze sein, was bei Parmenides' Hinwendung zur Wahrheit des Seins und Descartes' Erkenntnis der Selbstgewissheit deutlich wird.

Inwiefern sind Geiers *Geistesblitze* eine „Geschichte der Philosophie"? Es sind die bemerkenswerten inhaltlichen Zusammenhänge, welche die sieben Philosophen-Porträts dazu machen: So ist es eben Rousseaus Denken, das Kant zu einer Neuausrichtung seiner Philosophie anspornt. Und Johann Georg Hamanns blitzartiges Londoner Schlüsselerlebnis, die Bibel als Gottes eigenes Wort und folglich Vernunft als Sprache und damit als Mitteilung zu verstehen, ist immer mit seiner grundlegenden Kritik am Denken seines Freundes Kant verknüpft. Karl Popper schließlich greift auf Parmenides' Lehrer Xenophanes zurück, der die Unaufhebbarkeit menschlicher Fehlbarkeit ebenso akzentuiert, wie er auch an die Idee einer permanent zu suchenden objektiven Wahrheit glaubt.

Geiers Buch ist mithin eine lesenswerte kleine Philosophiegeschichte, die auf die Bedeutung der ganz persönlichen Geistesblitze ihrer Autoren aufmerksam macht. Denn: „Textverstehen muss mit Personenverstehen zusammengehen."

Martin Krieger

Henning Beck

## Hirnrissig. Die 20,5 größten Neuromythen – und wie unser Gehirn wirklich tickt

Hanser Verlag, München 2014.
272 Seiten, € 16,90

**Um kein Organ ranken sich in den Medien und an Stammtischen so viele Mythen wie um das menschliche Gehirn: „Hirnforscher können Gedanken lesen", „Weibliche und männliche Gehirne denken verschieden", „Wir nützen nur 10 Prozent unseres Gehirns" etc. Die in Fachjournalen publizierten Versprechungen sind oft nicht minder abenteuerlich: Neurolearning soll ungeahnte Potenziale des Gehirns ausschöpfen, Neuromarketing die Umsätze von Unternehmen steigern, der freie Wille sei eine Illusion und so weiter. Henning Beck, Biochemiker und Neurobiologe, hat sich die Mühe gemacht, solche und viele ähnliche Behauptungen auf ihre Stichhaltigkeit zu überprüfen.**

Bei aller Faszination für sein Forschungsgebiet kennt Beck doch auch die Grenzen der Aussagekraft der Ergebnisse vieler Studien mit den berühmten bunten Bildern. Erfrischend ehrlich und schonungslos geht er mit falschen Versprechungen seiner Fachkollegen ins Gericht und erklärt die Techniken, mit denen die Neurowissenschaftler den Rätseln unseres Gehirns auf die Spur zu kommen suchen.

So entlarvt Beck beispielsweise das, was vielerorts als baldige Möglichkeit des Echtzeitgedankenlesens daherkommt: „Wir messen, wo sich der Blutfluss und damit der Energieumsatz im Gehirn ändert." Nicht mehr, aber auch nicht weniger! In der Tat gelingt derart der indirekte Nachweis, in welchen Regionen des Gehirns gerade besonders intensiv „gedacht" wird, der Gedankeninhalt, so der Autor mit Recht, bleibt jedoch verborgen. Weder lasse sich mittels der bekannten Methoden im Gehirn ein Ort finden, der für den religiösen Glauben zuständig sei, den Forscher mittels im Hirnscanner betenden Nonnen dingfest gemacht haben wollen, noch ein solcher für die Liebe oder die je spezifische Persönlichkeit. Die Tatsache, dass eine Region des Gehirns bei bestimmten Aufgaben aktiviert wird, heißt noch lange nicht, dass diese Region maßgeblich oder gar ursächlich an der Verarbeitung beteiligt ist, erläutert Beck. Man solle nie den Fehler machen, einzelne Hirnregionen separat zu betrachten, schon gar nicht für abstrakte Eigenschaften wie Charakter oder Persönlichkeit. Diese haben keinen bestimmten Platz, sondern seien vielmehr die Art und Weise, wie unser Gehirn funktioniert.

Die Hirnforschung ist eine praktische, eine durchführende Wissenschaft, so der Autor: „Sie ist daher ungeeignet, um philosophische Fragestellungen wie die nach dem Wesen des menschlichen Geistes zu beantworten." Entsprechend enthält Beck sich tiefgründiger philosophischer Diskussionen über Willensfreiheit, den Geist oder die Seele. Es lasse sich zwar sagen, dass bei bewusstem Erleben der präfrontale Cortex und das anteriore Cingulum aktiv sein müssen, so der Autor, doch wie aus den Aktivitäten dieser Bereiche im Gehirn das entsteht, was wir Bewusstsein nennen, lasse sich aus den bunten Bildern nicht ablesen.

Kurzweiliger als Beck kann man Hirnwissenschaft nicht erklären. Der Autor stützt sich auf Fakten und gewichtet diese entsprechend der Aussagekraft der Messmethoden und der leider nur allzu oft geringen Fallzahlen der Studien. Dabei ist das Buch alles andere als ein Plädoyer gegen die Hirnforschung. Hirnwissenschaft, so Beck, „ist klasse" und „wirklich cool", aber mit „Neuro-Unsinn" wie „Neuroethik" und „Neurotheologie" müsse Schluss sein. Aus diesem Grund findet sich am Schluss des Buchs auch ein „Selbstverteidigungskurs gegen Neuromythen".

Wer ohne Fachchinesisch und schwungvoll geschrieben erklärt haben will, was Hirnforschung kann und was nicht, wird bestens bedient. Es täte vielen philosophischen Neuroschwadroneuren gut, wenn sie, bevor sie Forschungsergebnisse der Hirnforschung als Argumente in philosophischen Diskussionen anführen, sich erst einmal vermittels des Buchs über den Stand der Dinge informieren würden – sie bräuchten hierzu noch nicht einmal Grundkenntnisse in Mathematik, Physik oder Chemie.

Siegfried Reusch

Vittorio Hösle

## Eine kurze Geschichte der deutschen Philosophie. Rückblick auf den deutschen Geist

C. H. Beck Verlag, München 2013. 320 Seiten, € 22,95

**Auch wenn Vittorio Hösles „kurze Geschichte der deutschen Philosophie" eher einem Abgesang denn einem zukunftsfrohen Ausblick gleicht, ist sie zugleich eine nachdrückliche Aufforderung zu deren beständiger Wiederentdeckung.**

Der vielfach beschworene, häufig verschwörerisch instrumentalisierte „deutsche Geist" dient Vittorio Hösles philosophiegeschichtlichem Handbuch als Klammer. Aber ist ein solches Phänomen nationalen Etiketts überhaupt vorhanden? Und falls ja, hat es in Vergangenheit oder Gegenwart konsistent fortgewirkt? Schon in der Einleitung verweist der Autor auf eine grundlegende Skepsis gegenüber dem eigenen Vorhaben. So ließe sich durchaus fragen, ob etwa Immanuel Kants kritische Philosophie isoliert von humeschen Einflüssen begriffen werden könne. Ländergrenzen seien schließlich alles andere als Geistesgrenzen.

Den eigenen Zweifeln zum Trotz zeigt Hösle, dass eine spezifisch deutsche Philosophie auch in Anbetracht prägenden innereuropäischen Austauschs nachvollzogen werden kann. Besonders charakteristisch für das Gros der deutschen Denker, so macht Hösle deutlich, sei die ihnen eigene konfessionelle Konzentration auf das Luthertum. Dieser geteilte geistige Referenzrahmen gehe über das bloß sprachlich-verbindende Begriffsschema hinaus, sodass selbst radikale Kontrastfiguren wie Kant und Friedrich Nietzsche, obgleich schwierig miteinander zu versöhnen, immerhin *geistig* dialogfähig würden.

Hösles Anliegen, einen „weltanschaulichen Mainstream" der nationalen Geistesgeschichte herauszudestillieren, findet mit Meister Eckhart seinen Anfang bereits im Mittelalter. Über Leibniz' Synthese von Scholastik und neuer Wissenschaft wird dieses Fundament systematisch und mit besonderem Augenmerk auf dem deutschen Idealismus ausgebaut. Aus der eigenen Faszination für diese Denk-Architektonik aus der Zeit Kants und Hegels macht Hösle keinen Hehl. Doch dank einiger – vom Autor nicht immer goutierter – philosophischer Revolten gegen die christliche Dogmatik (Arthur Schopenhauer), die bürgerliche Welt (Karl Marx) oder die universalistische Moral (Nietzsche) wird die deutsche Geistesgeschichte sukzessive zu einem umfassenden, wenn auch uneinheitlichen Gedankengebäude erweitert. Hösle schließt mit Reflexionen über die Nachwirkungen deutsch-philosophischer Überbauten bis in die Gegenwart. Er stellt auch die notwendige Frage nach „einer Mitschuld der Philosophie an der deutschen Katastrophe" (Martin Heidegger/Carl Schmitt).

Hösles Stil ist dabei erfrischend bis erschöpfend polemisch. So schreibt er Nietzsche die intellektuelle Verantwortung an den NS-Gräueln zu, in Marxens Schriften vermisst er eine Behandlung des Leib-Seele-Problems und über Theodor W. Adorno schreibt er: „Wer am Anfang seiner Denkkarriere von diesem philosophischen Ausdruckstanz in Bann geschlagen wird, hat es schwer, je wieder klar ein Problem analysieren zu lernen." Stellenweise wird dementsprechend der Pfad der ausgewogenen Betrachtung verlassen; vor allem, wenn Denker, die sich vom Projekt einer moralphilosophischen Letztbegründung verabschiedet haben, hinter der Stoßrichtung von Hösles eigener Philosophie zurückbleiben und auf ihre ästhetische Qualität reduziert werden. Auch das Fehlen Hannah Arendts oder Edith Steins ist nicht nur aus feministischer (Frauen sind im Buch nicht vertreten), sondern auch aus philosophiegeschichtlicher Perspektive bedauerlich.

Eindrucksvoll jedoch ist Hösles fast enzyklopädisches Wissen, mit dem er nachdrücklich für die Lektüre weniger bekannter Denker (wie J. G. Hamann, Max Scheler oder C. G. Lorenz) sensibilisiert. Auch die zeitkritischen Ausführungen, „warum nicht damit zu rechnen ist, daß es weiterhin eine deutsche Philosophie geben wird", erscheinen vergleichsweise versöhnlich. Denn schlussendlich ist dieser Nachruf auf den deutschen Geist als explizite Kritik an marktorientierten, netzwerkenden Exzellenzinitiativen und Ökonomisierungstendenzen der deutschen Bildungsinstitutionen zu verstehen, die keine Zeit dazu lassen, die „Klassiker zu lesen und weiterzudenken". So vermag Hösle der „deutschen Philosophie" zwar keine aussichtsreiche Zukunft zu prophezeien, doch ist seine Interpretation selbst Beleg einer noch immer lebhaften Auseinandersetzung mit ihr. Sein Kompendium ist auch als Aufruf zu ihrer beständigen Wiederentdeckung zu verstehen, dem man gerne folgt.

Felix Maschewski,
Anna-Verena Nosthoff

Jürgen Große

**Erlaubte Zweifel. Cioran und die Philosophie**

Duncker & Humblot, Berlin 2014.
319 Seiten, € 39,90

**Das Werk des großen französisch-rumänischen Dichterdenkers Emil Cioran (1911–1995) sträubt sich gegen jegliches Korsett einer Systematik. Entsprechend gibt es nur wenig auslegende Lektüre zu diesem Meister des (Ver-) Zweifelns. Jürgen Große gelingt mit seinen *Erlaubten Zweifeln* das Kunststück, den Leser „mit" Cioran durch den Kosmos von dessen nicht mehr erlaubten Zweifeln zu führen.**

Der Autor gliedert sein Buch nicht entsprechend der üblichen Kategorien von Jugend, Gipfel der Schaffenskraft und Alterswerk, sondern nach Ciorans Lektüren (I), Grundstimmungen (II) und Werken in chronologischer Reihenfolge (III).

Im ersten Teil behandelt Große „verwandte Schicksale" in Religions- und Philosophiegeschichte, deren Schriften Cioran rezipierte. Darunter sind solche, die wie er die „skeptische Disposition" in sich trugen und sich nicht der Illusion des methodischen, *konstruktiven* Zweifels hingaben und Denker, die wie zum Beispiel Jean-Paul Sartre und Martin Heidegger einen Negativtypus für Cioran darstellen. Dabei reihen sich einzelne Denker (Blaise Pascal, David Hume, ...) an Schulen (Stoa, Psychoanalyse, ...) oder Zeiträume beziehungsweise geografische Räume (zum Beispiel 18. Jahrhundert und Indien). Solchermaßen ergibt sich ein Durchgang „vom Skeptizismus der Alten zur Verzweiflung der Modernen", inklusive Ciorans Verhältnis zu Mystik und indischer Religiosität. Der Leser lernt nicht nur viel über Ciorans Lektüren, sondern wird von Große auf einen Streifzug durch die Geschichte der Skepsis (gesehen durch Ciorans Augen) mitgenommen.

Der zweite Teil ist den Stichworten und Stimmungen gewidmet, die den Schriftsteller Cioran bei seiner Art zu schreiben und bei der Auswahl seiner Themen beeinflussten. Jürgen Große führt durch mehr als dreißig solch cioranscher Begriffe, darunter: Ohnmacht, Langeweile, Selbstmord, Trauer, Indifferenz. Es ist ein Verdienst Großes, dass er Cioran im Geflecht dieser Stimmungen als Mensch und Denker sichtbar macht – was verdeutlicht, wie sehr der Autor Ciorans Werk kennt und zu lesen versteht, um Ciorans oft nur in Anspielungen greifbare Positionierungen aufzuzeigen.

Schließlich präsentiert Große eine Werkbiografie Ciorans (Teil III) von der ersten (noch in Rumänien entstandenen) Schrift *Auf den Gipfeln der Verzweiflung* (1934) bis zu *Der zersplitterte Fluch* von 1986. Die Schriften sind chronologisch geordnet und Große beschreibt jeweils, in welcher Situation Cioran daran arbeitete und welche Wirkungen die Schriften hatten. So begleitet der Leser Cioran entlang seiner Werke von seinen Jugendjahren in Rumänien bis hin zu seiner Übersiedlung nach Frankreich. Deutlich greifbar wird das Porträt eines Kopfes, dessen radikal skeptisches Denken immer wieder die zu engen Grenzen der systematischen (Schul-)Philosophie sprengte, um in der Schriftstellerei Ausdruck finden zu können. Abgerundet wird das Buch durch ein Porträt Ciorans während verschiedener Lebensalter, das sich sowohl auf Ciorans eigene Aussagen stützt als auch auf die Darstellungen anderer. Ein Literaturverzeichnis und ein Personenregister ergänzen den Band.

Im Vorwort bezieht Jürgen Große sich auf ein Bild aus der Mystik und der Skepsis, die Leiter, die man nach dem Aufstieg wegstößt. Das wünsche er sich auch für sein Buch: man möge es nach dem Gebrauch fortlegen, um sich Cioran selbst zuzuwenden. Dem kann der Rezensent nur zum Teil zustimmen: Cioran selbst kann man sich nach der Lektüre mit erweitertem Verständnis zuwenden, aber Großes Buch sollte man dabei behalten, um ab und zu darin zu schmökern. Es ist ein Muss für alle, die mit Emil Cioran und seinem Werk schon in Berührung gekommen sind und nach einem tieferen Verständnis streben.

Stefan Gammel

Ryosuke Ohashi

**Schnittpunkte. Essays zum ost-westlichen Gespräch**

Verlag Traugott Bautz, Nordhausen 2013/2014.
2 Bände, 202/243 Seiten, je € 30,00

**Der japanische Philosoph Ryosuke Ohashi möchte weder einfach Gemeinsamkeiten zwischen Ost und West vorführen noch auf vermeintlich unüberbrückbare Unterschiede hinweisen, sondern versucht vielmehr, Überschneidungen und Divergenzen für eine Weiterentwicklung der betrachteten Philosophien fruchtbar zu machen. Diesem Anliegen ist das gesamte philosophische Schaffen Ohashis gewidmet, der auf Japanisch, Deutsch, Französisch und Englisch veröffentlicht und sich insbesondere um den Austausch zwischen deutscher und japanischer Philosophie verdient gemacht hat.**

Die beiden Bände bieten einen guten Überblick über Ohashis Projekt einer interkulturellen Philosophie. Die meist kurzen, in einfacher Sprache formulierten Texte sind gerade auch als Einführung in sein Denken geeignet und setzen keine Kenntnisse der japanischen Philosophie voraus. Während der erste Band, der die Überschrift *Dimensionen des Ästhetischen* trägt, unterschiedliche Themen wie Tee-Zeremonie, Gewalt und Religion, Ehrvorstellungen der Samurai und Leibphilosophie behandelt, sind im zweiten Band Texte über deutsche Philosophen wie G. W. F. Hegel, Edmund Husserl und Martin Heidegger versammelt, die jene, wie Ohashi schreibt, in „unerwartete Kontexte" stellen. Um seine innovativen Interpretationen zu verstehen, sind Grundkenntnisse über die behandelten Philosophen hilfreich.

Ohashi entwickelt seine Gedanken assoziativ und deutet seine Antworten auf philosophische Fragen oft eher an, als dass er sie im Detail verteidigen würde. Freunde kleinschrittiger Argumentation kommen in diesen Texten nicht auf ihre Kosten. Der ebenfalls im Untertitel auftauchende Ausdruck „Gespräch" sowie die häufigen Verweise auf einen Dialog zwischen Ost und West sollten zudem nicht so verstanden werden, als stelle Ohashi in seinen Texten verschiedene Ansichten neutral gegenüber. Ohashi bezeichnet sich selbst als Teil der sogenannten Kyoto-Schule und so sind es die Positionen des Schulgründers Nishida Kitaro (1870–1945) und seines Lehrers Nishitani Keiji (1900–1990), die Ohashi verteidigt. Dabei kritisiert und interpretiert er seine „Gesprächspartner" aus Deutschland vornehmlich mithilfe der Denkfigur des absoluten Nichts, die bei einigen deutschen Denkern angedeutet, aber erst im Zen-Buddhismus und in dessen Interpretation durch die Kyoto-Schule zu voller Entfaltung gelangt sei. Ohashis *Schnittpunkte* können somit auch als Einführung in das Denken der Kyoto-Schule gelesen werden.

Angesichts der geringen Wahrnehmung des außereuropäischen Denkens in den philosophischen Instituten im Westen, aber auch in Japan, verdienen die intensiven Bemühungen Ohashis um die interkulturelle Philosophie besondere Anerkennung. Auch ist hervorzuheben, dass Ohashi die außereuropäische Philosophie nicht nur als ein Nebenthema unter den philosophischen Disziplinen etablieren möchte, sondern aufzuzeigen versucht, dass außereuropäische Werke Grundfragen der Philosophie betreffen und als solche ernst genommen werden sollten. Es ist jedoch ein schwerwiegendes Defizit im Ansatz Ohashis, dass er Japan, China und den Westen als monolithische Gebilde behandelt und die Heterogenität innerhalb dieser Kulturen weitgehend vernachlässigt. Ohashis Dialogpartner sind Kulturräume und nicht einzelne Individuen oder Texte, und an vielen Stellen spricht er ohne jede Einschränkung von *der* japanischen Perspektive. Möglicherweise vorhandene Gemeinsamkeiten zwischen so unterschiedlichen japanischen Autoren wie Dogen (1200–1253), Basho (1644–1694) und Nishida können nicht, wie von Ohashi praktiziert, allein aufgrund ihrer japanischen Herkunft vorausgesetzt werden. Ohashi verfällt zudem immer wieder in kulturelle Klischees. So stellt er die Samurai als selbstlose, loyale und kunstsinnige Ritter dar oder verbrämt den Buddhismus als eine gewaltlose Religion, stereotype Bilder also, die von der zeitgenössischen Forschung in Ost und West längst gründlich widerlegt worden sind.

Ohashis Beitrag zur interkulturellen Philosophie, der in den beiden Bänden der *Schnittpunkte* kompakt zugänglich gemacht wurde, ist schätzenswert. Dem Lektüregenuss abträglich ist jedoch, dass der Verlag den Band editorisch schlecht betreut hat.

Es ist zu hoffen, dass sich die philosophische Forschung weiteren Studien über die Gemeinsamkeiten und Unterschiede westlicher und östlicher Philosophie zuwendet und die dualistische Trennung zwischen Okzident und Orient, die auch das Werk von Ohashi noch durchzieht, durch ein differenzierteres Bild der verschiedenen Ideengeschichten zu ersetzen hilft.

Paulus Kaufmann

Nicole C. Karafyllis

## Putzen als Passion. Ein philosophischer Universalreiniger für klare Verhältnisse

Kulturverlag Kadmos, Berlin 2013.
214 Seiten, € 14,90

**Nicole Karafyllis wirbt für das Selberputzen als sinnstiftende Tätigkeit.**

Die Vernunft, das Erhabene, das Schöne, das Gerechte, der Andere, das Gute, Glück, die Natur, der Geist und der Tod sind Themen, die immer wieder neu die Aufmerksamkeit der Philosophinnen und Philosophen auf sich ziehen. Unbedeutend ist demgegenüber das Normale, das Gewöhnliche, der Alltag. An diesen Themen haben sich nur wenige Philosophen abgearbeitet. Dabei sind sie für unser Leben fundamental: Was wäre unser Leben ohne Alltag? Wenn aber der Alltag das ist, was Menschen wesentlich mitprägt, dann bedarf es auch einer Philosophie des Alltags.

Nicole C. Karafyllis hat einen Beitrag zu einer Philosophie des Alltags vorgelegt, der in dreifacher Hinsicht bemerkenswert ist: Erstens handelt es sich nicht um ein Buch, das nur und in erster Linie an die Fachphilosoph(inn)en gerichtet ist. Denn was wäre das für eine Philosophie des Alltags, die sich nicht an die Alltagsmenschen richtete. Zweitens schreibt sie nicht über den Alltag im Allgemeinen. Sie befasst sich mit einer Tätigkeit, die wesentlicher Bestandteil alltäglichen Handelns ist: das Putzen. Und drittens gibt sie als Putzende viele wertvolle Tipps, wie man Schmutz beseitigt. Hier zeigt sich, dass die Professorin für Philosophie auch studierte Biologin ist. Deshalb vermag sie tiefe Einblicke in die Zusammensetzung verschiedener Schmutzarten zu geben und natürlich auch in die Ingredienzien von Reinigern.

Das Buch ist aber weit davon entfernt, ein bloßer Ratgeber für das Putzen zu sein. Karafyllis betrachtet das Putzen aus philosophischer, aber auch gesellschaftskritischer Perspektive. Sie ist Philosophin, und sie putzt selbst – und das gerne. Von daher verwundert es nicht, dass Philosophen das Thema nicht sonderlich am Herzen liegt, vermutlich lassen die meisten von ihnen putzen. Putzen ist immer noch Frauendomäne, aber weniger die Domäne der Bildungsbürgerin, auch sie lässt putzen. Eine „Putze" zu haben ist Statussymbol.

Wer die Tätigkeit des Putzens durchdringen will, so Karafyllis, muss sich mit dem Schmutz befassen. Wer sich mit Schmutz befasse, der setze sich dem Leben aus, denn wo es Schmutz und Feuchtigkeit gebe, dort gebe es Bakterien, das heißt Leben. Wer Schmutz vollständig beseitigen wolle, der möchte nicht mehr in seiner Wohnung leben, sondern begreife seinen Wohnraum als bloßen Ausstellungsraum. Für Karafyllis ist klar: Wer alles Schmutzige vernichten will, der ist ein Lebensfeind. Deshalb seien wir gewarnt vor dem zunehmenden Einsatz von Desinfektionsmitteln in privaten und öffentlichen Räumen. Karafyllis wirbt für eine putzende Avantgarde: „Menschen, die ihre Zeit bewusst damit verschwenden, dasjenige Nutzlose zu pflegen, für das sie schon Geld verschwendet haben, und kein angeschafftes Ding bereuen. Aber umgekehrt auch verlangen, dass Institutionen und Unternehmen ihr Geld dafür verschwenden, die vielen Dinge in ... öffentlichen Räumen besser und häufiger zu putzen."

Wer sich dem Alltag aussetze, wer putze, der setze sich mit dem Sterben auseinander. Wer also wünsche, nie mehr zu putzen, der wünsche letztlich, nicht zu sterben. Wem jedoch die Auseinandersetzung mit der Endlichkeit abhanden komme, dem komme auch die Suche nach Sinn abhanden. Wer putze, der habe mit dem Ganzen zu tun. Zur Erläuterung führt Karafyllis eine Erzählung an: „Im Hinduismus erzählt man sich über den Gott Krishna, dass er wiederholt Schmutz gegessen habe. Seine Mutter Yasoda wollte im Schlund nachsehen, aber Krishna weigerte sich vehement, den Mund zu öffnen. Irgendwann gelang es Yasoda, Krishnas Mund zu öffnen. Sie erblickte etwas Wunderbares: in dem Mund befand sich das Universum in seiner ganzen Vielfalt, die Einheit des Alls."

Auch wenn einige philosophische Interpretationen des Putzens manchmal etwas weit hergeholt erscheinen, so kommt die Botschaft, sich mit dem Putzen und dem Alltag auch philosophisch intensiv befassen zu müssen, beim Leser an. Schließlich gilt: „Putzen geht jede und jeden etwas an, weil jede und jeder Schmutz macht."

Jürgen Manemann

Abbildung:
**Wir waschen unsere Hände in Unschuld. Echte deutsche Wert- und Handarbeit**
Petra Deus, bedruckte Stoffhandtücher, 1991.
kunstvermittlung-klement.de

Ortwin Renn

**Das Risikoparadox. Warum wir uns vor dem Falschen fürchten**

S. Fischer Verlag, Frankfurt/Main 2014.
606 Seiten, € 14,99

**Texte deutscher Soziologen bereiten selten ein großes Lesevergnügen. Eine rare Ausnahme liegt vor: *Das Risikoparadox* des Stuttgarter Soziologen Ortwin Renn klärt auf überraschende, genau beobachtende, ein breites Spektrum wissenschaftlicher Perspektiven zusammenführende und dennoch unterhaltsam-einsichtige Weise auf, warum wir uns vor dem Falschen fürchten.**

Die Mehrheit der deutschen Bevölkerung glaubt, dass unser Leben immer gefährlicher und risikoreicher würde. BSE, Vogelgrippe und Schweinepest, chemische Rückstände in Nahrungsmitteln, technische Risiken, Unfälle, Kriminalität und Terrorismus stehen ganz oben auf der Liste der Bedrohungen. Falsch, sagt der Risikoforscher Ortwin Renn. Als Todesursachen oder Gründe für schwere Erkrankungen spielen sie eine untergeordnete Rolle, wie Statistiken belegen. An der neuartigen Creutzfeld-Jakob-Erkrankung etwa sind in den letzten 25 Jahren in Europa so viele Menschen gestorben wie am unachtsamen Trinken von parfümiertem Lampenöl. Deutlich höher ist dagegen das Risiko eines verhaltensbedingten schweren Leidens, das wir uns durch mangelnde Bewegung, Übergewicht, Alkohol- und Tabakkonsum selbst zuziehen.

Warum aber fürchten wir uns vor Gefahren und Risiken, die nach bester wissenschaftlicher Erkenntnis wenig Schaden anrichten? Und warum verschließen wir die Augen vor jenen, die uns erheblich bedrohen, ja mehr noch, die wir durch unser eigenes Verhalten zugleich minimieren könnten? Dieser Frage geht Ortwin Renn anhand einer Fülle anschaulicher Beispiele nach. Ausführlich ist die jüngste Geschichte der skandalisierten Gefahren aufgearbeitet, minutiös durch statistische Auswertung ihr wahrer Hintergrund erhellt.

Den theoretischen Rahmen bildet das Konzept der sozial konstruierten Wirklichkeit, in das kulturphilosophische Grundpositionen integriert sind. Auf dieser Grundlage kann der Autor die psychologischen und sozialen Mechanismen aufdecken, die für unsere verzerrte Wahrnehmung verantwortlich sind. Dabei zieht er Erkenntnisse der Wahrnehmungspsychologie und Studien zur Urteilsbildung ebenso heran wie Ergebnisse der Modernisierungs- und Medienforschung. Wie Renn die Prozesse unserer Wahrnehmungs- und Urteilsbildung analysiert, wie er beschreibt, nach welchen oftmals unbewussten Regeln wir Gefahren bewerten und welchen Einfluss die modernen Informations- und Kommunikationsmedien ausüben, ist beeindruckend. Diese Ausführungen tragen in der Tat zur Aufklärung bei, jenem von Renn so bezeichneten Grundanliegen des Buchs. Das Ziel sei „Risikomündigkeit". Erst wenn wir lernen, wie wir selber Risiken wahrnehmen und verarbeiten, haben wir das Rüstzeug dafür, in Zukunft angemessener mit ihnen umzugehen.

Was aber bedroht uns wirklich? Es sind, so der Autor, die „systemischen Risiken", also jene, die zu einem Verlust lebenswichtiger Funktionen führen, wenn der unwahrscheinliche Fall des Schadens eintritt oder die sich kaum wahrnehmbar dahinschleichen, ehe sie zu dramatischen Konsequenzen führen. Der Klimawandel ist solch ein systemisches Risiko: Er betrifft den ganzen Globus, zeichnet sich durch nichtlineare Ursache-Wirkungs-Beziehungen aus, ist schwer zu kalkulieren, wirkt auf zahlreiche Prozesse zugleich ein – und erzeugt keinen direkten Handlungsdruck.

Nun redet Renn angesichts der systemischen Risiken weder der Apokalypse noch der Verdrängung das Wort. Stattdessen plädiert er für eine kluge Risikopolitik. Sie sollte sich an drei Grundsätzen orientieren: 1. Resilienz, also robuste Widerstandskraft und Anpassungsfähigkeit, ist wichtiger als Effizienz, 2. soziale Gerechtigkeit hat Vorrang vor optimaler Ressourcenverteilung, 3. Lebensqualität kommt vor Lebensstandard. Um diese Grundsätze umzusetzen, wäre nicht nur eine Bereicherung der Marktwirtschaft durch soziale und ökologische „Leitplanken" notwendig, sondern auch eine der parlamentarischen Demokratie mit öffentlicher Beratung und Teilhabe der Bürgerinnen und Bürger.

Fazit: Es wäre falsch, sich vor der Lektüre des mit seinen über 600 Seiten doch sehr umfangreichen Buches zu fürchten, denn es bietet Lesevergnügen und bringt zum Nachdenken, nicht zuletzt zur kritischen Selbstbeobachtung. Das Buch trägt zu unser aller „Risikomündigkeit" bei. Und es ermutigt zum verantwortungsvollen Umgang mit den „wirklichen" Risiken.

Elke Uhl

Raji C. Steineck

**Kritik der symbolischen Formen I. Symbolische Form und Funktion**

frommann-holzboog, Stuttgart 2014.
148 Seiten, € 38,00

**Mit seinem Projekt einer umfassenden Kritik und Nutzbarmachung von Ernst Cassirers Philosophie der symbolischen Formen bearbeitet Steineck ein zentrales Thema der Moderne: Die Zersplitterung der menschlichen Lebenswelt. Die großen Erzählungen haben ihre Überzeugungskraft verloren, und die verschiedenen Bereiche der Kultur wie Naturwissenschaft, Geisteswissenschaft, Kunst und Religion stehen sich oft gänzlich unvermittelt gegenüber.**

Der deutsche Philosoph Ernst Cassirer (1874–1945) hat bereits in der ersten Hälfte des 20. Jahrhunderts den Versuch unternommen, die unterschiedlichen Bereiche menschlicher Kultur – Cassirer bezeichnet sie als „symbolische Formen" – systematisch zu erfassen, indem er sie allesamt als Ausdruck der Fähigkeit des Menschen versteht, die Welt symbolisch zu erschließen. Er analysiert diese Formen menschlicher Kulturproduktion in ihren spezifischen Gestaltungsgesetzen, um so ihren Eigenwert deutlich werden zu lassen und gegenseitige Anerkennung zu ermöglichen. Steinecks mehrbändige Monografie *Kritik der symbolischen Formen* ist der Weiterentwicklung von Cassirers philosophischem Projekt gewidmet. Insbesondere verfolgt er das Ziel, Cassirers Instrumente der Kulturanalyse für die Analyse von Werken der menschlichen Kultur zu verwenden, die von Cassirer selbst nicht ins Auge gefasst worden sind, namentlich für die Interpretation von Werken der japanischen Kultur- und Geistesgeschichte. Dies geschieht in dem 2014 erschienenen ersten Band jedoch noch nicht. Dieser stellt vielmehr eine Propädeutik dar, in der Cassirers philosophisches Projekt dargestellt und kritisch weiterentwickelt wird. Der Band ist keine umfassende Einführung in das Denken

Cassirers; auch handelt es sich weder um eine philosophiehistorische Studie noch um eine systematisch-philosophische Abhandlung. Vielmehr stellt Steineck Cassirers Philosophie der symbolischen Formen konzise dar, weist auf werkimmanente Widersprüche hin und versucht diese aufzulösen. Dabei gelingt es Steineck, einige schwierige Fragen der Cassirer-Rezeption zu klären, Schwachstellen seiner Philosophie aufzuzeigen und für eigene Lösungsansätze zu argumentieren. So plädiert er etwa überzeugend für die notwendige materielle Fixierung aller Gedanken in Symbolen. Am Ende des Bands fasst Steineck klar und übersichtlich zusammen, wo er die wesentlichen Einsichten Cassirers sieht und wo er Korrekturen vornimmt. Schwächen haben Steinecks Ausführungen allerdings dort, wo sie über diese klar definierte Zielsetzung des Bands hinausgehen und etwa zur Philosophie der symbolischen Formen in Konkurrenz zu anderen philosophischen Theorien Stellung beziehen. Steinecks Anspruch, erst die Vermittlung zwischen relativistischen und realistischen Positionen, wie sie die Philosophie der symbolischen Formen leiste, überwinde die alten metaphysischen Dogmen, kann nicht überzeugen, zumal viele Cassirer-Interpreten betonen, wie schwierig es ist, Cassirer selbst eine dezidierte Position im Streit zwischen Realisten, Anti-Realisten und Relativisten zuzuschreiben. Für alle, die sich für die Philosophie der symbolischen Formen interessieren, ist Steinecks Buch aber dennoch eine höchst aufschlussreiche und gewinnbringende Lektüre. Auch wer sich für die interkulturelle Philosophie und die japanische Geistesgeschichte interessiert, wird in diesem ersten der Cassirer-Interpretation gewidmeten Band fündig. So greift Steineck zur Veranschaulichung von Cassirers Thesen meist auf Beispiele aus der japanischen Kulturgeschichte zurück. An manchen Stellen sind solche Bezüge zu Japan sehr bereichernd, zum Beispiel wenn die sonst kaum beachtete japanische Diskussion über den Philosophiebegriff angeführt wird. An anderen Stellen lenken die Japanbezüge allerdings auch ein wenig ab, etwa beim Verweis auf die Überlieferungstradition im Zenbuddhismus, wenn es eigentlich um die Frage nach der notwendigen Materialität des Ideellen geht. In jedem Falle macht dieser erste Band der *Kritik der symbolischen Formen* neugierig darauf, wie Cassirers komplexe Philosophie für die Interpretation japanischer Kulturgüter in den noch folgenden Bänden fruchtbar gemacht werden wird.

Paulus Kaufmann

Martin Gessmann

## Wenn die Welt in Stücke geht. Warum wir philosophieren

Wilhelm Fink Verlag, Paderborn 2014.
284 Seiten, € 29,90

**Ein pessimistischeres Buch scheint es nicht zu geben! Schon beim Überfliegen des Inhaltsverzeichnisses möchte man weinen, ein Katastrophenszenario folgt auf das andere: Was ist, wenn die „Ordnung im Kosmos" ihren Dienst versagt, wird dort gefragt, was geschieht, wenn nicht nur die Vernunft, sondern auch die Theologie und selbst die Philosophie versagen? Schlussendlich wird auch noch jegliche Hoffnung auf eine positive Wendung zerstört, endet das Buch doch mit dem Kapitel „Wenn das Weltversagen zurückkehrt". In unserer Spaßgesellschaft bieten solche Fragen keinen Anreiz, sich weiter mit diesem Buch zu beschäftigen. Doch wer sich dennoch traut, wird reich belohnt.**

Der eigentliche Gedanke dieses Buchs ist nämlich alles andere als das Schwarzmalen einer Welt, in der alles Nachdenken und die Errungenschaften der Philosophie nichts mehr helfen. Gessmann unternimmt den Versuch, sich den Krisen in der Welt auf philosophischem Wege zu stellen, damit das Denken am Ende positive Erfolge erzielen kann. Während die Philosophie in unserer Postmoderne genannten Zeit als etwas Überflüssiges empfunden wird, das zur Lösung der Probleme unserer Welt nichts mehr beitragen kann, wird von Gessmann ein neuer Weg zurück zur Lösungskompetenz der Philosophie propagiert. Während zum Beispiel bei der Bewältigung der Finanzkrise einzig und allein Wirtschaftsökonomen, Finanzexperten und Politikern Lösungen zugetraut wurden, plädiert Gessmann für eine neue Auffassung. Philosophie soll nicht mehr nur „Unterhaltungsmaßnahme" zur Verdrängung von Langeweile sein, sondern selbst „das Bedürfnis nach Orientierung in bewegten Zeiten" erfüllen. Er marschiert detektivisch durch die gesamte Geistesgeschichte und liefert detaillierte Analysen und Darstellungen. Dabei hat er immer die tiefste Überzeugung im Gepäck, dass Philosophie alles andere als unbrauchbar ist, ja angesichts des Leids in der Welt unumgänglich wird. Das Ergebnis ist eine Spurensuche, wie die Philosophie seit ihrer Grundlegung in der Antike mit den Krisen in der Welt und mit ihren eigenen umgegangen ist. In zehn Kapiteln will Gessmann „diesen Zugang (wieder) glaubhaft" machen. Sein Weg endet in der Gegenwart, indem er neue Sichtweisen und Lösungsansätze der Naturwissenschaften, der Medienwissenschaften und zuletzt auch der Geisteswissenschaften aufzeigt und philosophisch diskutiert. Der Tenor ist stets auf einen Gedanken zu reduzieren: Philosophieren ist kein Luxusgut, kein „Verwalter von Langeweile" und soll es auch nicht sein, vielmehr kann es sich gerade in der Welt der Krisen etablieren und wieder genutzt werden, um den Menschen voranzutreiben, um Dinge zu bewegen und die Welt wieder zu einer besseren machen zu können. Gessmann macht dabei nicht nur all den Philosophen Mut, die sich eher ungewollt in ihrem Elfenbeinturm eingerichtet haben, diesen endlich wieder zu verlassen; er hat nebenbei auch noch einen übersichtlichen und verständlichen Abriss der Philosophiegeschichte geschrieben, der sich nicht nur im Elfenbeinturm, sondern auch vor seinen Toren sehr gut lesen lässt.

Die Welt ist in der Tat in Stücke, kann aber mithilfe des Philosophierens wieder zu *einer* Welt werden, so Gessmann. So viel Optimismus angesichts vieler Kriege, Krisen und Ängste tut gut!

Anna Pegam

Wolfgang Erich Müller

## Konzeptionen der Gerechtigkeit. Entwicklungen der Gerechtigkeitstheorie seit John Rawls

W. Kohlhammer, Stuttgart 2014.
256 Seiten, € 34,99

**Wolfgang Erich Müller legt mit diesem Buch einen nützlichen Führer zur aktuellen Gerechtigkeitsdebatte vor.**

Wer kurze und verlässliche Referate von einigen der zentralen Standpunkte der gegenwärtigen Diskussion sucht, findet bei Müller eine gute Auswahl relevanter Autoren: O'Neill, Sen, Nussbaum, MacIntyre, Sandel, Taylor, Honneth, Forst, Gosepath, Dworkin, Miller, Nozick, Kersting und Ricœur werden in knappen, dichten Texten in einigen ihrer gerechtigkeitstheoretischen Grundüberlegungen dargestellt.

Natürlich mag man hier zahlreiche andere Autoren vermissen; aber hochgradige Selektivität ist sicherlich unvermeidlich. Zudem lässt sich zu bedenken geben, dass die Kritik am Gerechtigkeitsparadigma (etwa von feministischer oder anerkennungstheoretischer Seite) unterrepräsentiert ist; aber auch das ist entschuldbar. Schwerer wiegt hingegen, dass Müller die betreffenden Autoren meist nur aus einer werkreferierenden Perspektive und nicht aus ihrem jeweiligen Diskussionskontext heraus behandelt. Seine

Rekonstruktionen der betreffenden Standpunkte sind allzu zitatlastig, zu unkritisch und zu sehr am gedanklichen Verlauf der jeweiligen Vorlage orientiert.

Im historischen Teil erweist sich vor allem die von Müller getroffene Auswahl als ziemlich fragwürdig: Neben Platon und Aristoteles (die praktisch ohne erläuternde Forschungsliteratur sozusagen „freihändig" präsentiert werden) ist Mill sicher wichtig und passend, während Locke und besonders Kant einfach nicht in diese knappe, dichte Überblicksdarstellung gehören: Gerade Kant hat „Gerechtigkeit" so gut wie gar nicht verwendet oder thematisiert; und bei allem philosophiehistorischen Wert seiner Rechtsphilosophie (deren Hauptwerk nicht als *Doctrine of Justice*, sondern als *Doctrine of Right* ins Englische übersetzt werden sollte) sind die Berührungspunkte mit der aktuellen Gerechtigkeitsdebatte nicht gerade eng. Zu den wirklich relevanten Autoren der Theoriegeschichte zählen vielmehr Cicero und Augustinus, Hobbes und Pufendorf oder Leibniz und Hume. Insgesamt wirkt der historische Teil allzu knapp und zeigt eine falsche Gewichtung.

„Gerechtigkeit" ist ein schillernder Begriff mit einer enormen Fülle von Aspekten und Momenten. Meines Erachtens wird dies in der Einleitung unzureichend dargestellt. Allein die Tatsache, dass er ein Grundbegriff der Moralphilosophie einerseits und der politischen Philosophie andererseits ist, würde meines Erachtens einiges Nachdenken verdienen; er spielt dort jeweils eine recht unterschiedliche Rolle.

Auch scheinen unvereinbare Vorstellungen über den Begriffsgehalt im Spiel zu sein, was dann greifbar wird, wenn man zum Beispiel Leistungsgerechtigkeit und Anspruchsgerechtigkeit knapp hintereinander behandelt. Ferner verlangt die Themenfülle, die aktuell verhandelt wird, nach einer Mehrdeutigkeiten aufhebenden Reflexion: Man denke zum einen an die Debatte um Gerechtigkeit im Gesundheitswesen und zum anderen an die um globale Gerechtigkeit. Was trennt, was verbindet die jeweiligen Gebrauchsweisen? Was legitimiert gegebenenfalls, an der Einheit des Themas festzuhalten? Was Müller als Gliederungsprinzip heranzieht, ist lediglich die äußerst blasse Einteilung von Gerechtigkeitstheorien in Relation zu den Themenfeldern (a) Kontraktualismus, (b) Gemeinschaft, (c) Gleichheit, (d) Freiheit und (e) gutes Leben mit Anderen. Damit beschränkt sich die Einheit der hier präsentierten Diskussionslandschaft auf die (häufig recht wenig prägnante) Bezugnahme der vorgestellten Autoren auf John Rawls. Müller reflektiert im Vorwort kurz darauf, dass dem gesellschaftlichen Pluralismus „eine Vielzahl von Gerechtigkeitsbegriffen" entspreche, „womit die Rede von der *einen* Gerechtigkeit obsolet geworden" sei. Das ist sicher richtig. Aber Theorienpluralismus (der dem gesellschaftlichen Pluralismus tatsächlich analog ist) ist nicht dasselbe wie eine solche Uneinheitlichkeit des Themenfelds.

Ungeachtet dieser Bedenken liegt ein beträchtlicher Gewinn des Buchs darin, eine Handreichung für das Ethik-Studium und den Ethikunterricht zu liefern.

Christoph Horn

Daniel Schubbe, Matthias Koßler (Hrsg.)

**Schopenhauer Handbuch. Leben – Werk – Wirkung**

Verlag J. B. Metzler, Stuttgart 2014.
443 Seiten, € 59,95

**Der Stuttgarter Metzler-Verlag bringt seit Jahren Handbücher über bedeutende Philosophen heraus. Diesmal hat es Schopenhauer erwischt. Aber ist das nicht lediglich Futter für die akademischen Eierköpfe und Staubfänger für die Institutsbibliotheken? Außerdem: Haben wir nicht Wikipedia?**

Arthur Schopenhauer (1788–1860) ist unter den großen Philosophen des 19. Jahrhunderts bis heute der am meisten unterschätzte. Als schrulliger Pessimist abqualifiziert, hat ihn die akademische Philosophie bis heute links liegen lassen. Dabei war er ein bahnbrechender Denker: Als erster europäischer Philosoph hat er den Bereich des „hinter der Vernunft" liegenden irrationalen Unbewussten (er nennt es „Wille") erforscht – ohne Schopenhauer kein Friedrich Nietzsche und auch kein Sigmund Freud. Als Erster hat er die indische Philosophie in sein Denken einbezogen und die Einheit allen Lebens propagiert – und ist so nebenbei ein Vorläufer des ökologischen Denkens geworden. Und lange, bevor die Lebenskunstphilosophie populär wurde, hat er mit seinen *Aphorismen zur Lebensweisheit* das berühmteste Lebenskunstbuch der deutschen Philosophie geschrieben.

Warum aber ein Handbuch? Weil in diesem Handbuch viel mehr steckt als in Wikipedia. Es ist ein veritabler Navi durch die Welt und das Werk Schopenhauers. Handbuch heißt hier: ein 400-seitiges *Lexikon plus*, mit Artikeln zu allen wichtigen Aspekten der Person, des Werks und der Wirkung – im Falle Schopenhauers geschrieben von circa 50 verschiedenen Autoren, die alle, akademisch oder nicht-akademisch, seit vielen Jahren mit dem Philosophen befasst sind. Die Artikel sind 3 bis 10 Seiten lang, je nach Gewichtung des Themas. Dazu kommen Tipps zur Sekundärliteratur und ein umfangreiches Personenregister.

Wie ein Navi will dieses Buch auch benutzt werden. Man liest es nicht von der ersten bis zur letzten Seite. Es ist ein begleitendes Informationsportal, in dem man sich surfend umtun kann, das aber auch auf Anfrage liefert. Beispiele: Gab es nicht mal eine zur Goethe-Zeit schreibende Johanna Schopenhauer? Hat sie etwas mit dem Philosophen zu tun? Hat sie, sie ist die Mutter. Nachzulesen ist das im Artikel über *Die Familie Schopenhauer*. Und gibt es da nicht eine Schrift Schopenhauers zur Farbenlehre, mit der er Goethe vergrätzte? Natürlich: *Ueber das Sehn und die Farben*. Was darin steht, erfährt man im Artikel auf den Seiten 117 bis 123. Und welchen Einfluss hatte Schopenhauer wirklich auf Freud? Schlagen Sie nach im Abschnitt IV: *Wirkung*, Artikel 7: *Freud*.

Nicht alle Artikel sind gleichwertig, und es gibt auch ein paar bedauernswerte Lücken. So hätte Schopenhauers große Wirkung auf Max Scheler sicher einen eigenen Artikel verdient gehabt. Und warum bei den Ländern, in denen Schopenhauer rezipiert wurde, Russland ausgespart und die russische Schopenhauer-Rezeption auf die Literatur beschränkt wird, bleibt etwas rätselhaft.

Aber insgesamt ist dies ein gut lesbares, fachkundiges, geballtes Paket Schopenhauer-Information, mit dem der Laie gut zurechtkommt und das auch dem Schopenhauer-Kenner noch eine Menge neuer Informationen liefert. In diesem Fall gilt: Besser ein Handbuch als ein Handy – für den, der tiefer graben will als Wikipedia.

Werner Hermann

## ABO · FÖRDER-ABO · JUBILÄUMSANGEBOT · ABO

Das Jahresabonnement des *blauen reiters* (zwei Ausgaben) kostet € 27,90. Sie sparen € 5,90 gegenüber der Einzelbestellung.

Dank vieler Freunde des Denkens ist das Journal für Philosophie *der blaue reiter* eine der meistverkauften Philosophiezeitschriften deutscher Sprache. Gleichwohl ist *der blaue reiter* nach wie vor auf die ehrenamtliche Arbeit vieler philosophiebegeisterter Mitarbeiter angewiesen. Auch alle Autoren, Künstler, Redakteure und Herausgeber arbeiten ohne Honorar.

Darüber hinaus erhält *der blaue reiter* Unterstützung durch Förderabonnenten. Mit einem Förderabonnement (€ 49,50 pro Jahr) können Sie dazu beitragen, dass *der blaue reiter* weiterhin erscheinen kann.

Die genannten Preise verstehen sich zuzüglich Versandkostenpauschale.

**Jubiläumsangebot!** Im Zeitraum April bis Juni 2015 können Sie alle lieferbaren Ausgaben bis einschließlich Nr. 19 sowie ausgewählte Bücher zum ermäßigten Jubiläumspreis erwerben. Die Jubiläumspreise finden Sie auf unserer Homepage. Gerne informiert der Verlag Sie auch telefonisch.

Und so bekommen Sie Ihren *blauen reiter* direkt zu Ihnen nach Hause geschickt: Einfach den Bestellschein kopieren oder ausschneiden, ausfüllen und per Post oder Fax senden an:

der blaue reiter

der blaue reiter
Verlag für Philosophie
Siegfried Reusch e. K.
(vormals: omega verlag, Stuttgart)
Göttinger Chaussee 115
D-30459 Hannover
Tel.: 05 11 / 98 59 32 93 • Fax: 05 11 / 98 59 32 99

Bestellen können Sie alle lieferbaren Ausgaben des *blauen reiters* sowie die Bücher des Verlags auch über unsere Homepages:

**www.derblauereiter.de**
**www.verlag-derblauereiter.de**

## *der blaue reiter* Patenschaften

Unterstützen können Sie unsere Zeitschrift *der blaue reiter – Journal für Philosophie* durch eine Patenschaft. Ab einem Druckkostenzuschuss von € 500,– wird Ihr Name (respektive der Name Ihrer Firma) als „Förderer dieser Ausgabe" in der entsprechenden Nummer des *blauen reiters* aufgeführt. Nähere Auskünfte erhalten Sie beim Verlag.

**Förderer dieser Ausgabe: Rudolf Speich, Luitgard Meschenmoser**

**Bibliografische Information der Deutschen Nationalbibliothek**

Die Deutsche Nationalbibliothek verzeichnet diese Publikation in der Deutschen Nationalbibliografie; detaillierte bibliografische Daten sind im Internet über http://dnb.d-nb.de abrufbar.



## Impressum

**der blaue reiter –**
**Journal für Philosophie**
Ausgabe 36 (2/2014)

der blaue reiter Verlag für Philosophie
Siegfried Reusch e. K.
Göttinger Chaussee 115
30459 Hannover
Tel.: 05 11 / 98 59 32 93
Fax: 05 11 / 98 59 32 99
E-Mail: info@verlag-derblauereiter.de
Homepage: www.derblauereiter.de
Facebook: www.facebook.com/
derblauereiter.VerlagfuerPhilosophie

Bankverbindung:
Baden-Württembergische Bank
IBAN: DE36 6005 0101 0001 2689 44

**Herausgeber**
Dr. phil. Dipl.-Chem. Siegfried Reusch, Prof. Dr. Dr. Otto-Peter Obermeier, Prof. Dr. Dr. h. c. Klaus Giel

**Chefredakteur**
Siegfried Reusch

**Redaktion**
Klaus Erlach, Manfred Matheis, Anna Pegam, Stefan Gammel, Rüdiger Vaas, Jutta Heinz, Jan Urbich, Thomas Bach, Robert Zimmer, Ralf Becker, Elke Uhl, Udo Grün

**Freie Mitarbeiter**
Sabine Toussaint, Thomas Gutknecht, Richard Seidel, Per Guth, Anne Guth, Wolfgang Foldenauer, Otto Pannewitz, Markus Rapp, Uta Kaune, Elena Kuss, Luzia Schuhmacher, Friederike Meyer, Jan Guth, Eva Gerhards, Werner Seltier

**Korrektorat**
Marianne Kreuels

**Künstler dieser Ausgabe**
Peter Fuss; www.peterfuss.com

**Gestaltung**
s+p mediendesign GmbH, Stuttgart
www.schenkundpartner.de

**Anzeigenleitung**
Hartmut Olpp

**Druck**
Offizin Scheufele, Stuttgart

**V. i. S. d. P.**
Siegfried Reusch



ISSN: 0947-6563
ISBN: 978-3-933722-42-3

# Bestellschein

der blaue reiter – Journal für Philosophie

der blaue reiter

der blaue reiter • Verlag für Philosophie
Siegfried Reusch e. K.
Göttinger Chaussee 115 • D-30459 Hannover
Tel.: 05 11 / 98 59 32 93 • Fax: 05 11 / 98 59 32 99
info@verlag-derblauereiter.de • www.derblauereiter.de

| Nr. | Titel |
|---|---|
| ❑ 4 | Grenzpunkt Mensch |
| ❑ 6 | Eros des Denkens |
| ❑ 7 | Mythos Staat |
| ❑ 8 | Sinn – Unsinn |
| ❑ 9 | Naturlos |
| ❑ 10 | Götter |
| ❑ 11 | Geld |
| ❑ 12 | Schön sein |
| ❑ 13 | Welt-Bilder |
| ❑ 14 | Glück |
| ❑ 15 | „Ich“ |
| ❑ 16 | Sex |
| ❑ 17 | Das Böse |
| ❑ 18 | Erinnern |

| Nr. | Titel |
|---|---|
| ❑ 19 | Was ist gerecht? |
| ❑ 20 | Gefühle |
| ❑ 21 | Wissen |
| ❑ 22 | Freiheit |
| ❑ 23 | Heimat |
| ❑ 24 | Echt sein |
| ❑ 25 | Wozu Philosophie? |
| ❑ 26 | Unser Körper |
| ❑ 27 | Metaphysik |
| ❑ 28 | Das gute Leben. Philosophie der Lebenskunst |
| ❑ 29 | In Bewegung. Philosophie der Veränderung |
| ❑ 30 | Philosophie & Wirtschaft |
| ❑ 31 | No Future! Philosophie des Augenblicks |
| ❑ 32 | Freundschaft |

| Nr. | Titel |
|---|---|
| ❑ 33 | Denken Frauen anders? |
| ❑ 34 | Was ist der Mensch? |
| ❑ 35 | Verborgene Wirklichkeiten |
| ❑ 36 | Luxus: 20 Jahre der blaue reiter |
| ❑ | Sonderausgabe – Philosophie im Gespräch |
| ❑ | Sonderausgabe – Philosophie im Gespräch II |

Einzelpreis bis Ausgabe 23: € 15,10 / ab Ausgabe 24: € 15,90 / ab Ausgabe 35: € 16,90

| | | |
|---|---|---|
| ❑ Abonnement | ab Ausgabe Nr. ________ | zum Preis von € 27,90/Jahr |
| ❑ Förderabonnement | ab Ausgabe Nr. ________ | zum Preis von € 49,50/Jahr |
| ❑ Geschenkabonnement | ab Ausgabe Nr. ________ | zum Preis von € 27,90/Jahr |
| ❑ Studi-Abonnement | ab Ausgabe Nr. ________ | zum Preis von € 24,90/Jahr |

**Buchprogramm** (alle Bücher sind gebunden)

| | |
|---|---|
| ❑ Reschika, Richard: Nietzsches Bestiarium | € 42,50 |
| ❑ Hörisch, Jochen: Vorletzte Fragen | € 39,90 |
| ❑ Hörisch, Jochen: Der Takt der Neuzeit | € 14,95 |
| ❑ Große, Jürgen: Die Philosophen | € 22,90 |
| ❑ Große, Jürgen: Durch Tag und Nacht | € 23,90 |
| ❑ Große, Jürgen: Die Arbeit des Geistes | € 39,90 |
| ❑ Gusetti, Alexandra: Kopfüber in die Natur | € 34,90 |
| ❑ Diebitz, Stefan: Glanz und Elend der Philosophie | € 27,90 |
| ❑ Diebitz, Stefan: Spiel und Widerspiel | € 28,90 |
| ❑ Schneider, Peter: Theorie an der Bar | € 14,90 |
| ❑ Staberoh, Angela; Drewermann, Eugen: Freitod. Frauen, die Hand an sich legten | € 19,95 |
| ❑ Fiebig, Klaus: Man ist immer beliebig. Gedichte | € 34,90 |

**Hörbuchprogramm**

❑ „Sie hätte singen sollen, diese Seele …“. Mit Aufnahmen von Nietzsches Kompositionen € 24,90

**Sekt für Freunde des Geistes**

❑ Geschenkkarton mit 1 Flasche Sekt „Symposion“ € 15,90
❑ Geschenkkarton mit 3 Flaschen Sekt „Symposion“ € 43,90

Alle Preise zuzüglich Versandkostenpauschale. Diese Bestellung kann innerhalb von 14 Tagen schriftlich widerrufen werden bei: der blaue reiter Verlag für Philosophie Siegfried Reusch e. K., Göttinger Chaussee 115, 30459 Hannover. Gerichtsstand und Erfüllungsort ist der Sitz des Verlags. Stand: 3/2015. Der Abonnementspreis gilt nur für den aktuellen Jahrgang (jeweils zwei Ausgaben) bis zum Erscheinen der zweiten Ausgabe des Jahrgangs. Das Abonnement beginnt immer mit der ersten Ausgabe eines Jahrgangs (ungerade Nummer der fortlaufenden Zählung) und verlängert sich automatisch. Es ist kündbar bis sechs Wochen vor Jahresende für den folgenden Abonnementszeitraum.

**Rechnungsadresse**

Name, Vorname ______________________

Straße, Hausnr. ______________________

PLZ, Ort, Land ______________________

Telefon ______________________

E-Mail ______________________

**Lieferadresse** (bei Geschenkabonnement und Geschenkkarton)

Name, Vorname ______________________

Straße, Hausnr. ______________________

PLZ, Ort, Land ______________________

Telefon ______________________

E-Mail ______________________

**Ich bitte um folgende Zahlungsweise** ❑ gegen Rechnung ❑ per Lastschrift

Bank ______________ IBAN ______________ BIC ______________

Unterschrift ______________ Datum ______________